U0107932

国家社科基金一般项目"前近代东亚国家所贡宦官研究"
（项目批准号：18BSS029）

东北师范大学哲学社会科学优秀学术著作出版资助项目（2023 年度）

教育部人文社会科学重点研究基地重大项目
"东亚世界与'新文明体系'的形成研究"（20JJD770003）

中国历史研究院"韩东育工作室"研究项目（2021 年度）

东亚史学论丛

14-16世纪东亚国家
所贡宦官研究

齐畅 著

中国社会科学出版社

图书在版编目(CIP)数据

14-16 世纪东亚国家所贡宦官研究/齐畅著. —北京：中国社会科学
出版社，2024.5
（东亚史学论丛）
ISBN 978-7-5227-3257-2

Ⅰ.①1… Ⅱ.①齐… Ⅲ.①朝贡贸易—研究—中国—明代②东亚—
历史—研究—中世纪 Ⅳ.①F752.948②K310.3

中国国家版本馆 CIP 数据核字(2024)第 054289 号

出 版 人	赵剑英
责任编辑	张 湉
责任校对	姜志菊
责任印制	李寡寡

出 版	中国社会科学出版社
社 址	北京鼓楼西大街甲 158 号
邮 编	100720
网 址	http://www.csspw.cn
发 行 部	010-84083685
门 市 部	010-84029450
经 销	新华书店及其他书店

印刷装订	北京君升印刷有限公司
版 次	2024 年 5 月第 1 版
印 次	2024 年 5 月第 1 次印刷

开 本	710×1000 1/16
印 张	12.25
字 数	215 千字
定 价	89.00 元

凡购买中国社会科学出版社图书，如有质量问题请与本社营销中心联系调换
电话：010-84083683

序

　　宦官是古代中国皇权政治最残酷的衍生物。对此，学者们曾从不同的角度进行过富有深度的研究，也发表了许多研究论著。但如实讲，迄今更多的研究往往多囿于中国史的范围内。事实是，在前近代东亚世界，"中国""中华"或"华夏"，更多是一种文明的标签，与古代中国共享儒家价值体系的邻国朝鲜、越南有相当的同质性。它们或号称小中华，或自命"小中国"，所谓"凡礼乐文物，民风士习，悉仿皇朝"云者是也。出人意表的是，它们连宦官制度也仿效了中国，而且在前近代的东亚各地采取宦官制度者还较为普遍——常以阉人当贡品。尤其在朝贡体系最为典型的明清时期，朝鲜、安南和琉球等国都曾对明廷有过长期的贡阉史，其中安南和朝鲜因与中国接壤而进贡最繁，成为明代域外宦官的最大来源国。

　　这些域外宦官作为特殊贡品是中央王朝与周边属国间的不平等产物，可以映射出前近代东亚华夷秩序下最阴惨的一面。然而在这个表象下，这批最能接近明朝皇帝的域外人士又常常作为使臣被派遣回原籍，在执行正常出使任务的同时亦能暗中刺探情报、传递消息，甚至影响到中央王朝与周边属国的内政外交，是前近代东亚区域舞台上最为活跃的一个群体，可以为解读东亚区域关系提供新的切入点。然而，正如上面所提到的那样，对域外宦官关注者的阙如已意味着，齐畅博士的专著《14—16世纪东亚国家所贡宦官研究》，无疑将成为该研究领域的一部拓荒力作（下简称齐著）。

　　齐著发挥中国本位的历史文化和语言优势，基于对中日韩越多方历史文献的解读与比较，辅之以墓志、碑刻等民间文献，勾勒出典型朝贡国域外宦官的不同样态，试图对明朝域外宦官做全面系统的考察。这不仅是一部较为全面和扎实的学术成果，也是东亚史研究领域"致广大而尽精微"的治学典范。

　　受近代"民族国家"理念的过度影响，各国研究者仍常常以今代古地去讨论前近代的民族和政权问题。欲突破现代国际关系理论先入为主的研究思路，回归近代民族国家形成前东亚区域社会秩序的本源，则透过域外宦官的独特视角似乎不难看到在华夷秩序中恶的表象下，中央与周边属国内部的政治装置、内政外交、控制与反控制等复杂的内在机理。东亚研究只有立足于东亚的历史文化和现实情势，才能重塑东亚历史文化传统和现实诉求、话语形态和话语体系；而中国史的研究倘若缺乏世界史特别是区域史的背景或参照，中华文明在整个世界文明体系中的独特性将难以获得凸显，中国与域外世界的古今联系和彼此短长，亦无法获得实事求是的呈现和说明。

齐畅博士硕博阶段曾认真研读过先秦史和明清史。或许因为有如此长期的中国史训练，才使她发现并且能够发现只有在前近代东亚"封贡体系"时代方能存在的区域史问题；而如此由小见大、沿波讨源的学术眼光和爬疏能力，还将为东亚史学的进一步展开提供有意义的研究方法亦未可知。

韩东育

农历甲辰年元月

目　录

第一章 绪言

第一节 问题与思路

2021 年 7 月，习近平总书记在庆祝中国共产党成立 100 周年大会上的讲话中强调，以史为鉴、开创未来，必须不断推动构建"人类命运共同体"的外交理念和国际战略目标。国与国的命运共通，人类命运与文明的交融，这一远景和目标的实现，除却现实的政治、经济等因素的整备与融接，历史文化环境亦是不可忽视的重要因素。

以往对于传统东亚地区中国与周边国家的关系，学界存在多种理论解读，无论是美国的费正清和日本的滨下武志所认可的"朝贡制度"，还是黄枝连提出的"天朝礼治体系"，抑或韩东育所提出的"落差—稳定"结构和"第三种文明"视角。"中外学者关于中外关系理论的解读，虽然各人审视的角度不一，但目的是一致的，就是想通过对文本的解读，重新构建一个符合古代中国人思维，而且逻辑性强，易于操作的理论范式，希望以这样的理论范式可以解释所有古代中外关系所发生的事件"[①]。

然而，无论哪一种解读都需要大量深入细致地对事实本身进行研究。笔者从史实入手，回到历史现场通过域外宦官的在华活动去考察理解朝鲜、安南等域外人士在明代中国的生存状态，以及其对中原王朝的反向影响，为明代中外关系的解读增加一些史实依据，有助于我们更切实地把握和了解朝贡体系下中国与周边关系的实况。

位于中国东方和南方的朝鲜与越南同属古代中国最亲近的藩属国，自古迄今，政治、经济与文化均与中国密不可分，而明代中国作为前近

---

① 陈文源：《明代中越邦交关系研究》，社会科学文献出版社 2019 年版，第 6 页。

代时期东亚"宗藩体系"的核心，有从朝鲜、安南、琉球征索、纳贡来的宦官阉人，尤其朝鲜和安南谙习中国风俗，往来密切，因而得明朝皇帝信任，被纳入宫廷的数量也最大，成为明初政治舞台上独特的风景。本书将研究范围设定于中日韩越之间，东亚国家所贡的域外宦官则重点放在数目庞大的在华朝鲜、安南人宦官。虽自元朝始已有高丽和安南等外籍宦官进入中国，但因元朝本身宦官势力并不强大，高丽宦官因与贡女、后妃的结合，更多是在处理高丽相关事务中突显其影响，安南宦官作用更不彰显。大部分在华的域外宦官活跃于明朝的前、中期，因而是本书讨论的重点。

宦官作为一个特殊的历史性群体，曾广泛存在于埃及、亚述、波斯、希腊、罗马、印度以及中国等世界性文明体中。但就其历史的延续性、群体的规模性以及在政治史上的影响力等诸多方面而言，若将宦官在中国历史上的特殊性置于世界史的范围内来考量，亦不乏域外学者所言的"中国性"或"中华性"（Chineseness）之体现。对此，学者们曾从不同的角度进行过富有深度的研究，并诞生了大量的研究论著，但更多是囿于中国史范围内。除了正史、野史等文献资料外，一些碑刻、墓志铭文也为重新审视和推进宦官史的研究提供了不同的线索。这些民间田野史料，一方面为处于边缘化且"性别中立"的宦官的"生老病死"及其"恩爱情仇"提供了更多的社会史、生活史的细节；另一方面也使得一些出生于朝鲜和安南却"异化"为"贡品"被进贡到明朝宫廷后又纵横捭阖于出身地（朝鲜、安南）与工作地（明代朝廷）之间的"国际化太监"浮出水面，为理解前近代的"东亚"提供了一个"新窗口"。借此，我们可"小中见大"理解前近代东亚世界的秩序是如何形成又是如何运作的。而"去势"的宦官却成为东亚世界"势力"以及"势差"的一个表征，为解读东亚区域关系提供了一个新的切入点。

本书拟围绕以下四个方面的线索构建总体框架，分别对安南、朝鲜籍宦官展开历时性的叙述：

第一，外籍宦官是明朝与东亚诸国宗藩关系的产物。明军将蒙古人赶到北边时，也恢复了中国对邻邦的影响力。朱元璋建国后即向东亚各邻国遣使宣谕，宣示确立自身统治的合法性。洪武二年（1369），东亚各外邦安南、高丽、日本、占城即遣使团来到南京奉贺表朝贡，随后又有真腊、琉球、暹罗等朝贡团来到。在以阉割象征征服、作为报复的时代，东亚各地采取宦官制度较为普遍，且常以阉人当作贡品。洪武年间，周边诸如安南、琉球和高丽等国都曾向明廷贡阉，其中安南和高丽因与中国接壤、进贡最繁，成为明代外籍宦官最大的来源。永乐年间，张辅出征安南，带回交童三千，明朝大部分安南人宦官皆由此入宫，然而明成祖又以"安南火者三千，皆昏愚无用，惟朝鲜火者明敏"为由，屡向朝鲜征索阉人，却拒绝了琉球的主动献阉。直至宣德朝仍向朝鲜征索火者，之后才明显减少。对外籍宦官的征索亦反映出以中华为核心的封贡体系下中原王朝与各藩邦之间的关系，以及他们在整个东亚区域秩序中的地位。

第二，天朝近侍、外藩阉人的双重身份。域外宦官既是最能接近中华秩序代表的大明王朝皇帝的外籍人士，又常作为天朝代表出使回原籍。双重身份使他们对东亚区域秩序产生特别的影响。而对于明朝本身来说，以往的研究多强调外籍宦官出使回原籍索取"别贡"，而忽略明太祖"必土人阉者行，朕意正在推诚"的本心。朝鲜籍宦官频繁作为使臣被派回原籍，在完成宗藩两国邦交的特定使命的同时，又因天朝近侍的身份有了"明朝国家在场"的光环，由此为原籍的家乡、亲属向朝鲜国王谋求权益的例子比比皆是，隐性权力渗透进其故国的政治生活。安南宦官亦通过出使活动与故国亲属保持密切联系。如阮宗道、阮算、徐箇等安南人宦官，在明成祖用兵安南之前被派回原籍出使，密告亲属，"如有北兵来，扬黄旗，题内官某人姓名，亲属必不被害"，安南国王知道此事大为恼怒，将其亲属尽杀。具有双重身份的在华域外宦官，作为天朝使臣出使原籍，除正常出使任务又往往被利用刺探情报或传递错误信息，成为中央王朝与周边各属国间相互牵制、控制与反控制的一种工具。

第三，外籍宦官在明代政治生活中的角色。明代外籍宦官在"溥天之下，莫非王土，率土之滨，莫非王臣"的大一统观念影响下，与本土宦官无异，同样接受教育，成为皇帝亲信，甚至相继成为明初最具权势的宦官势力。明初宫廷中最受信用的是安南宦官，王瑾、范弘等人保抱皇子，陪侍仁、宣二帝于东宫。明宣宗登位，皆被赐免死诏、宫女，赏赉巨万，恩宠为内臣冠。宣德朝开始代皇帝"批红"的司礼太监金英等人皆与掌控内阁的杨士奇等阁臣关系密切，共议朝政，各项政事难避安南宦官的影响。而明代由明成祖并安南国为交阯郡，到明宣宗撤兵废郡复为明朝的藩属国，整个对越政策转变过程中，安南籍宦官发挥何种影响，也是以往中越关系研究中的盲点。来自朝鲜半岛的阉宦，自元至明以"贡阉"的身份陆续进入中国，作为使臣回原籍充任斡旋两国关系的媒介。他们也作为中原王朝皇帝的近侍，与来华的朝鲜贡女结成政治同盟邀宠固位，并且随着地位的上升突破同籍同乡的交往范围，逐渐融入中国本土宦官中来，把"用夏变夷""进于中国则中国之"作为一种文化自觉，到嘉靖年间叫得出名字的朝鲜宦官虽只有司礼监太监张钦、御马监太监韩锡等几人，然而也早已融入明朝本土的人事，若非朝鲜史料中的记载，已看不出外籍宦官的痕迹。

第四，外籍宦官透过民间信仰活动所展现的人际交往圈层。宦官多信佛参禅以求心灵安寂，并且通过信仰活动，沟通地方社会与国家中枢之间的关系。明初宫廷中外籍朝鲜与安南大珰是可以势均力敌的，但安南宦官显然更热衷于佛事，因而北京城的佛寺名刹中很多可见安南大珰的名字。朝鲜宦官即便在其本国的李朝时期不侫于佛事，但入明廷后也与其他宦官无异，有钱得势后捐修佛寺邀宠固位，营建坟寺延续香火。北京的大隆福寺即由司礼太监安南人兴安主持修建，其侫佛甚于王振，阿附兴安的阮绢、黎贤等安南宦官甚至盗用官木助其修寺。京师的法源寺、秀峰寺等诸多著名寺庙的助缘名单中都集中了大量安南籍宦官的名字。曾为安南王子、后降于明朝，时任工部左侍郎的黎澄，因同乡之谊为安南宦官所修寺宇撰写碑文，等等。同为安南出身的宦官、僧人、朝臣之间的交往不见于正史，却出现在地方信仰活动所营造的舞台中，展现出其人际交往的圈层，而因这种"交情"结成的安南人势力，可能会满足他们在庙堂之上的政治利益和诉求。同时，探究其捐修寺庙背后的政治利益诉求亦反映出在明安南宦官群体内部的权力更迭。北京香山洪光寺为成化年间朝鲜大珰郑同巨资营建，为其撰写庙碑的是率同官条陈汪直罪状，以攻宦著称、突显清流形象的大学士商辂。并且朝鲜宦官也与明朝本土的宦官一样，组成养老义会，并在坟茔所在之地捐修佛寺守护坟茔、供奉香火。

第二节 先贤学术研究成果之总结

一 东亚区域秩序的理论研究

东亚既是一个地理概念，又是一个有别于世界其他地方的文明区域。德国历史哲学家卡尔·雅斯贝尔斯提出"轴心时代"的理论，指出在公元前 800 年至公元前 200 年的时期内，几乎同时在中国、印度和西方，这三个相互间并不了解的地方，产生了人类的精神基础，涌现了一批伟大的哲学家，提出了我们至今仍在思考的最为根本的问题，创立了人类赖以生存的世界宗教。生活在轴心时代三个地区以外的人们，或者和这三个精神辐射中心保持隔绝，或者与其中之一发生接触。一旦发生了接触，他们便被历史所接受。轴心时代同化了所有存留下来的东西。① 东亚的朝鲜、日本、越南等先后被"拖入"了以中国为轴心的东亚文明之中。也正因此,东亚世界出现了完全不同的历史景象。②

日本学者西嶋定生是最早系统提出"东亚世界"理论视角的历史学者,以汉字、儒教、佛教和律令制度,作为东亚世界的基本要素,构成了东亚完全不同于西方的特点。东亚的范围以中国为中心,还包括周边的朝鲜、日本和越南等国家。③ 这个概念也逐渐被学界所接受,成为研究中国与周边国家历史的重要视角。

而在东亚史研究中,对于传统中国与周边国家关系的讨论,学界存在多种理论解读。美国学者费正清(John Fairbank)在其主编的会议论文集《中国的世界秩序:传统中国的对外关系》(1968 年出版)④ 中,首先提出"中国的世界秩序"观念、外交理念的问题,将朝贡制度研究作为分析以中国为中心的传统东亚区域秩序的一个基本模式。

日本学者滨下武志在《近代中国的国际契机:朝贡贸易体系与近代亚洲经济圈》⑤ 一书中,提出亚洲存在着以中国为中心的朝贡关系和朝贡贸易关系,在这种关系中形成了"亚洲经济圈",以朝贡贸易体系来解释亚洲的经贸网络,突破以近代西方列强对亚洲冲击的角度探讨亚洲历史的研究窠臼。

中国香港学者黄枝连提出"天朝礼治体系"的概念,指出在十九世纪以前,即西方文化、西方国家、西方殖民帝国主义兴起之前,这里有一个突出的区域秩序,是以中国封建王朝(所谓"天朝")为中心而以礼仪、礼义、礼治及礼治主义为其动作形式;对中国和它的周边国家之间、周边国家之间的双边和多边关系,起着维系与稳定的作用。应在此框架下去探讨传统中国同朝鲜、安南、日本、琉球、暹罗以及更广泛的亚太区域关系。⑥

---

① [德]卡尔·雅斯贝尔斯:《论历史的起源与目标》,李雪涛译,华东师范大学出版社 2016 年版,第 8—15 页。

② 孙卫国:《东亚汉籍与中国史研究》,《光明日报》2014 年 4 月 16 日第 14 版。

③ [日]西嶋定生:《中国古代国家と東アジア世界》,東京大学出版会 1997 年版,第 397—398 页。

④ [美]费正清:《中国的世界秩序:传统中国的对外关系》,中国社会科学出版社 2010 年版。

⑤ [日]滨下武志:《近代中国的国际契机:朝贡贸易体系与近代亚洲经济圈》,朱荫贵译,中国社会科学出版社 1999 年版。

⑥ 黄枝连:《亚洲的华夏秩序:中国与亚洲国家关系形态论》《东亚的礼仪世界:中国封建王朝与朝鲜半岛关系形态论》《朝鲜的儒化情景构造:朝鲜王朝与满清王朝的关系形态论》,中国人民大学出版社 1992、1994、1995 年版。

国内学者何芳川以"华夷秩序"指代近代以前东亚地区的国际关系体系。[①] 韩东育认为前近代东亚地区崇尚和平的"华夷秩序",抑或近现代侵略成性的所谓"大东亚秩序",均诱发于"落差—权力"的地政框架中。[②] 王赓武认为以中华文明为特征的东亚地区发展出一种制度和领土模式即朝贡体系,朝贡体系是否可以被称为体系是有争议的,但朝贡是以领土方式界定的理念空间。[③] 等等。中外学者从各个角度对近代以前的东亚中外关系做出了角度不一的理论解读,试图建构一个理论研究范式,为进一步的研究预设思路和空间。

二 东亚区域关系史相关研究

以中国为核心的前近代东亚封贡体系下,在华域外宦官的主体是明代的朝鲜人宦官和安南人宦官,至于其他外籍宦官,目前来看无论在文本史书抑或田野资料中并不彰显。因而本书梳理中国与周边国家封贡关系,将视野主要集中于明代的中朝、中越和中琉关系。

(一) 中朝关系史方面的研究

孙卫国先后出版了《大明旗号与小中华意识:朝鲜王朝尊周思明问题研究(1637—1800)》[④] 和《从"尊明"到"奉清":朝鲜王朝对清意识的嬗变(1627—1910)》[⑤] 两部力作,从朝鲜王朝国家意识的角度入手,探讨了明朝到清朝,朝鲜的对华意识及其思想变化,并且在史料运用上不仅集合了中日韩大量的原始文献,也在韩国做了田野调查,将社会学的研究方法运用于思想史的研究中,为东亚史研究提供了路径和方法。姜龙范、刘子敏《明代中朝关系史》[⑥] 是一部以时间和朝代为线索论述元末到明代与朝鲜半岛关系的系统性著作,对两国间发生的政治、经济贸易、文化往来有较全面的介绍,对于朝鲜半岛的"火者"之贡,以及朝鲜国出身的大明宦官使者群体都做了概述。杨昭全、何彤梅《中朝—朝鲜·韩国关

---

① 何芳川:《"华夷秩序"论》,《北京大学学报》1998 年第 6 期。

② 韩东育:《东亚世界的"落差"与"权力"——从"华夷秩序"到"条约体系"》,《经济社会史评论》2016 年第 2 期。

③ 王赓武:《国际秩序的构建:历史、现在和未来》,《外交评论》2015 年第 6 期。

④ 孙卫国:《大明旗号与小中华意识:朝鲜王朝尊周思明问题研究(1637—1800)》,商务印书馆 2007 年版。

⑤ 孙卫国:《从"尊明"到"奉清"朝鲜王朝对清意识的嬗变(1627—1910)》,台大出版中心 2019 年版。

⑥ 姜龙范、刘子敏:《明代中朝关系史》,黑龙江朝鲜民族出版社 1999 年版。

系史》① 阐述中国与朝鲜、韩国自古代至现代的关系史，将涉及两国政治、
军事、经济、文化各方面的往来皆囊括其中，以中韩友谊为主线，颂扬两
国之间的友好关系。也正因此，对于来自朝鲜半岛的贡阉、贡女，仅在高
丽人移居元朝、李朝民众移居中国的章节中一带而过。白新良主编的《中
朝关系史：明清时期》② 在对中朝之间的关系进行整体回顾的基础上，着
重论述明清时期中朝宗藩关系的建立、经贸往来，以及壬辰倭乱、西方列
强入侵等事件对于两国关系的影响。简单提及宦官在明鲜政治、贸易往来
中的角色，将索取贡女、聚敛财物定义为明代入朝宦官的典型特征。中国
台湾学者叶泉宏的《明代前期中韩国交之研究（1368—1488）》，③ 集中考
察了明朝与高丽、朝鲜建交的演进过程，涉及朝鲜与明初辽东边防的建立
及明鲜的海防合作。尤其强调了文官使臣董越在增进明鲜关系中的积极意
义。屈广燕《元明嬗代之际中朝政治关系变迁研究》④ 也是将明朝与丽末
鲜初的关系作为考察的重点，其中涉及宦官使臣贸易。喜蕾《元代高丽贡
女制度研究》⑤ 从元代高丽贡女制度的形成背景、制度变化，到高丽贡女
与元朝宫廷、社会的关系，以及政治影响等诸方面系统阐释了元朝高丽
的贡女制度，并在高丽贡女宫廷生活部分单列一节考察贡女群体的重要
后援高丽宦官。

　　日本学者末松保和《丽末鲜初に于ける对明关系》⑥ 比较早地注意
并结合利用《高丽史》和明朝官修史书考察了明初与高丽和李氏朝鲜关
系的发展变化。韩国学者全海宗《中韩关系史论集》⑦ 收录了 19 篇其个
人关于中韩关系的论文，其中涉及政治关系、朝贡贸易与文化等不同主
题。朴元熇《明初朝鲜关系史研究》⑧，涉及明初朝鲜的表笺问题、辽东
纠纷，与蒙古、女真问题的交涉，以及东亚视域内明鲜间的使臣往来、
贸易问题。

　　在明鲜关系的研究中与宦官关联性最大的是使臣研究，在明的朝
鲜宦官主要职能是作为使臣回原籍，因而明鲜使臣研究中多涉及朝鲜

　　① 杨昭全、何彤梅：《中朝—朝鲜·韩国关系史》，天津人民出版社 2001 年版。
　　② 白新良主编：《中朝关系史：明清时期》，世界知识出版社 2002 年版。
　　③ 叶泉宏：《明代前期中韩国交之研究（1368—1488）》，台湾商务印书馆 1991 年版。
　　④ 屈广燕：《元明嬗代之际中朝政治关系变迁研究》，中国人民大学出版社 2021 年版。
　　⑤ 喜蕾：《元代高丽贡女制度研究》，民族出版社 2003 年版。
　　⑥ ［日］末松保和：《丽末鲜初に于ける对明关系》、『青丘史草·第 1』、笠井出版印刷社 1965 年版。
　　⑦ ［韩］全海宗：《中韩关系史论集》，全善姬译，中国社会科学出版社 1997 年版。
　　⑧ ［韩］朴元熇：《明初朝鲜关系史研究》，一潮阁 2002 年版。

籍宦官。

李新峰的《明前期赴朝鲜使臣丛考》① 以《高丽史》和《李朝实录》为主要史料，统计了明前期被派遣至朝鲜半岛的宦官、文臣和武官所占使臣身份的比例，并着重考察了文臣使臣的个案。孙卫国《明代使臣述论》② 对明代的涉外机构、使臣类别，以及历朝派遣使臣的变化进行了整体的论述，同时着重比较了宦官与朝臣出使在目的、职能等方面的差异。王裕明的《明代遣使朝鲜述论》③ 论述了明代遣使朝鲜的目的、使臣特点和遣使意义。另有高艳林《明代中朝使臣往来研究》④，刘喜涛的博士论文《封贡视角下明代中朝使臣往来研究》⑤ 等研究，都对明代中朝使臣往来从诸多方面进行了考察，其中都涉及宦官使臣。

（二） 中越关系史方面的研究

日本学者对越南历史的研究开展较早，成果颇丰，其中最具代表性的是山本达郎的研究，他在 20 世纪 50 年代即出版了《安南史研究》⑥，利用中越史料进行对比研究，对明朝初期中越之间的政治往来、军事冲突、明朝对安南的治理等方面都进行了系统的研究与分析。山本达郎主编的论文集《越中关系史——从曲氏的崛起到中法战争》（《ベトナム中国関係史——曲氏の抬頭から清仏戦争まで》）⑦ 由山本达郎、河原正博、藤原利一郎、大泽一雄等七名作者合著而成，该书认为在西方势力进入之前的东亚国际关系秩序，是以中国为核心的朝贡关系体制。而越南自古文化上受中国影响、政治上被中国支配，自公元十世纪从中国脱离出来成为独立国家，直到十九世纪末再被法国占领沦为其殖民地。该书论述了此期间中越两国各朝代之间的关系。另外，引田利章于明治十四年（1881 年）即编译法国人关于越南的著作，出版四卷本《安南史》⑧。岩村成允的《安南通史》⑨，是日本人所著关于越南的通史，对明朝征战安南这场战争也有所论述。其

---

① 李新峰：《明前期赴朝鲜使臣丛考》，《明清论丛》第 4 辑，紫禁城出版社 2003 年版。

② 孙卫国：《明代使臣述论》，《广东社会科学》1992 年第 2 期。

③ 王裕明：《明代遣使朝鲜述论》，《齐鲁学刊》1998 年第 2 期。

④ 高艳林：《明代中朝使臣往来研究》，《南开学报》（哲学社会科学版）2005 年第 5 期。

⑤ 刘喜涛：《封贡视角下明代中朝使臣往来研究》，博士学位论文，东北师范大学，2011 年。

⑥ ［日］山本达郎：《安南史研究》［Ⅰ］，第二编上，山川出版社 1950 年版。

⑦ ［日］山本达郎：《ベトナム中国関係史——曲氏の抬頭から清仏戦争まで》，山川出版社 1975 年版。

⑧ ［日］引田利章：《安南史》，陆军文库 1881 年版。

⑨ ［日］岩村成允：《安南通史》，富山房 1941 年版。

他诸如藤原利一郎①、桃木至朗②、八尾隆生③等日本学者对越南的研究亦涉及与明朝中国的关系，甚至深入到在安南的华侨等问题。

关于中国学者对中越关系史的研究，于向东、成思佳曾做过较全面的总结。④ 国内中越关系史研究大致起步于 20 世纪 30 年代，1933 年邵循正在其清华大学的毕业论文《中法越南关系始末》⑤ 中，以丰富的中法档案史料，清晰阐述法国介入清越宗藩关系的始末。其他同时代如彭胜天⑥、刘伯奎⑦等学者的研究亦是对中越关系做整体的勾勒。新中国成立后，因中越两党间友好关系的政治影响，对于中越关系史的研究，主要强调和宣扬两国间的友好关系，代表作有周一良《中越两国人民的传统友好关系》⑧、陈修和《中越两国人民的传统友谊和文化交流》⑨ 等。改革开放以后，随着我国史学研究自身的规范与完善，加之西方史学新方法的引进，研究视野更为广阔，史料运用的广泛性也不断加强，对于中越关系史的研究也走向纵深。如张秀民《安南书目提要》⑩，为中越关系史研究指引了门径；他的论文集《中越关系史论文集》⑪ 涉及明代来华的交阯移民，比较难得的是其中有一篇关注了安南宦官阮安营建北京城的事迹。戴可来、于向东合著的《越南历史与现状研究》⑫ 是其越南史研究的集成，涉及越南历史和史籍、中越关系、西南沙群岛主权归属、华侨华人、少数民族等中越关系史的方方面面。进入 21世纪，区域一体化、"东亚共同体"的建设，日渐成为国际社会关注的重要发展趋向，对中越关系的研究亦逐步涉及宗藩关系、文化交流、经贸往来、疆界归属等诸多方面。宗藩关系视野下的研究主要由永乐出兵安南事件和莫登庸事件切入，如中国台湾郑永常《征战与弃守——明代中越关系研究》⑬、

---

① ［日］藤原利一郎：《東南アジア史の研究》，法藏馆 1986 年版。

② ［日］桃木至朗：《中世大越国家的成立と变容》，大阪大学出版会 2011 年版。

③ ［日］八尾隆生：《黎初ヴェトナムの政治と社会》，广岛大学出版会 2009 年版。

④ 于向东：《中国的越南学研究状况及其思考》，《郑州大学学报》（哲学社会科学版）2005年第 6 期；于向东、成思佳：《20 世纪 80 年代以来中国古代中越关系史研究述略》，《中华文化论坛》2020 年第 2 期。

⑤ 邵循正：《中法越南关系始末》，河北教育出版社 2002 年版。

⑥ 彭胜天：《中越关系之史的考察》，《南洋研究》1940 年第 9 卷。

⑦ 刘伯奎：《中越关系之史的探讨》，《新南洋》1943 年第 1 卷第 1 期。

⑧ 周一良：《中越两国人民的传统友好关系》，《新华月报》1955 年 7 月。

⑨ 陈修和：《中越两国人民的友好关系和文化交流》，中国青年出版社 1957 年版。

⑩ 张秀民：《安南书目提要》，《北京图书馆刊》1996 年第 1 期。

⑪ 张秀民：《中越关系史论文集》，文史哲出版社 1992 年版。

⑫ 戴可来、于向东：《越南历史与现状研究》，香港社会科学出版社 2006 年版。

⑬ 郑永常：《征战与弃守——明代中越关系研究》，成功大学出版组 1998 年版。

廖小健《论 1406 年明朝与安南战争的原因》①、朱亚非《明初中越关系与成祖征安南之役》② 都涉及了明永乐到宣德时期对安南的征战和弃守；还有牛军凯《王室后裔与叛乱者——越南莫氏家族与中国关系研究》③、孙宏年《清代中越关系研究（1644—1885）》④ 等，都运用了中、越、法多种史料，吸收了比较前沿的成果。陈文源《明代中越邦交关系研究》⑤ 对明朝中越关系按阶段划分做了整体考察，涉及明越关系的诸多方面和事件，本书对明代中越关系的整体把握多得益于此书。由文化交流角度切入中越关系的研究，主要强调中国对周边的单向文化影响，代表性成果有台湾朱云影的《中国文化对日韩越的影响》⑥、朱亚非《论黄福——兼论明代中国文化对安南的传播》⑦、陈文《越南科举制度研究》⑧、何孝荣《明代的中越文化交流》⑨ 等研究。研究视角的转换也带来史料来源的扩展，中国台湾耿慧玲《越南史论——金石资料之历史文化比较》⑩ 是较难得的以越南的金石资料为主，对中越关系史中诸如越南与中国的海上交通、越南国家意识形成等问题进行探讨。另有，叶少飞《中越典籍中的南越国与安南国关系》⑪、邱普艳《越南阮氏政权对华贸易中的华人》⑫、李国强《南海历史研究中的若干问题——对越南学术观点的分析与回应》⑬、陈国保《越南使臣与清代中越宗藩秩序》⑭ 等学者的研究，因与本研究关联性不大，不一一列举。

越南重要学者陈重金《越南通史》⑮、陶维英《越南古代史》⑯、明峥

① 廖小健：《论 1406 年明朝与安南战争的原因》，《印度支那》1988 年第 1 期。

② 朱亚非：《明初中越关系与成祖征安南之役》，《烟台大学学报》（哲学社会科学版）1994 年第 1 期。

③ 牛军凯：《王室后裔与叛乱者——越南莫氏家族与中国关系研究》，世界图书出版公司 2012 年版。

④ 孙宏年：《清代中越关系研究（1644—1885）》，黑龙江教育出版社 2014 年版。

⑤ 陈文源：《明代中越邦交关系研究》，社会科学文献出版社 2019 年版。

⑥ 朱云影：《中国文化对日韩越的影响》，广西师范大学出版社 2007 年版。

⑦ 朱亚非：《论黄福——兼论明代中国文化对安南的传播》，《齐鲁文化研究》2003 年 12 月。

⑧ 陈文：《越南科举制度研究》，商务印书馆 2015 年版。

⑨ 何孝荣：《明代的中越文化交流》，《历史教学》1998 年第 10 期。

⑩ 耿慧玲：《越南史论——金石资料之历史文化比较》，（台北）新文丰出版公司 2004 年版。

⑪ 叶少飞：《中越典籍中的南越国与安南国关系》，《中国边疆史地研究》2016 年第 3 期。

⑫ 邱普艳：《越南阮氏政权对华贸易中的华人》，《世界民族》2008 年第 5 期。

⑬ 李国强：《南海历史研究中的若干问题——对越南学术观点的分析与回应》，《齐鲁学刊》2015 年第 2 期。

⑭ 陈国保：《越南使臣与清代中越宗藩秩序》，《清史研究》2012 年第 2 期。

⑮ ［越］陈重金：《越南通史》，戴可来译，商务印书馆 2023 年版。

⑯ ［越］陶维英：《越南古代史》，刘统文等译，商务印书馆 1976 年版。

《越南史略》① 等人的越南史著作都被翻译成中文，其中涉及古代越南"北属"中国的历史。

（三）中琉关系以及其他相关的研究

谢必震《中国与琉球》②、米庆余《琉球历史研究》③，以及中国台湾学者徐玉虎《明代琉球王国对外关系之研究》④、郑梁生等学者的研究，对明代中琉关系都做了较全面的梳理。另外，朱亚非《明代中外关系史研究》⑤、李云泉《朝贡制度史论：中国古代对外关系体制研究》⑥、陈尚胜《中国传统对外关系的思想、制度与政策》⑦、万明《中国融入世界的步履：明与清前期海外政策比较研究》⑧ 等，也是涉及传统中外关系的整体性研究。

三 东亚宦官的相关研究

国内对于域外出身的朝鲜人宦官的关注相较于安南宦官更多一些，并且主要探讨其作为宦官使臣的作用。如孙卫国《论明初的宦官外交》⑨ 认为明初宦官出使之频繁，影响之深远非历代可比。而洪、永时期中外交往颇为频繁，最为杰出的使节，绝大部分是宦官，沿袭到仁宣时期，宦官皆是充当中外交往中的中方主角，构成了历史上少有的"宦官外交"的局面，并探讨了形成这一局面的原因。喜蕾《元代高丽贡宦制度与高丽宦官势力》⑩ 概述了元朝高丽贡宦制度，并着重考察了高普龙、朴不花几位在元朝有重要影响的高丽宦官。千勇《朝鲜籍宦官与明鲜关系述论》⑪、喻显龙《论明朝的朝鲜"火者"进贡与宦官使臣》⑫ 和陈洪发《明鲜关系中的

---

① ［越］明峥：《越南史略》（初稿），范宏科等译，生活·读书·新知三联书店1958年版。

② 谢必震：《中国与琉球》，厦门大学出版社1996年版。

③ 米庆余：《琉球历史研究》，天津人民出版社1998年版。

④ 徐玉虎：《明代琉球王国对外关系之研究》，台湾学生书局1982年版。

⑤ 朱亚非：《明代中外关系史研究》，济南出版社1993年版。

⑥ 李云泉：《朝贡制度史论：中国古代对外关系体制研究》，新华出版社2004年版。

⑦ 陈尚胜：《中国传统对外关系的思想、制度与政策》，山东大学出版社2007年版。

⑧ 万明：《中国融入世界的步履：明与清前期海外政策比较研究》，社会科学文献出版社2000年版。

⑨ 孙卫国：《论明初的宦官外交》，《南开学报》（哲学社会科学版）1994年第2期。

⑩ 喜蕾：《元代高丽贡宦制度与高丽宦官势力》，《内蒙古社会科学》2002年第3期。

⑪ 千勇：《朝鲜籍宦官与明鲜关系述论》，《社会科学战线》2016年第11期。

⑫ 喻显龙：《论明朝的朝鲜"火者"进贡与宦官使臣》，《当代韩国》2018年第4期。

朝鲜籍宦官研究——以〈朝鲜王朝实录〉为中心》① 几篇论文都是将在明的朝鲜人宦官作为使臣群体，利用《朝鲜王朝实录》考察其出使背景、在朝鲜出使期间的主要活动，以及在明鲜关系中的影响。中国香港学者陈学霖较早关注到在华的域外宦官，② 他在《洪武朝朝鲜籍宦官史料考释——〈高丽史〉、李朝〈太祖实录〉摘抄》一文中摘抄了《高丽史》和李朝《太祖实录》中明代在华的朝鲜宦官资料，却没有做进一步的研究工作。在《海寿——永乐朝一位朝鲜籍宦官》一文中对朝鲜人宦官海寿做了个案考察。另外，刁书仁《明前期明朝向朝鲜索征的"别贡"》③ 和戴琳剑《明成化年间朝鲜之"成化别贡"再考》④ 等文章将朝鲜宦官纳入到明鲜朝贡关系下"特殊贡品"研究中予以关注。

韩国学者亦不乏从中朝使臣往来切入明鲜关系的研究成果，涉及朝鲜籍宦官的有曹永禄《鲜初의朝鲜出身 明使考——成宗朝의對明交涉과明使鄭同》⑤、张熙兴《高丽后期 宦官制의定着过程과地位变动》⑥，郑求先《鲜初朝鲜出身明使臣的行迹》⑦ 和李正信《元朝干涉期宦官形迹考》⑧ 等文章，韩国学者与中国学者相比更注重对宦官的个案考察，但囿于史料和视角的局限仅依赖《朝鲜王朝实录》考察宦官们在朝鲜的活动。

国内对于在华安南宦官的研究成果较少，且只涉及少数人物个案，代表性的成果有张秀民《中越关系史论文集》⑨，其中的第五、六、九章《明代交阯人在中国内地之贡献》《明代交阯人移入中国内地考》《明太监交阯人阮安建北京考》，在对明代移入中国内地的交阯人的总体考察中论及范弘、王瑾等文献有记载的几位宦官，着重对阮安做个案考察。赵其昌《明代太监阮安》亦考察了阮安营建北京城的贡献。中国台湾学者陈玉女在

① 陈洪发：《明鲜关系中的朝鲜籍宦官研究——以〈朝鲜王朝实录〉为中心》，硕士学位论文，浙江大学，2015 年。

② 陈学霖：《明代人物与史料》，香港中文大学出版社 2001 年版。

③ 刁书仁：《明前期明朝向朝鲜索征的"别贡"》，《东北师大学报》（哲学社会科学版）2009 年第 3 期。

④ 戴琳剑：《明成化年间朝鲜之"成化别贡"再考》，《当代韩国》2021 年第 2 期。

⑤ ［韩］曹永禄：《鲜初의朝鲜出身 明使考——成宗朝의對明交涉과明使鄭同》，（台湾）《韩国学报》1992 年第 11 期。

⑥ ［韩］张熙兴：《高丽后期 宦官制의定着过程과地位变动》，《史学研究》2006 年第 83 号。

⑦ ［韩］郑求先：《鲜初朝鲜出身明使臣的行迹》，《庆州史学》第 23 辑，庆州史学会 2004 年版。

⑧ ［韩］李正信：《元朝干涉期宦官形迹考》，《韩国史学报》2014 年第 57 号。

⑨ 张秀民：《中越关系史论文集》，文史哲出版社 1992 年版。

《明代二十四衙门宦官与北京佛教》① 的研究中涉及安南宦官群体捐资建寺的内容，对笔者多有启发，然而其旨趣在于宦官与佛教的关系。中国香港学者陈学霖《明代安南籍宦官史事考述——金英、兴安》②，以碑刻材料为主对金英、兴安的生平事迹重新梳理，钩稽出二人在土木之变、辩论迁都、南宫复辟等重大事件中的角色和影响，较为难得地关注到安南宦官对明代政局的影响，然而仅限于对此二人的考证。

明代中越关系史研究中所关注的永乐征安南事件，普遍会提及的是张辅"取安南火者三千"充实明廷，如郑永常的《征战与弃守——明代中越关系研究》③、牛军凯《王室后裔与叛乱者》④、陈文源《明代中越邦交关系研究》⑤、朱亚非《明初中越关系与成祖征安南之役》⑥ 等。

国外研究中，美国学者蔡石山《明代宦官》⑦ 提及明廷中有大量外族安南、朝鲜人宦官的存在，但没有做相关研究。日本学者是东亚区域史研究的先行者，十分重视中国与周边国家的关系，但未有对明代域外宦官的直接研究。山本达郎《安南史研究》考察了永乐朝对安南出兵过程，略提及大量交童被带回中国的史事。另有其主编的『ベトナム中国関係史——曲氏の抬頭から清仏戦争まで』，论述了从 905 年越南独立前后到 1885 年越南沦为法国殖民地期间的中越历史关系问题，在明代派出的册封使中微有涉及外籍宦官。越南学者对于明朝与安南关系的研究成果较多，但带有较明显的民族主义学术特点，对在华的安南籍宦官鲜有涉及。

另外，杜常顺《明代宦官中的非汉族成分》⑧、郑威《试析明代宦官籍贯的分布与变化》⑨、任昉《明代宦官籍贯与民族考论——明代宦官墓志研究之一》⑩ 在探讨明代宦官来源的话题中亦对朝鲜、安南人宦官有所涉及。

---

① 陈玉女：《明代二十四衙门宦官与北京佛教》，如闻出版社 1990 年版。

② 载于陈学霖《明代人物与史料》，香港中文大学出版社 2001 年版。

③ 郑永常：《征战与弃守——明代中越关系研究》，国立成功大学出版组 1998 年版。

④ 牛军凯：《王室后裔与叛乱者——越南莫氏家族与中国关系研究》，世界图书出版公司 2012 年版。

⑤ 陈文源：《明代中越邦交关系研究》，社会科学文献出版社 2019 年版。

⑥ 朱亚非：《明初中越关系与成祖征安南之役》，《烟台大学学报》（哲学社会科学版）1994 年第 1 期。

⑦ ［美］蔡石山：《明代宦官》，黄宗宪译，台湾联经出版公司 2011 年版。

⑧ 杜常顺：《明代宦官中的非汉族成分》，《青海师范大学学报》（哲学社会科学版）2004 年第 6 期。

⑨ 郑威：《试析明代宦官籍贯的分布与变化》，《中国历史地理论丛》2004 年第 4 期。

⑩ 任昉：《明代宦官籍贯与民族考论——明代宦官墓志研究之一》，《首都博物馆丛刊》2001 年第 15 期。

总之，以往学界的研究是本书能顺利展开的重要基础，但也存在着需要重新审视的地方。

首先，学科畛域的局限所造成的研究盲点。从目前所能掌握的资料来看，国外学者在涉及东亚宦官时仅限于朝鲜、越南本国宦官，并且笔者在与越南学者的交流中得知他们大多并不清楚明代中国有这样一批得势的本国宦官。尽管中国史学者以往对明代宦官的研究已积累了较丰厚的底蕴，且注意到朝鲜、安南、琉球等域外宦官群体的存在，却并未深入讨论。对于朝鲜宦官的关注，多利用朝鲜史料将其出使回原籍的经历做群体性的研究，考察出使的目的、出使期间的活动，强调其对于中朝关系的危害，鲜少结合中朝史料对朝鲜宦官个体做深入探讨，对于朝鲜宦官的在华经历避而不谈，这便很难对具有双重身份的外籍宦官做出客观的了解和判断，比如在华朝鲜宦官的身份认同问题、其群体内部关系、权力的更迭，以及在华的关系网络等问题。对于安南宦官的研究情况恰好相反，虽然对于参与营建北京城的阮安等大太监做了个案考察，却没有注意到他们在明初已形成势力，且对明初政局产生重要影响。

其次，制度史框架内"自上而下"研究视角的局限性。宦官向来被视为皇权衍生物，正史中所见皆是与历史大事件相关的几个著名宦官，无法窥视其群体内部复杂的关系网络和民族属性。近年来，随着宦官墓志、碑刻等田野史料的发掘、利用，他们在民间社会所进行的修庙建寺等信仰活动，及过程中与同籍宦官、朝臣之间的交往圈层浮出水面，看似社会史中的"细枝末节"，却可能直接影响着庙堂上的国之大事。因而，从社会史的研究出发"自下而上"反观"大历史"，可以拓展东亚历史的研究路径。

最后，缺乏对于东亚在华宦官的整体性考察。以往研究更多局限于对中国本土宦官，或者朝鲜、安南人宦官的专题考察，忽视了他们作为"外籍贡阉"和"天朝近侍"双重身份的东亚性。比较他们在明朝中国的任用以及在中国与周边关系中的不同境遇和角色，可以"小中见大"理解前近代东亚世界的秩序是如何形成又是如何运作的，为解读东亚区域关系提供新的切入点。

四 史料的来源及反思

本书的研究对象为在华的域外宦官群体，涉及朝鲜、越南和琉球诸国，因而注重对中、日、韩、越多方历史资料的借鉴与比较。在采用"自上而下"传统视角利用如《元史》《明实录》《高丽史》《朝鲜王朝实录》

《韩国文集丛刊》《大越史记全书》《钦定越史通鉴纲目》《越南汉文小说集成》《历代宝案》《大明一统志》《全辽志》、夏子阳的《使琉球录》、严从简的《殊域周咨录》、李文凤的《越峤书》、高熊徵的《安南志》等各国官私文献史料，观察以朝鲜、安南籍为主的域外宦官在明代政治生活中的影响。

　　同时，兼以"自下而上"的考察角度，借用社会学、人类学田野调查的方法，将京师外籍宦官相关的墓志、庙碑等田野史料纳入研究视野，有利于考察在华域外宦官群体基于共同的地缘关系及信仰活动，所形成的宦官与朝臣、僧人及域外宦官群体内部的复杂关系网络。而对这一群体内外关系的厘清，则有利于进一步探索以往不被关注的外籍宦官群体对明代政治生活的介入程度及影响，这是以文献为依据研究明代中外关系史的盲点。并且从"域外宦官"这一新的视角，搜集和利用大量明代两京的庙碑及宦官墓志等社会史料，再对照日、韩、越方面的域外资料，对安南、朝鲜宦官的交往圈层、庙堂影响做由内而外的展现，使史实与理论能恰当结合，从一个特殊的侧面介入东亚区域史的研究。

第二章 进贡与出使

——东亚诸国宗藩关系下的外籍宦官

中国的宦官制度伴随整个封建帝制时代，是世界上阉宦存续时间最久远的国家。尤其是明代，宦官人数之众、机构之完备、职能涉及之广泛，使之权势达到顶峰。而明代前期，"来自外国进贡、边地进献、战俘以及罪囚，这三类宦官，在明代前期宦官来源中占主要比例。"明代中期以后，内地尤其是近畿地区成为宦官的主要来源地，顺天府、保定府成为"中官窟穴"。①

位于中国东方和南方的朝鲜与越南同属古代中国最亲近的藩国，自古迄今，政治、经济与文化均与中国密切不可分，尤其是明代中国作为前近代时期东亚"宗藩体系"的核心，有从朝鲜、安南、琉球征索、纳贡来的宦官阉人，这些阉人作为特殊"贡品"是中央王朝与周边属国间不平等关系的产物，也成为明初政治舞台上独特的政治风景。

就笔者目前掌握的史料所及，唐朝宫廷中已有来自朝鲜半岛的阉宦记录，元、明时期开始大量涌入。而明初亦有少量元朝宫廷留用的安南宦官记录，及至永乐五年（1407）征安南，带回所谓"安南火者三千"，安南阉宦多由此入宫。此外，《明实录》中亦记载占城国王阿答阿遣使臣"贡象及侍童一百二十五人"。②进贡的侍童当为入宫服务的小阉宦。

值得注意的是，永乐二年（1404）九月，真腊国王参烈婆畏牙派遣陪臣奈职等九人来朝贡方物。之前，有明朝中官出使真腊，其中三名使者在真腊逃跑，于是真腊国王"以其国中三人从中官归补伍"。礼部引见。明成祖朱棣曰："中国人自遁何预彼事，而责偿且得其三人，语言不通，风

---

① 何孝荣：《明代北京佛教寺院修建研究》（下），南开大学出版社 2007 年版，第 350 页。

② 《明太祖实录》卷 133，洪武十三年九月乙巳条，台湾"中研院"历史语言研究所校印本 1962 年版。按，本文所引《明实录》均为同一单位校印本，1962—1966 年刊行，第 2114 页。

俗不谙，吾焉用？况其皆自有家，宁乐处此？尔礼部给之衣服，予道里费，遣还真腊。"尚书李至刚等人曰："臣意中国人必非遁于彼者，或为彼所匿，则此三人亦不当遣。"上曰："不用逆诈，为君但推天地之心侍人可以。"[1] 尚书李至刚等人认为，出使真腊的宦官未必逃跑，可能是被藏匿了，故不必遣返，但朱棣不愿用逆诈之人，遂将其遣返。

并且，永乐四年（1406），琉球"进阉者数人"，亦被明成祖以"彼亦人子，无罪而刑之，朕何忍焉"所婉拒。[2] 可见，朝鲜和安南因自古以来与中国最为亲近，谙习风俗，往来密切，因而得明朝皇帝信任，被纳入宫廷的宦官数量也最大。

第一节 来自朝鲜半岛的阉宦

一 唐代高丽宦官的来源

中国与东部朝鲜半岛的交往由来已久，唐朝的墓志中，便已发现一位可能来自朝鲜半岛的"高丽扶余种"宦官似先义逸。1993 年，西安市东郊灞桥区务庄乡出土了一方唐代墓志、缺盖。志正方形，边长 88 厘米，四侧刻兽首人身十二生肖图案。志文行书，凡 40 行，满行 39 字。从志文推知墓主人为似先义逸，生于唐贞元十一年（公元 795 年），卒于大中四年，年六十五岁。[3]

似先义逸为唐代中晚期的宦官。其墓志有载："昔在贞元，入侍金门。逮今八圣，屡使诸蕃。"可知似先义逸于唐德宗贞元年间入宫，历侍八朝，地位崇高，屡以中使身份被派遣出使各藩镇执行公务。有夫人为武卫将军之女，养子五人，致仕后，逝世于私宅。已知似先义逸的祖父似先凤荣为处士，父亲似先进为随州长史，但他入宫的原因尚不可考。其族人"武德中，右骁卫将军英问"，《通志》中有载："似先氏：本高丽余种也，唐武德中，右骁卫大将军似先英问。"[4] 而《古今姓氏书辨证》载："似先氏，高丽扶余种也。唐武德中，有右骁卫将军似先英问。"[5] 显然，似先义逸及其族人们很可能是来自于朝鲜半岛，不知何故入宫为阉宦。余华青认为唐

---

① 《明太宗实录》卷 34，永乐二年九月壬寅，第 597—598 页。

② ［琉球］蔡铎、蔡温、郑秉哲著，袁家冬校注：《〈中山世谱〉校注本》，中国文史出版社2015 年版，第 50 页。按：本书下面所引皆为此同一版本。

③ 马咏钟、张安兴：《唐似先义逸墓志考释》，载《碑林集刊》第三辑，1995 年，第 98 页。

④ （宋）郑樵：《通志》卷 29 氏族五《诸方复姓》，中华书局 1987 年版。

⑤ （宋）邓名世：《古今姓氏书辨证》卷 22，江西人民出版社 2006 年版。

代宦官的来源主要有进献、罪犯子弟和宦官养子。① 杜文玉通过对唐代宦官籍贯分布的统计，扩展了宦官来源的范围，认为"良胄入侍"，即中小官吏家庭也是唐代宦官的重要来源之一。因这些良胄身份入宫者，多在京畿地区，靠近长安，较其他地区选征对象更容易了解，且就近选征比较方便，不惊扰全国。② 似先义逸的父亲为随州长史，《唐会要》有载："诸郡各置三官，别驾不烦更置。政存省要，岂在多员，其别驾随缺便停，下州置长史一员。"③ 似先义逸的父亲正是属于地方中小官的行列，并且据历史地理学者的考证，似先家族可能是更早在北朝时期迁至长安附近的中部县的一支高丽人，而不是唐初因战争被迫迁徙而来的。④ 那么，作为早已移入并融入中原王朝的高丽后裔，似先义逸应与中原出身的阉宦无异，从其经历和升迁来看，亦如此。

附《似先义逸墓志》⑤

卒葬时间：唐大中四年（850）二月二十四日卒，十一月十六日葬。

出土时地：1999 年西安市灞桥务庄乡出土。

撰书人名：王式撰，张摸书并篆额，李郢刻。

志文标题：唐故银青光禄大夫行内侍省内常侍员外置同正员兼掖庭局令致仕上柱国汝南郡开国公食邑二千户赐紫金鱼袋似先府君墓志铭有序

朝散大夫守秘书少监上柱国晋阳县开国伯食邑七百户王式撰

前漳州军事判官将在郎试太子通事舍人张模书并篆额

昔周孝王□□□有酷肖其先者，命为似先氏，其后或居辽东，或迁中部。武德中，右骁卫将军英问□□□命□□□□昭文馆学士谌，鸿胪外卿翰，亦其族也。常侍讳义逸，字仁休，处士府君讳凤荣之孙，随州长史讳进之第二子也，□夫人同郡党氏。生而岐嶷，长而魁梧，以诚厚谨洁，入侍殿省，□□□□掖庭局监作。元和初，选为内养。长庆中，送太和主降北蕃，至□北府，以劳得朝散大夫。宝历初，赐银印朱绶，蓟人未惯用于王，公往谕旨，首恶革心，迁内仆局令。南蛮入成都，褒人□□□，公衔命而抚之，西南乂谧、拜内外客

---

① 余华青：《中国宦官制度史》，上海人民出版社 2006 年版，第 277—278 页。

② 杜文玉：《唐代宦官的籍贯分布》，《中国历史地理论丛》1998 年第 1 期。

③ （宋）王溥：《唐会要》（下）卷 69 "别驾"条，上海古籍出版社 2006 年版，第 1438 页。

④ 李健超：《汉诏两京及丝绸之路历史地理论集》，三秦出版社 2007 年版，第 258 页。

⑤ 赵力光主编：《西安碑林博物馆新藏墓志汇编》（下），线装书局 2007 年版，第 753 页。

省使，俟赞戚里命妇。洎诸侯之使，能慎其仪，其□□□者疏达之，禀食者丰厚之，皆合上旨，换金章紫绶，寻拜琼林库使，又以公清廉办闻。文宗有意南陲，命公巡按泾上，不数日而边备修，方欲行城堡，校斥候，会京城有变征还，犹能以平乘财谷之实上闻，加供奉官，恩礼特异矣。明年，迁左僻仗，禁暴蠲苛，积财补口，军政第一，至今称之。上以荆门重镇，台臣总戎，加内寺伯，为监军使。动必循理，语不及私。唯以俸钱备丝竹、觞豆、选胜命客，日宴醉之。崔韦二丞相已下名士咸预焉，荆人唯恐其去。入为翰林使，换庄宅，兼鸿胪礼宾，皆有能事。张司空仲武初领幽州，公往授节，虽张公之志励诚顺，其位极公台，道光史册，存则灭北虏、破东胡，殁能使其子归阙，亦由公之善诱也。会昌三年王师北伐，选内臣之可以总监者，金曰均可。初，以庄宅使抚诸军工在平阳故绛者，寻为河中潞州两道节度并行营攻讨监军使。我师在野，盗积未夷，而大卤逐师，扬贼要节，人心不摇，二盗授首。胜刁黄、固乌岭、擒郭谊，溃襄恒、下长子、入潞州，皆公之谋也。以其军实亿万上口，归职河中。迁内给事，赐以宝带、金银、缯绵。未几，徵拜大盈库使。请废佛祠一所，新帑舍五百间。上益嘉叹，以内常侍酬之，方将擢授，枢务二广，会以疾免。寻拜弓箭库使。未几，请致仕，上久而许之。加兼掖庭局令，积阶至银青光禄大夫，勋上柱国、封汝南公，邑二千户。以大中四年二月廿四日薨于大宁里之私第，享年六十五。其年十一月十六日葬于京城之东万年县丰润乡之原，宜也。夫人高平县君范氏，奉天功臣、武卫将军守珍之女也。四德克备，六姻所宗。初，公寝疾，则不御铅华，不食荤血，药缮必经于手，祈祀不托于人。常持佛书，以求冥助。及公捐馆，则昼哭得礼，抚孤甚慈，每一叫号，傍感邻里。前后为之追福，免臧获数人。施别墅及器玩、舆马并夫人之衣服、簪珥入仁祠者，仅若千万。有男子五，皆为全才。克守遗训，侍疾居丧闻于时。长曰元约，常使北荒，实有奇节，为内府局令。次曰元刚，次曰元礼，从公北讨，同立殊功。并命检校太子宾客、兼监察御史。次曰元锡，尝经密侍，累迁内仆局丞。次曰元绰，少为令人，超拜宫教博士。女子四人：长适雷氏，次适崔氏，次适周氏、次适刘氏，皆以妇道女工，称其至性，类其昆弟。公逮事八朝，绵历四纪，沉毅多断，谦慎自居。金紫如不在其身，喜愠固不形于色。未常善伐，尤耻论功。其奉使也，剧潞来燕，安梁定蜀，其莅职也，有丞绩，有去思。家藏诏书仅二百道。卅兀以来，贵臣林矣。其出处以道，始终不渝。有贤夫人，有令嗣者，如公几何。人知者尤寿位为叹。高平君泪诸孤，以式谪贰荆渚，移佐蒲津，猥蒙国士之遇，备得贤人之业。见托为志，其何以辞。铭曰：

宗周之裔，盛德百世。允武允文，或哲或义。是生常侍，忠贞孝悌。名重宫闱，迹彰内外。昔在贞元，入侍金门。逮今八圣，屡使诸蕃。能励臣节，偏承主恩。诸子象笏，夫人鱼轩。莅职伊何，亲军武库。奉使伊何，安襄平潞。弼成睿略，光我王度。宜秉内枢，宜迁两护。亟升崇袟，未称鸿勋。道契鱼水、气感风云。悬车未几，易簀俄闻。空余就名，永志高坟。

　　宣节校尉前守左领军卫长上镌　　玉册官李君郢刻字

二　元朝的贡宦制度

　　在华的朝鲜宦官主要存在于元明时期，这与元朝和高丽时期实行的贡女制度是分不开的。从中国与朝鲜半岛的历史交往来看，元朝与高丽之间的关系较为特殊。韩国学者全海宗认为，较之于唐宋等汉人朝廷同高丽的关系，元朝对高丽采取的是一种高压政策，而唐宋或明清王朝采取的强硬态度始终未能超出相互间礼仪占主要地位的朝贡关系范围。元朝的压制措施凌驾于两国的朝贡关系之上，也就是说存在超过朝贡关系的另一层关系，强调的是单方面的支配权，使两国间朝贡关系变为从属关系。虽然辽、金等北方民族国家曾经同样对高丽采取强压政策，但那不过是朝贡关系建立以前的事实。这些国家一旦建立朝贡关系之后即便偶尔显露此种态度也是为了维持朝贡关系。因此，辽、金同高丽关系仍属朝贡关系范畴之内。①

　　在这样的关系基础上，元朝与高丽结成了"甥舅之亲"，元朝将蒙古公主嫁给高丽国王和世子，将高丽国王变成了元朝的"驸马国王"，以便借此控制高丽，而高丽也借此关系维持其政权的独立和稳定，彼此间建立了以政治联姻为特征的不平等藩属国家关系。伴随这种不平等关系的确立，高丽贡女制度、高丽贡宦制度等体现元帝国权利和高丽王国义务的一系列国家制度相继被制订并由国家政权予以推行。高丽贡宦制度初始于高丽忠烈王时期，并很快被作为一种国家制度予以固定。在元世祖时期，由

---

　　①　[韩] 全海宗：《韩中朝贡关系概观》，全善姬译，见《中韩关系史论集》，中国社会科学出版社 1997 年版，第 155 页。

安平公主献纳的第一批高丽宦官进入蒙元宫廷，自此以后使用高丽宦官逐渐成为元代宫廷中的普遍现象。①

《高丽史》中有大量向元朝贡阉的记录，既有高丽主动纳贡阉人和童女，也有元朝君臣向高丽索取阉人、童女、马匹等情况。

1300 年（元大德四年，高丽忠烈王二十六年），秋七月乙亥，王诣阙，献童女二、阉竖三，又以童女一归丞相完泽。②

1304 年（元大德八年，高丽忠烈王三十年）六月丙申，安西王阿难达遣使来，求阉人。③

1309 年（元至大二年，忠宣王元年）冬十月壬戌，遣大护军尹吉甫如元献童女、阉人。④

1310 年（元至大三年，忠宣王二年）夏五月甲申，元丞相脱脱遣使来求阉人、童女。⑤

1311 年（元至大四年，忠宣王三年）三月辛巳，遣评理金文衍如元献阉人。⑥

1312 年（元皇庆元年，忠宣王四年）冬十月丁亥，遣右常侍曹頔如元献阉人。⑦

1320 年（元延祐七年，忠肃王七年）八月庚戌，帝遣使来，求童女五十三、火者二十三。⑧

1338 年（至元四年，忠肃王后七年）七月甲寅，元遣失里迷诏册皇后，且求宦者、童女及马。⑨

---

① 喜蕾：《元代高丽贡宦制度与高丽宦官势力》，《内蒙古社会科学》2002 年第 3 期。

② ［朝］郑麟趾等著，孙晓主编：《高丽史》卷 31，世家第 31《忠烈王四》，第 3 册，人民出版社 2014 年版，第 1011 页。按：本书下面所引皆为此同一版本。

③ ［朝］郑麟趾等著，孙晓主编：《高丽史》卷 32，世家第 32《忠宣王五》，第 3 册，第 1034 页。

④ ［朝］郑麟趾等著，孙晓主编：《高丽史》卷 33，世家第 33《忠宣王一》，第 3 册，第 1067 页。

⑤ ［朝］郑麟趾等著，孙晓主编：《高丽史》卷 33，世家第 33《忠宣王一》，第 3 册，第 1068 页。

⑥ ［朝］郑麟趾等著，孙晓主编：《高丽史》卷 34，世家第 34《忠宣王二》，第 3 册，第 1075 页。

⑦ ［朝］郑麟趾等著，孙晓主编：《高丽史》卷 34，世家第 34《忠宣王二》，第 3 册，第 1079 页。

⑧ ［朝］郑麟趾等著，孙晓主编：《高丽史》卷 35，世家第 35《忠肃王二》，第 3 册，第 1102—1103 页。

⑨ ［朝］郑麟趾等著，孙晓主编：《高丽史》卷 35，世家第 35《忠肃王二》，第 3 册，第 1129 页。

无论是高丽主动进献抑或元朝索贡，总之入元的高丽宦官群体和势力不断扩大，并与在元的高丽贡女、后妃结成政治团体。《高丽史·宦者》有载："元政渐紊，阉人用事，此辈或官至大司徒者、遥授平章政事者，其次皆为院使、司卿。姻娅弟侄，并受朝命，第宅车服，僭拟卿相，富贵光荣，汉、南阉人所不及。"① 高丽向元朝有所奏请和诉求，皆要赖其周旋其中。《元史》中宦官入传者仅有两人，其中之一的朴不花便是高丽宦官。

三 明初朝鲜阉宦来源

明朝初建时，留用了大量元代宫廷遗留的高丽宦官。这些宦官的籍贯、族属在《明实录》中能留下痕迹的是少数，但因其熟悉本国的语言和国情，往往被派回原籍承担出使的任务，因而《高丽史》和《朝鲜王朝实录》中会对其特别强调。李新峰对洪武时期出使高丽和朝鲜的使臣进行考察，认为宦官特别是前元高丽、朝鲜籍宦官在使臣中比例很高。25 位宦官几乎全为前元宫廷中宦官，其中有包括金丽渊、黄永奇、金仁甫、崔渊等在内的至少 14 人来自高丽、朝鲜，洪武二十一年（1388）十二月前元院使喜山为正使，大卿金丽、普化为副使赴高丽索马，都是高丽人出身的宦官。② 金丽渊是《明实录》中最早出现的可以明确是高丽宦官身份的人。洪武二年（1369）夏四月乙丑，"遣内臣送高丽流寓人还其国……而内使金丽渊适在朕侧，自言亦高丽人，家有老母久不得见。朕念其情，就令归省，并护送流寓者"③。关于此，《高丽史》的记载与之相差无几，但补充了金丽渊的官职为内使监丞。《高丽史》恭愍王十八年（1369）六月丙寅载："皇帝遣宦者金丽渊致书曰：'……比移幽燕之民，南来就食，内有高丽民百六十五人，岂无乡里骨肉之思？朕甚悯焉，即命有司具舟，欲遣使护送东归。适内使监丞金丽渊在侧，丽渊亦高丽人，尝言家有老母，久不得见。朕念其情，就令其行，并遂省亲之愿。'"④ 监丞在明代宦官的品秩中是次于最高的四品太监的五品官职，可见，元廷留任的高丽宦官在明初还是比较被信用的。

金丽渊之后，洪武五年（1372）五月癸亥，"帝遣宦者前元院使延达

---

① ［朝］郑麟趾等著，孙晓主编：《高丽史》卷 122，列传第 35《宦者》，第 9 册，第 3706 页。

② 李新峰：《明前期赴朝鲜使臣丛考》，《明清论丛》第 4 辑，紫禁城出版社 2003 年版。

③ 《明太祖实录》卷 41，洪武二年四月乙丑，第 815 页。

④ ［朝］郑麟趾等著，孙晓主编：《高丽史》卷 41，世家第 41《恭愍王四》，第 3 册，第 1286 页。

麻失里及孙内侍来，赐王采段、纱罗四十八匹"。朱元璋派遣前元宦官来高丽祭祀山川以及流放陈友谅的后人，然而，孙内侍却在此次归国之行中"自缢于佛恩寺松树"①。孙内侍之死使朱元璋埋下了对高丽不信任的种子，成为明初与高丽关系的转折点。两国关于孙内侍之死的反复交涉中，可以证实孙内侍也是前元的高丽人宦官。洪武六年（1373）秋七月壬子，出使明朝的高丽使者归国后汇报其面听皇帝朱元璋宣谕："……有姓孙的内侍废了，说病死了，自吊死了。说的差呵。我问的明白了也，怎那国王著带刀的人每窗下门外看守，行里步里关防的紧呵。那火者说道：'我是本国的人，怎的这般关防我？'说呵，姓朴的宰相不容说，打了一顿，更与了毒药药死，门里不敢将出，后墙上拖出去了。特地把帽子高挂在树上，尸首吊在树下……"② 孙内侍回国出使自称"我是本国的人"，显然是高丽人。

洪武二十一年（1388）十二月，"帝遣前元院使喜山、大卿金丽普化等来求马及阉人。喜山等皆我国人也"③。

洪武二十四年（1391）四月壬午，朱元璋派遣宦官前元中政院使韩龙、黄秃蛮等出使朝鲜，求索马和阉人。宣读的礼部咨文曰："钦奉圣旨：'朕稽古典，三韩之地，始古至今产马处所，即今乏马戍守，差三韩本俗阉人，谓权署国事王瑶及群陪臣等，谕以分明，于是有职人员及富家处易马一万，令各官及富家子弟将马于辽东交割来京，关领人偶直，更于各官处需阉人二百名。'"④ 由此可以证实韩龙和黄秃蛮，亦都是前元的高丽阉宦。

洪武二十七年（1394）四月癸酉，"钦差内史崔渊、陈汉龙、金希裕、金禾等，持左宫都督府咨来，上率百官迎于宣义门外。至阙，渊等传宣谕，马一万匹、阉人及金完贵家小与将来"。《朝鲜王朝实录》中记载以上崔渊等人，"皆本国阉人"⑤。

上述为明留用的元宫高丽人宦官，构成了洪武年间来自朝鲜半岛的外籍宦官的主体。他们除在南京宫廷中为皇室服务，还往往被明初洪武到仁

---

① ［朝］郑麟趾等著，孙晓主编：《高丽史》卷43，世家第43《恭愍王六》，第3册，第1321—1322页。

② ［朝］郑麟趾等著，孙晓主编：《高丽史》卷44，世家第44《恭愍王七》，第3册，第1330页。

③ ［朝］郑麟趾等著，孙晓主编：《高丽史》卷137，列传第50《辛禑五》，第10册，第4142页。

④ ［朝］郑麟趾等著，孙晓主编：《高丽史》卷46，世家第46《恭让王二》，第3册，第1383页。

⑤ 韩国国史编纂委员会编：《朝鲜李朝太祖实录》卷5，太祖三年四月癸酉，韩国国史编纂委员会1953—1961年影印本，第61页。按：本书下面所引皆为此同一版本。

宣几任皇帝派回朝鲜原籍承担出使任务，间或索取其本国阉宦进入明朝中国。这些明鲜两国朝贡关系下的特殊"贡品"，亦成为明廷中朝鲜阉宦的又一重要来源。

明太祖登基后，与朝鲜、安南等周边国家建立起宗藩关系。明太祖指出："君临天下，以成正统，于今三年，海外诸国入贡者，安南最先，高丽次之，占城又次之，皆能奉表称臣，合于古制，朕甚嘉焉。"[1] 周边政权向明朝朝贡时，不仅有各自的土产，还普遍进贡阉割之人。朝鲜、安南、琉球等国，都曾经向明廷贡阉，其中安南和朝鲜进贡最为频繁。洪武二十一年（1388），前元高丽宦官喜山、金丽普等人被派往高丽求马及阉人。洪武二十四年（1391），前元高丽内使韩龙、黄秃蛮等人被派去朝鲜半岛，征索"马一万""阉人二百名"。此次，索取马匹和阉人数额较大，《明实录》中亦有相应记录，"诏于高丽，市马一万匹，并索阉人二百人"[2]。洪武二十七年（1394），派高丽人内使崔渊、陈汉龙去索取马匹和阉人，朝鲜"献阉人五名于帝"[3]。

洪武年间，在朝鲜半岛高丽朝灭亡，李成桂建立李氏朝鲜，发生王朝的更迭，两国关系也是跌宕不稳。故此时来自朝鲜半岛又在明廷任职地具有双重身份的宦官，成为沟通两国关系的重要媒介之一，某种程度上也是两国关系的风向标。

《朝鲜王朝实录》中记载了明朝使臣带来的圣旨，上面写着：

> 洪武二十五年，曾于朝鲜国，索取火者数十人，入于内庭，意在授之以职，使周旋内庭，管领诸事于内外，无所不知。此所以开诚心待朝鲜如此也。是后以此人，数为使者诣本国，不期王李上讳者，无诚心相合之意。朕将前数十人阉者，仍发还本国，只有申贵生一名，幼而无知，留养数年，使有知，然后发还。贵生聪敏，朕之所为，无所不知，其以贵生，日不离左右。今贵生归，谕之曰："既达本国，在此间时，耳曾闻何事，目曾见何事，尽云之于尔王，毋过云毋匿云。"[4]

该圣旨表达了朱元璋向朝鲜征索阉宦"入于内庭"，授予官职，使之"周旋内庭，管领诸事于内外"，互相表达诚意，以稳固两国关系的目的。

---

① 《明太祖实录》卷47，洪武二年十二月壬戌朔，第934页。
② 《明太祖实录》卷208，洪武二十四年三月己丑，第3093页。
③ 《朝鲜李朝太祖实录》卷5，太祖三年五月戊午，第62页。
④ 《朝鲜李朝太祖实录》卷14，太祖七年六月戊辰，第128页。

但当两国关系发生龃龉产生不信任之时，朱元璋也会拒绝朝鲜的贡宦、贡女，抑或遣返在明的朝鲜阉宦。譬如洪武二十一年（1388）高丽使臣带回的明朝圣旨，言："高丽国中多事，为陪臣者，忠逆混淆，所为皆非良谋。君位自王氏被弑绝嗣，后虽假王氏，以异姓为之，亦非三韩世守之良法。"礼部移文令所贡"童子不必赴京"，"又命勿送处女"。① 在朱元璋看来，高丽君臣名分不定不实之时，不肯接受其朝贡之礼。在认为李氏朝鲜"无诚心相合之意"时，亦会将在明廷的朝鲜阉宦发还其本国。

明朝初期从洪武直至宣德朝沿袭了元朝做法，利用与朝鲜的宗藩关系，向朝鲜要求"贡女"和"贡阉"，但并未如元朝一般形成制度，两国的宗藩关系更趋向于礼仪上的藩属，并非如元朝对高丽的强制压迫。因而派至朝鲜索取阉宦和贡女的更多是皇帝身边的近侍心腹，具有私密性，避免朝臣的质疑。

明成祖朱棣尤爱任用朝鲜阉宦。永乐五年（1407）征安南获胜，将军张辅将胡朝诸叛犯俘送至南京，包括被阉割的三千幼童。② 然而，成祖对于张辅带来的阉童却并不满意，"朕取安南火者三千，皆昏愚无用，惟朝鲜火者明敏，可备任使"③。显然，成祖更喜欢聪明灵敏的朝鲜火者，留下了大量向朝鲜索取火者的记录，如永乐元年（1403），"朝廷使臣韩帖木儿，与还乡宦官朱允端来。有宣谕，选年少无臭气火者六十名以遣"④。永乐三年（1405），遣朝鲜宦官郑昇、金角、金甫回国颁旨，要求"有精细中用的火者，多选几名来；患病的内史金甫，医药治得，好时还送他来"。⑤ 永乐五年（1407），征安南得火者三千，成祖认为不如朝鲜火者称心，仍然派内使去朝鲜索火者"不下三四百"。朝鲜国王为难道："此物无种，岂可多得？"⑥ 最后带回"火者金安等二十九人"⑦。特意求取火者之后，也会在求索贡女的同时，带回陪侍的火者。永乐六年（1408），差太监黄俨去朝鲜选"生得好的女子，选拣几名将来"。并且"从者女使一十

---

① ［朝］郑麟趾等著，孙晓主编：《高丽史》卷137，列传卷第50《辛禑五》，第3册，第4148—4149页。

② ［越］吴士连等著，陈荆和合校：《大越史记全书》卷9，汉苍开大五年五月。上册，东京大学东洋文化研究所1984年版，第495—496页。按：本书下面所引皆为此同一版本。

③ 《朝鲜李朝太宗实录》卷14，太宗七年八月丁亥，第409页。

④ 《朝鲜李朝太宗实录》卷6，太宗三年十一月乙亥，第282页。

⑤ 《朝鲜李朝太宗实录》卷9，太宗五年夏四月辛未，第328页。

⑥ 《朝鲜李朝太宗实录》卷14，太宗七年八月辛亥，第409页。

⑦ 《朝鲜李朝太宗实录》卷14，太宗七年冬十月丁亥，第417页。

六名，火者一十二名"，一起带回京师。①

明宣宗也仿效成祖，留下向朝鲜索取贡女和火者的记录。宣德二年（1427），太监昌盛、尹凤等人来朝鲜索取马匹和处女，带回火者一十名：崔海、崔原、朴顺、金忠、金敬、金雨、姜玉、韩禄、高祐、池满。② 宣德三年（1428），昌盛、尹凤等再来朝鲜采女，带回贡女韩桂芝及郑善、金安、郑同等火者。③ 宣德四年（1429），昌盛、尹凤等人再来朝鲜，选"火者及会做茶饭的妇女、学乐的小妮子与将来"。而后，带回"火者六名，会做茶饭的妇女一十二名，学乐的小妮子八名"④。

宣宗之后，便少有向朝鲜索火者的记录，大概是因为明英宗时期王振等本土宦官势力的崛起，加之英宗亦没有向朝鲜索取贡女的喜好，自然也不会需要火者跟随进宫侍奉。只景泰、成化年间有零星记录。如景泰七年（1456），尹凤回国，朝鲜进火者金上佐、林三淳、姜习、尹长守、白达同、林守、徐福山、李今同、朴福贞九人，跟随其返明。⑤ 成化十九年（1483），朝鲜远接使向国王奏启，七月初四五日间，明朝的两天使入京，要求"少宦年七八岁至十二三岁者二十人，将拣择带去"⑥。对照明朝的田野碑刻史料，可以从宦官韩锡的墓志铭中发现，他正是此次进贡的小阉宦之一。《明故内官监太监韩公墓志铭》载："公讳锡，天庆其字也，姓韩氏。其先本朝鲜人。成化癸卯（十九年，1483）入内府，在廷职臣嘉公资质明敏，送内馆从翰林院儒臣读书；日勤于学，时与教事者器之。"⑦ 成化十九年（1483），韩锡刚好七岁，如明朝要求的少宦年七八岁，被带回明朝，也是目前有据可查的朝鲜向明朝献阉的最后的记录。

附录：韩锡墓志（1476—1542）（成化—嘉靖）

《明故内官监太监韩公墓志铭》

赐进士奉直大夫翰林院侍讲经筵官毕鸾（正统七年1442进士）撰

登仕佐郎礼部铸印局事玉修牒篆东吴杨铠书并篆

奉命守备天寿山皇陵。未几二载，病暍，上命私宅调理。大数攸

---

① 《朝鲜李朝太宗实录》卷16，太宗八年十一月丙辰，第463页。

② 《朝鲜李朝世宗实录》卷37，世宗九年七月丙午，第83页。

③ 《朝鲜李朝世宗实录》卷42，世宗十年冬十月壬午，第147页。

④ 《朝鲜李朝世宗实录》卷45，世宗十一年秋七月癸亥，第190页。

⑤ 《朝鲜李朝世祖实录》卷5，世祖二年八月癸丑，第148页。

⑥ 《朝鲜李朝成宗实录》卷155，成宗十四年六月丁丑，第472条。

⑦ 中国文物研究所、北京石刻艺术博物馆编：《新中国出土墓志·北京卷》，文物出版社2003年版，第162页。按：本书下面所引皆为此同一版本。

定，卒于嘉靖二十一年七月十四日。讣闻，上惜之，遂遣神宫监太监周君英、司设监太监王君纯董丧事。恩荣官吴喜率男江、淮、沂素感抚摩之恩，恐泯厥德，铭其事状，徵予铭。

按状，公讳锡，天庆其字也，姓韩氏。其先本朝鲜人。

成化癸卯（十九年，1483）入内府，在廷职臣嘉公资质明敏，送内馆从翰林院儒臣读书；日勤于学，时与教事者器之。

暨孝宗敬皇帝辛亥（四年），选内府供用库书办。公会计有方，日著勋绩，凡在僚属，莫不心服。弘治癸亥（十六年），随侍春官。公辅之以道，不容悦靡利，春官亦以优礼待之。弘治乙丑（十八年），除长随，转乾清宫近侍；瑜一月，除奉御；又瑜四月，除御马监右监丞，仍旧侍乾清宫。皆由公之历事称上意也。

正德丙寅（元年），进本监佥押公事。丁卯（二年），转酒醋局佥押公事。戊辰（三年），授左监丞，已而复授右少监；又一月，授左少监。越三年，进太监；几三月，赐蟒衣玉带；十一月，内府乘马；四月，调署惜薪司事。越五年，迁五花官近侍。

今皇上龙飞，壬午（元年），领敕赍赏肃州等府，克尽臣仪，不辱君命。丁亥（六年），又命给事五花官。乙未（十四年），调康陵神宫监佥押公事；至六月，进长陵掌印。庚子（十九年），转尚膳监太监，佥押公事兼提督巡察光禄寺。上素重其才，眷顾益隆。越五日，遂有守备山陵之命。命下，斋宿之任，肃承香火；朔望朝陵，如在其上。其山衙公事，剖决如流，虽古之吕强、赵整之辈，亦拜其下风矣。

公天性纯粹，智藏过人。其语和而庄，其行谨而易。不骄不吝，不肆不伐；不贪不鄙，爱与仕夫。平居则手不释卷。就养萧公，每以孝闻；待喜、江、淮、沂如己子。历事四朝，辅佐圣明，咸著忠尽，无纤芥过举，可谓难矣！生于成化丙申（十二年），卒于嘉靖壬寅（二十一年）七月十四日，春秋六十七。葬以卒之年八月初七日，墓在南城弘治禅林，乃公之义会地也。

第二节　明前期安南宦官的大量涌现

明太祖登基后，与周边国家建立起宗藩关系。安南是最早表示归附明朝的政权。明太祖指出：“君临天下，以成正统，于今三年，海外诸国入贡者，安南最先，高丽次之，占城又次之，皆能奉表称臣，合于古制，朕甚嘉焉。"① 可见，朱元璋即位初期与安南的宗藩关系还是较为密切的，双方议定三年一贡之期，② 安南贡物除金银器皿、降真香、沉香、犀角、象牙等常规贡物外，亦将象、象奴、树种、阉竖等作为特殊贡物向明廷进献，且主要集中于洪武时期。

安南、爪哇、真腊、琉球和朝鲜等国，都曾经向明廷贡阉，其中安南和朝鲜进贡最为频繁。《明史》记载安南"频年贡奄竖"③。这从《明太祖实录》中的记载，可以得到佐证。洪武十五年（1382）五月，"安南陈炜遣其大中大夫谢师言等，奉表进阉者十五人"。十六年（1383）六月，"安南陈炜遣其通奉大夫黎与义等，上表进阉竖二十五人"。十七年（1384）十二月，安南借进表贺明年正旦"贡阉竖三十人"。十九年（1386）八月，"奉表贡金银酒器三十三事，并阉竖一十九人"④。而据越南史书记载，洪武二十八年，安南黎季犛掌权后，"明又遣使求僧人、按摩女、火者，皆少遣之"⑤。

这批来自安南的宦官在明朝很获宠信，《大越史记全书》记载："内人阮宗道、阮算等，至金陵，明帝以为近臣，遇之甚厚，宗道等言南国僧解建道场，愈于北方僧，至是求之。"⑥ 在安南宦官阮宗道等人建议下，明廷常向安南索贡花果、僧人等，并且安南宦官也与朝鲜宦官一样经常被派回原籍出使，有遂其省亲之愿的恩遇之意。早在洪武二年（1369）六月，金丽渊送朝鲜流寓之人东归，敕书中言明"丽渊亦高丽人，尝言家有老母，久不得见，朕念其情，就令其行，并遂省亲之愿"⑦。洪武朝的安南宦官阮算、阮宗道等人，也常回国且与亲属保持密切联系。《大越史记全书》有载：

（明太宗永乐元年），明使往来，络绎道路，有徵求者，有责问者，汉苍令随方救解，疲于奔命。冬十月，汉苍杀在北内官阮算等亲

① 《明太祖实录》卷47，洪武二年十二月壬戌朔，第934页。

② 李东阳等纂，申时行等重修：《大明会典》卷105，新文丰出版有限公司1976年版，"祖训、安南国三年一贡"。及其他史书均记为三年一贡，但明初的"厚往簿来"政策，吸引周边国家几乎一年一贡，甚至一年数贡。

③ （清）张廷玉等：《明史》卷321《安南传》，中华书局1974年版，第8311页。按：本书下面所引皆为此同一版本。

④ 《明太祖实录》卷145，洪武十五年五月丙子，第2281页；卷155，洪武十六年六月壬午，第2412页；卷169，洪武十七年十二月辛酉，第2580页；卷179，洪武十九年八月戊申，第2718页。

⑤ ［越］吴士连等著，陈荆和合校：《大越史记全书》卷8，陈光泰八年六月，上册，第470页。

⑥ ［越］吴士连等著，陈荆和合校：《大越史记全书》卷8，陈昌符九年三月，上册，第458页。

⑦ 《明太祖实录》卷41，洪武二年四月乙丑，第815页。

属。初，明太祖尝求火者、僧人、按摩女，我皆徇情许之，数年放僧人秀女还，但留火者充内官。及成祖即位，有南侵志，遣阮算、徐箇、阮宗道、吴信等为使，访问亲属，密告之曰："如有北兵来，扬黄旗，题内官某人姓名，亲属必不被害，事觉尽收其亲属，杀之。"①

从目前可见的记载来看，洪武朝入贡明廷的安南籍宦官并未因外籍身份而受排挤，常获回乡省亲之优遇，历三朝至永乐年间亦未受宫廷政治变动的冲击，且树立一定权威，永乐四年（1406）攻打安南之前，阮算等人已得明朝有南侵的消息，并通知家乡亲属，只要扬黄旗，提其名便可免祸。但阮算等人即便得知明朝有南侵之意，并未敢背叛明廷向本国泄密，只顾及其一人一家之事，恐怕也与其在明朝稳固的地位有关，对明廷表现出忠诚的一面。因而事发后，安南掌权者黎季犛尽杀其亲属，以泄愤。

明建文到永乐初期，安南国内黎季犛篡位，明成祖于永乐四年（1406）派兵出征安南，取得胜利后，并其国为中国郡县，安南国改称交阯郡。征夷右副将军张辅在永乐五年（1407）回朝时，将胡朝诸叛犯俘送至南京，包括胡季犛及其子汉苍、澄等胡氏子孙。② 也包括被阉割的三千幼童。所谓"取安南火者三千"③。张辅虽是奉朱棣旨意行事，但无疑将阉童的规模扩大化了，朱棣也因此而批评了他。"朕先命尔等，凡遇对敌及拒命不服当杀戮之，家有年幼者，阉为火者，庶可曲全其生，今闻尔等将无罪者一概阉割，失周甚矣，今后当体朕心，不宜滥及无辜"④。对此，安南方面的史籍《大越史记全书》也有记载："明人入东都，掳掠女子玉帛，会计粮储，分官办事，招集流民，为久居计，多阉割童男，及收取各处铜钱，驿送金陵。"⑤

而这在明朝的史料中也有相应记载。《明史·宦官传》记道："范弘，交阯人，初名安。永乐中，英国公张辅以交童之秀美者还，选为奄，弘及

<hr>

① ［越］吴士连等著，陈荆和合校：《大越史记全书》卷8，汉苍开大元年十月，上册，第483—484页。明史料中皆言明成祖因永乐四年，陈天平被护送回安南遭劫杀之事，怒而出征安南，曰："朕推诚容纳，乃为所欺，此而不诛，兵则何用？"（郑大郁：《经国雄略》之《四夷考》卷1，广西师大出版社2003年版，第221页）然而，从越南方面史料来看，永乐元年阮算等入明的安南籍宦官已得到永乐出兵安南的消息。

② ［越］吴士连等，陈荆和点校：《大越史记全书》卷9，汉苍开大五年五月，上册，第495—496页。

③ 《朝鲜李朝太宗实录》卷14，太宗七年八月丁亥，第409页。

④ （明）李文凤：《越峤书》卷2《书诏制敕》，《四库全书存目丛书》，史部第162册，齐鲁书社1996年版，第771页。

⑤ ［越］吴士连等，陈荆和点校：《大越史记全书》卷8，汉苍开大四年十二月，上册，第490页。

王瑾、阮安、阮浪等与焉。"① 由于宦官长期被士大夫视为政敌，故文献对其记载零星琐碎，甚少涉及其个人生涯，更何况分辨其国籍种族，因此他们的事迹在文献中大多失传。弥足珍贵的是，目前存世的一些碑刻，保存了相关的记载。金英撰《圆觉禅寺新建记》，自述"生自南交，长于中资。躬荷太宗文皇帝抚养训诲，授以官职"②。兴安墓志载："永乐丁亥，□黎王不轨，抵中华。历事太宗文皇帝、仁宗昭皇帝。"③ 即永乐五年（1407），明征安南时被带至中国。阮浪墓表也载："世家交阯。永乐中，太宗皇帝因安南作乱，遣将征之，众悉归附。"④ 内官监太监陈谨，"世出交南陈氏之宗室，自永乐五年归附天朝"⑤。南京司礼监左监丞梁端，"其先系安南国谅江府平河县人，生于永乐四年，既长十有□岁，时天朝兵南下，取公来归。至永乐十八年，公年十四，奉太宗皇帝敕，取赴京师"⑥。内使谢徕，"其先交南人……永乐戊戌，进入内庭为中贵"⑦。尚膳监太监张辉，"贯系交南"⑧。南京守备司礼监太监怀忠，"世为交南大姓，永乐初入侍入庭"。南京内官监左少监杨忠，"其先交南世家，生而气清质粹闲于诗礼，永乐十九年（1421）被选入内廷"⑨。此外，明代文献及北京地区出土的庙碑中记载的大量阮姓宦官，很可能也是安南人。

明史中有传的几位明初大宦官皆出身安南，且多数为永乐五年（1407）由张辅带回中国，以幼阉教养于宫中，至宣宗、英宗时期逐渐成年并成长为大珰，在宫廷生活中发挥作用。不知是否如明成祖所言"朕取安南火者三千，皆昏愚无用，惟朝鲜火者明敏，可备任使"，抑或因明成祖郡县安南之后，其内部屡起叛乱，到宣德以后，安南由黎利夺取政权，建立后黎王朝，虽恢复与明的藩属外关系，但两国关系动荡不平，所进献的除金银器皿、香料、象牙等一般性贡品外，已少有特殊性贡品。因而，洪武以后，除了张辅征安南带回的"三千"阉童之外，安南贡阉的记载便十分少见了。

---

① （清）张廷玉：《明史》卷 304《宦官一》，第 7771 页。

② 北京图书馆金石组编：《北京图书馆藏中国历代中国历代石刻拓本汇编》第 51 册，中州古籍出版社 1990 年版，第 95 页。按：本书下面所引皆为此同一版本。

③ 北京图书馆金石组编：《北京图书馆藏中国历代石刻拓本汇编》第 52 册，第 15 页。

④ 中国文物研究所、北京石刻艺术博物馆编：《新中国出土墓志·北京卷》，第 95 页。

⑤ 中国文物研究所、北京石刻艺术博物馆编：《新中国出土墓志·北京卷》，第 73 页。

⑥ 中国文物研究所、北京石刻艺术博物馆编：《新中国出土墓志·北京卷》，第 83 页。

⑦ 中国文物研究所、北京石刻艺术博物馆编：《新中国出土墓志·北京卷》，第 77 页。

⑧ 中国文物研究所、北京石刻艺术博物馆编：《新中国出土墓志·北京卷》，第 85 页。

⑨ 周裕兴：《由南京地区出土墓志看明代宦官制度》，朱诚如、王天有主编：《明清论丛》第 1 辑，紫禁城出版社 1999 年版，第 136—137 页。

表 2.1

部分安南宦官事迹

姓名/生卒	籍贯	生平及事迹							墓志撰书者		
		永乐	仁宗	宣宗	正统	景泰	天顺	成化	撰	书	篆
金英 （？—1456年）	交阯	五年随张辅入明		司礼太监。七年赐诏免死诏	修圆觉寺；反对南正；继王振掌司礼监印	七年逝世、63岁					
范弘 （初名范爱之） （？—1449）	交阯	五年随张辅入明，成祖爱之，教令读书	侍仁宗东宫	司礼太监。七年赐诏免死诏	六年建香山永安寺。从征殁于土木						
王瑾 （初名陈芜） （？—1451）	交阯	五年随张辅入明		宣宗为皇太孙时侍东宫。从征汉王高煦。赐银记、赐两宫人		二年，舍宅建南京承恩寺。在北京建有清泉，时恩二寺。西山弘教寺为其坟寺					
阮安 （？—1453）	交阯	五年随张辅入明			二年命修营北京城楼。十一年建永通桥	治理张秋河工程，于此年任途中去世					

续表

姓名/生卒	籍贯	生平及事迹							墓志撰书者		
		永乐	仁宗	宣宗	正统	景泰	天顺	成化	撰	书	篆
兴安（1389—1459）	交阯	五年随张辅入明		元年，长随奉御。九年王王景弘来归，奉命任视	二年，差苏松，理盐法、兼选军事。清升太监，皇上北征，守备京师	累膺赐宠异之	三年卒。71岁		僧至全撰	经筵官刘羽	山东道察御史王越
陈谨（1390—1479）	交南	陈氏之宗室，永乐五年入明	仁宗尤器重，公好黄老之学	擢任典簿，香山之阳创建真武祠宇，赐号为灵应观	升左少监，京城东创建真武祠妙观	升太监。舍宅为道观，赐额玄妙观	累赐以真武、梓潼、灵官、关师神像于所建宫观，仍如委任	以疾终于私第，得寿90	国史编修李永道	中书舍人何倜	中书舍人赵珽
阮浪（？—1452）	交阯	收安南时归附，命读书内馆	尤爱其才	擢奉御，掌宝钞司。五年随宣宗出塞，扈征有功升御用御监右监丞	以先朝旧臣，升左少监。及上居南宫，公辞左右	景泰易太子时，构狱加害而死	赠御用监太监		李贤		
梁端（1406—1494）	安南国谅江府	永乐十八年入明宫	入内书馆读书	入司礼监，年16	营建奉天等殿，命掌书算		三年命广东取珠。五年镇守珠池。南京优养	升南京司礼监奉御。十五年升左监丞，弘治七年，终享90	南京吏部左侍郎钱溥	中军都督府成国公朱仪	南京兵部尚书王恕

续表

姓名/生卒	籍贯	生平及事迹							墓志撰书者		
		永乐	仁宗	宣宗	正统	景泰	天顺	成化	撰	书	篆
怀忠（1397—1463）	交南大姓	永乐初入侍		从翰林讲习经待擢用	授奉御，十四年镇守山西，擢内织染局副使		升司礼监左少监，寻升太监。七年，得疾卒，寿66		南京国子祭酒吴节	南京兵部尚书肖维祯	南京工部侍郎郝黄
谢徕（1400—1450）	交南	十六年入宫，掌内事		三年，改承运库 十年迁兵仗局	总督成造军事。十四年，以疾终于正寝，春秋50				中书舍人赵昂	同进士王王琮	兵部主事金钝
张辉（1393—1463）	交南	南及碧岁		二年升右监丞，升太监	累		终于天顺七年，71				
杨忠（1411—1478）	交南世家	十九年选入宫	从学于翰林	加奉御之职	掌内务数年	住南京尚膳监恭祀宗庙		升南京内官监左监丞	南京吏部侍郎钱溥	掌中军都督府成国公朱仪	南京工部尚书王恕

以上表格内容出自《明史·宦官传》《北京图书馆藏中国历代石刻拓本汇编》《新中国出土墓志·北京卷》、周裕兴《由南京地区出土墓志看明代宦官制度》

第三节　面对琉球之"拒阉"

如前文所述明朝建立后，延续了元朝旧习，向朝鲜、安南等处索征火者。以朝鲜为例，明朝建立不久，明太祖就派人赴当时的高丽王朝，"诏于高丽市马一万匹，并索阉人二百人"。朝鲜王朝建立后，明朝于洪武二十一年（1388），向朝鲜索征阉人，这是朝鲜王朝最早向明朝进贡阉人的记录。永乐年间，明廷向朝鲜索征火者更为频繁，明成祖索取朝鲜阉人的理由是"惟朝鲜火者明敏，可备任使，是用求索"。此外，安南、占城也都曾向明朝进贡"火者"。然而，众多属国中为何独将琉球所贡阉宦，拒之门外？这要从明朝和琉球的关系说起。

一　明琉封贡关系的形成

中琉间交通历史源远流长，《隋书·流求传》已有记载："流求国，居海岛之中，当建安郡东，水行五日而至。"[①] 因记载较为模糊，当前学界对这里的"流求"究竟是指"台湾"还是后来的"琉球国"尚存争议。[②]《宋史》[③]、《元史》[④] 等史籍中也有零星的记载，直至明朝才较为明确地指出琉球即为琉球群岛或琉球国。

洪武元年（1368），明太祖朱元璋称帝后，除采取措施维护国内政治稳定外，对外则实施和平相处、友好往来的方针。《皇明祖训》中载："四方诸夷，皆限山隔海……吾恐后世子孙，倚中国富强，贪一时之战功，无故兴兵，杀伤人命，切记不可。"[⑤] 洪武五年（1372 年）正月，明太祖遣杨载携带诏书出使琉球，开启了明琉交往的历史。诏曰："是用遣使外夷，播告朕意，使者所至，蛮夷酋长，称臣入贡。惟尔琉球在中国东南，远据海外，未及报知，兹特遣使，往谕尔其知之。"[⑥] 其时，琉球"国中分为

---

① （唐）魏徵、令狐德棻：《隋书》卷 81，中华书局 1982 年版，第 1823 页。
② 参见米庆余《〈隋书·流求传〉辨析》，《历史研究》1995 年第 6 期。
③ （元）脱脱等：《宋史》卷 491《外国七·流求国》，中华书局 1977 年版，第 14127 页。
④ （明）宋濂等：《元史》卷 210《外夷三·瑠求》，中华书局 1976 年版，第 4667 页。
⑤ （明）朱元璋：《皇明祖训·祖训首章》，明洪武礼部刻本。
⑥ 《明太祖实录》卷 71，洪武五年正月甲子，第 1317 页。

三，曰中山王，曰山南王，曰山北王"①，中山王察度首"受其诏"，并派遣王弟泰期，于同年随杨载前来中国"奉表称臣"，"琉球始通中国，以开人文维新之基"。② 继而，察度又连续向中国派遣使节，双方联系日渐密切。洪武十六年（1383 年），明太祖"赐中山王察度镀金银印"，"遣中使梁民及路谦赍诏至国，令三王息兵战"，"中山王察度、山南王承察度、山北王怕尼芝，各受其诏"。③ 从以上记载中可以得出，王印的授予使臣属关系更加深化，并由此向册封制度演进。这里还需注意，今有学者认为，此封诏书并没有起到"息兵战"的效果，因为琉球最终还是由尚巴志完成统一。这实际上是将三王间的罢兵与琉球的统一战争混为一谈，其背后的语意是解构琉球与明朝间的藩属关系。

洪武二十八年（1395），中山王察度死后，武宁继位。建文四年（1402），朱棣承大统，改元永乐，诏谕各朝贡国来明进贡。"丁亥，遣使以即位诏谕安南、暹罗、爪哇、琉球、日本、西洋、苏门答剌、占城诸国。上谕礼部臣曰：太祖高皇帝时，诸番国遣使来朝，一皆遇之以诚。其以土物来市易者，悉听其便。或有不知避忌而误干宪条，皆宽宥之，以怀远人。今四海一家，正当广示无外，诸国有输诚来贡者听。尔其谕之，使明知朕意"④。永乐帝登基后，即要求周边国家朝贡祝贺，这不仅是过去惯例的延续，也是对其即位事实进行认可与接受。永乐二年（1404），"中山王世子武宁遣使告父丧"⑤，明成祖遣行人时中至琉球，册封武宁为中山王。这是琉球历史上第一位受中国皇帝册封的国王，至此明与琉球间正式建立了封贡关系。从此，琉球国凡经王位更迭，新王必要依照成例来中国报表，并接受册封。

洪武至洪熙时期，琉球尚未实现统一，明朝遣使不仅册封中山王，也要册封山南王。尚巴志统一琉球后，明朝使节则改为册封琉球国王。明初两次册封由行人任册封使，即永乐二年（1404）行人时中，永乐十三年（1415）行人陈秀芳。宣德、正统时期逐渐由给事中任正使，并设副使，"宣德间遣内监，其遣正使给事中，副使行人定于正统之年"⑥。值得注意

---

① 郑若曾：《郑开阳杂著》卷 7，《琉球国考》，民国 21 年陶风楼版。

② ［琉球］蔡铎、蔡温、郑秉哲著，袁家冬校注：《〈中山世谱〉校注本》卷 3，第 44 页。

③ ［琉球］蔡铎、蔡温、郑秉哲著，袁家冬校注：《〈中山世谱〉校注本》卷 3，第 45 页。

④ 《明太宗实录》卷 12，洪武三十五年九月丁亥，第 205 页。

⑤ （清）张廷玉等：《明史》卷 323《外国四》，第 8363 页。

⑥ （明）陈子龙等：《明经世文编》卷 460，《李文节公文集·乞罢使琉球疏》，中华书局 1962 年版，第 5039 页。

的是，在对琉球的交往中，明朝也曾派遣内官出使，如洪熙元年（1425）出使的中官柴山，"朔遣中官柴山，赍敕往琉球国，命故中山王思绍世子尚巴志，嗣中山王"①。宦官这一群体在明前期的对外交往中扮演了重要的角色，尤其是永乐时期较为活跃。

中琉之间的封贡关系，是明清时期以中国为核心的东亚国际秩序的一个缩影。这首先体现了两国的政治关系。琉球国王请求并接受中国皇帝的册封，成为其政治合法性的一个表现。琉球王国使用中国年号，奉行中国正朔。明洪武五年（1372）后，琉球王国一直使用中国年号，至近代日本决定在琉球置县才停止。此外，在中琉关系中，还有一种内在政治名分，便是明朝皇帝向琉球王赐姓。据《中山世谱》记载，宣德五年（1430），"庚戌，王遣使贡马及方物，并具奏言：'我琉球国分为三者，百有余年，战无止时，臣民涂炭。臣巴志不堪悲叹。为此发兵，北诛攀安知，南讨他鲁每。今归太平，万民安生。伏愿陛下圣鉴。'"宣宗"嘉其功"，同年"赐王尚姓"。② 这是琉球"第一尚氏"王统的由来。

于明朝洪武年间开始的中琉关系，自始在政治上便是宗藩关系。其背后的意识形态是中国古老的华夷秩序，蕴含着强烈的等级、尊卑意识。但是，明清时期的中国并不干涉琉球内政，这也是此一时期中国与周边国家关系的基本特征。

二 成祖拒阉

琉球和朝鲜、安南等周边邻国一样，与明朝存在着宗藩关系，因而在封贡体制之下也曾主动进献阉人，却独被明成祖拒绝。

> 四年丙戌，王遣使贡方物，表贺元旦，并遣寨官子石达鲁鲁等六人入监就学。赍赐如例。又进阉者数人。成祖曰："彼亦人子，无罪而刑之，朕何忍焉？"命礼部还之。礼部奏曰："若还之，恐阻远人归化之心。请但赐敕，止其再进。"成祖曰："谕之以空言，不若示之以实事。今不遣还，彼欲媚朕，必有继踵而来者。天地以生物为德，帝王乃可绝人类乎？"卒不受。③

---

① 《明仁宗实录》卷7，洪熙元年二月辛丑，第228页。
② ［琉球］蔡铎、蔡温、郑秉哲著，袁家冬校注：《〈中山世谱〉校注本》卷4，第62—63页。
③ ［琉球］蔡铎、蔡温、郑秉哲著，袁家冬校注：《〈中山世谱〉校注本》卷3，第50页。

永乐四年（1406），琉球中山武宁王遣使向明朝进贡，并派遣石达鲁等六人入明朝最高学府国子监学习。琉球派遣王室、官员子弟来华学习始自洪武二十五年（1392）[①]。这些留学生在留学期间接受汉文化的教育和熏陶，并在学成回国后把中国先进的文化带回琉球，正如明人张瀚所言：琉球"俗无文字，人学中国，始陈奏表章，著作篇什，有华风焉"。[②] 留学生们充当了中琉友好关系的使者，推动了明琉关系的发展。

根据史料，此次进贡还进献"阉者数人"，但被明成祖拒绝。拒绝的理由是"彼亦人子，无罪而刑之"，认为这违背了天道，故让礼部退还。

明人严从简《殊域周咨录》中，记载的内容无差，但时间为永乐三年（1405），言："永乐三年，琉球遣使以阉者数人贡于朝。上曰：'彼亦人子，无罪而刑之，何忍！'命礼部还之。礼部臣曰：'还之恐阻远人归化之心，但请赐敕止其再献进。'上曰：'谕之以空言，不若示之以实事。今不遣还，彼欲献媚，必有继踵而来者。天地以生物为德，帝王乃可绝人类乎！'"竟遣还之。

《圣圣相承录》曰：

> 臣谓夷狄不可留于中国，亦不可使为阉寺。汉有废立之祸，唐有杀主之恶。此皆已然之昭鉴。我成祖继体守成之初，斥而不用。遣还本国，有不忍人之心焉，谨华夷之办焉，弭异日迷君误国蠹政虐民之害焉。洞烛兴亡，永绝诏媚，岂非防微杜渐之意哉！况五刑之中，宫刑为重。四刑不过残人肢体，宫刑则绝人种类，其惨克不仁尤甚。成祖哀矜阉寺，可谓重惜人命，不绝人嗣，诚能体天地生物之德者也。[③]

虽上述拒阉的理由符合儒家的传统道德，但事实真的只有这么简单吗？为什么琉球与朝鲜、安南等国被索征阉人的境况如此大相径庭？

因原始史料缺乏，笔者推测，首先，"火者"进贡本身在当时的藩属体系下有着强烈的政治意义，是藩属国家承认上下君臣关系的体现。因朝鲜、安南等国自古与中国沟通密切，无论是文化认同还是国家实力，孤悬海外的琉球无法与这些国家相提并论。明太祖朱元璋曾因高丽国对北通的

---

① 《明太祖实录》卷217，洪武二十五年五月癸未，第3197页。琉球国中山王察度及其子武宁遣其使涡周结致等各进表笺贡马，察度又遣从子日孜每、阔八马，寨官子仁悦慈入国学读书，上命各赐衣、巾、靴，袜并夏衣一袭，钞五锭。

② （明）张瀚撰，盛冬铃点校：《松窗梦语》卷3《东倭纪》，中华书局1985年版，第55页。

③ （明）严从简著，余思黎点校：《殊域周咨录》卷4《东夷》，中华书局1993年版，第127页。

蒙古势力和明朝首鼠两端，对明朝诚意不足的表现，一次性退回高丽火者二十六人，也拒绝了高丽和朝鲜的联姻请求。可见，接受贡阉、贡女在一定的政治环境下，也是彼此诚意的表现。因而，朝鲜一直以小中华自居，自傲于文明国家，才能对中国例行朝贡。正如韩国学者郑容和所说："当时的朝鲜为政者，他们认为只有在某种程度上属于所谓文明的国家才能对中国例行朝贡。"[①] 认为女真、琉球国都要低自己一等。《朝鲜王朝实录》记载，琉球国王派使臣到朝鲜朝贺，国王并不重视，在座次安排上也十分随意，朝臣黄喜曰："琉球国，乃皇帝锡命封爵之邦，非野人、倭客之比，与本国群臣同班行礼未便，宜于受朝之后，入序西班三品之列行礼，仍赐引见。"[②]

其次，琉球的地理位置，使得明朝重视琉球的战略地位与双边关系。自元朝延续下来的倭寇问题，在明初持续侵扰中国边境，对明朝的国家安全和从辽东至广东沿海区域百姓生计造成严重威胁。洪武初期积极与日本方面交涉，希望通过建立朝贡关系，来管束倭寇侵扰。但在交涉受挫后，明朝改变方针，采取措施积极防御倭寇，外交上较为消极，这时琉球的地缘作用加以显现。宣德七年（1432 年），"上念即位以来，四方番国皆来朝贡，惟日本未至，遂命内官柴山赍敕往琉球国，令中山王尚巴志遣人赍往日本谕之"[③]。明朝非常重视琉球在其与日本之间起到的沟通和桥梁作用。宣德八年（1433 年），日本再次遣使来明，明日之间恢复了封贡关系，这种关系直到"嘉靖倭患"后，才又一次陷入困境。在抗击倭寇的过程中，琉球发挥了一定作用，一方面他们尽力营救受难的明朝百姓，送之归国，另一方面则帮助明朝清剿倭寇，以保证中琉贸易交流的畅通。嘉靖三十五年（1556 年），"倭寇自浙直败还入海，至琉球国境上，中山王世子尚元遣兵邀击尽歼之，得中国被虏人金坤等六名，至是遣陪臣蔡廷会等入贡，献还坤等"[④]。在贸易往来上，琉球与日本同样沟通密切，"又有日本商船，多带铁块，至牧港发卖，察度尽买收之，耕者与铁，使造农器"[⑤]。琉球利用明朝与日本断绝邦交往来的政治情势，成为两者间的贸易中介进而一跃成为一大海上商业王国。这时善待琉球，稳定中琉关系，对明朝获

---

① ［韩］郑容和：《从周边视角来看朝贡关系——朝鲜王朝对朝贡体系的认识和利用》，《国际政治研究》2006 年第 1 期。

② 《朝鲜李朝世宗实录》卷 54，世宗十三年十一月戊辰，第 356 页。

③ 《明宣宗实录》卷 86，宣德七年正月丙戌，第 1991 页。

④ 《明世宗实录》卷 455，嘉靖三十七年正月乙亥，第 7703 页。

⑤ ［琉球］蔡铎、蔡温、郑秉哲著，袁家冬校注：《〈中山世谱〉校注本》卷 3，第 43 页。

取日本情报，稳定东南具有积极意义。

最后，明前期虽然频繁索征周边藩属国的阉人，但在与琉球交往中，还是有意识地维护自己的"天朝形象"与朝贡礼仪秩序，论及个中缘由自然是琉球与朝鲜等国相比关系更为疏远。此外，"火者"进贡在一定程度上还和"贡女"息息相关。如明朝索取朝鲜"火者"也是考虑了服侍朝鲜妃嫔的因素。永乐五年（1407 年）八月，内史韩帖木儿、尹凤等奉命前往朝鲜索征火者。韩帖木儿宣谕："朕取安南火者三千，皆昏愚无用，惟朝鲜火者明敏，可备任使，是用求索。"① 永乐六年（1408 年）四月，朝廷内使黄俨，田嘉禾，海寿，韩帖木儿等到朝鲜，黄俨向太宗国王传达永乐帝的圣旨："有生得好的女子，选拣几名将来"，太宗国王听后叩头说："敢不尽心承命"。② 可见明前期这种"贡女"与"贡宦"是相互依凭的，明中期随着朝鲜"贡女"的停止"火者"进贡也逐渐消失。显然，琉球并不具备这样的客观条件，因此在其主动进贡"火者"时被明成祖拒绝，这其中并非如其口中所讲儒家传统道德的约束，更多是对现实政治的考量。

总之，明成祖此次拒绝琉球进献阉人，原因是多方面的，但也显示出明朝对琉球存在戒备之心。明前期，宦官尤其是外籍宦官在对外交往中相当活跃，除了语言沟通方便外，还在于其是皇帝的贴身家奴，受到皇帝信任，可以直接传达皇帝本人的意愿，更具私密性，对皇帝旨意的执行也更高效。琉球因物产匮乏、疆域狭窄等因素，并未被明朝赋予太多的朝贡负担，加之琉球与日本关系密切，使明朝戒备之心更重，因此在与琉球的深度交往中持谨慎态度。

---

① 《朝鲜李朝太宗实录》卷 14，太宗七年八月丁亥，第 410 页。
② 《朝鲜李朝太宗实录》卷 15，太宗八年夏四月甲午，第 436 页。

第三章 政治生活中的外籍宦官：以明代朝鲜宦官使臣为中心

　　明朝的外籍宦官中大部分是朝鲜人和安南人。与大批因永乐用兵安南，几乎同时入宫的安南宦官不同，朝鲜宦官除元宫留用的，明朝初期仍作为"别贡"陆续入宫，并且大多由在明廷受宠信的朝鲜宦官作为使臣回其本国挑选带回中国，直到成化年间仍有进贡记录。然而，明朝的官方史书对宦官的记载本就有限，除非涉及国之大事，更不会去区分其民族和籍贯。朝鲜史书则不然，不仅对于宗主国明朝的动态敏感，对其本国在明的朝鲜宦官更是如数家珍，对出使回本国宦官的索贡行为也事无巨细编入实录。并且明代北京、南京也留下一些朝鲜宦官相关的墓志、庙碑，以此为线索结合中朝两国史书，可以看出在明的朝鲜宦官群体内部显示出一定的新老交替、权力更迭的特点，并且在明初期尚以沟通与朝鲜半岛关系为主要使命，到中期以后便逐渐融入明朝本土的政治生活。

第一节　朝鲜宦官使臣及其内部权力更迭

　　《明史》云："明太祖既定江左，鉴前代之失，置宦者不及百人。迨末年颁《祖训》，乃定为十有二监及各司局，稍称备员矣。"[1] 明朝初建，洪武时期宦官者不及百人，即便数目不精确，也可以看出留用的元朝阉宦数目不会很大，外籍宦官更是少数。加之太祖御宦颇严，对外籍宦官的任用除在身边侍奉，主要是作出使高丽和朝鲜的使臣。

　　朝鲜被选入明朝的宦官能有机会"奉使东还"，自认为是"千一之幸"。[2] 景泰年间，朝鲜国王也在与大臣的对话中反问"入朝宦者，可出来

---

① （清）张廷玉等：《明史》卷304《宦官一》，第7765页。
② 《朝鲜李朝世祖实录》卷45，世祖十四年三月丁亥，第166页。

者，岂过于十人"①？可见，回原籍出使本身就代表着朝鲜宦官在明朝的权势和地位。

明朝建立后，最早的朝鲜宦官出使记录是洪武二年（1369）四月被派回国出使的金丽渊。《明实录》中有载，明朝初建太祖朱元璋欲派人遣送在华的高丽流寓人，恰巧发现留用在身边侍奉的原元宫内使金丽渊是高丽人，又闻其自言入宫后跟亲人久不得相见，遂派其回国出使完成这项任务。②派金丽渊回国省亲不仅以示恩典，更重要的是因其熟悉朝鲜语言和国情便于沟通。金丽渊出使回来后，被派往朱元璋次子朱樉的秦王府当差，《明太祖实录》有载："以内官金丽渊为秦府承奉。"③此后，再没有金丽渊出使朝鲜的记录。洪武五年（1372）五月癸亥，朱元璋派遣元朝留用的宦官延达麻失里和高丽人孙内侍回高丽立碑祭祀山川，同时遣送陈友谅后人到高丽流放。④此后，还曾数派朝鲜宦者回国出使索阉。如洪武二十一年（1388）遣前元院使喜山、大卿金丽普化等高丽宦者来求马及阉人。⑤洪武二十四年（1391）十月，高丽遣判军器寺事金久住到明朝出使，献火者二十人。⑥洪武二十七年（1394）四月癸酉，钦差内史崔渊、陈汉龙、金希裕、金禾等持左军都督府咨来，崔渊等传宣谕旨，索"马一万匹、阉人及金完贵家小与将来"。崔渊等都是朝鲜本国人，最后带回朝鲜火者五人。⑦

然而，除向朝鲜索贡阉宦，洪武朝还发生了遣返在明的朝鲜宦官一事。洪武二十八年（1395）五月：

> 阉人黄永奇、李仁敬、申用明、辛兴奇、金禾、郑澄、金希裕、李原义、崔渊等二十余人，至自京师，本国人也。上命校书少监郑浑讯其故。兴奇、禾、澄、原义、希裕等，尝觐亲而还，于赴京入阙时，或持苏合香元，或持阉人在阙中者本家书信，或持僧自超所赠随

---

① 《朝鲜李朝文宗实录》卷4，即位年冬十月壬辰，第294页。

② 《明太祖实录》卷41，洪武二年四月乙丑，第815页。

③ 《明太祖实录》卷83，洪武六年七月乙卯，第1488页。

④ ［朝］郑麟趾等著，孙晓主编：《高丽史》卷43，世家第43《恭愍王六》，第3册，第1321—1322页。

⑤ ［朝］郑麟趾等著，孙晓主编：《高丽史》卷137，列传第50《辛禑五》，第10册，第4142页。

⑥ ［朝］郑麟趾等著，孙晓主编：《高丽史》卷46，世家第46《恭让王二》，第4册，第1397页。

⑦ 《朝鲜李朝太祖实录》卷5，太祖三年四月癸酉，第61页。

求梵书漆环。门者搜索奏闻，帝见之惊怪，命皆黜之。上遣奉常寺事金乙祥，具奏以闻，请罪永奇等。①

黄永奇等二十六名朝鲜阉人，因出使回明朝后，随身夹带家书、佛经等物入宫，触犯明廷的法令、宫规，遂一同被明朝废黜并永久性地遣回其本国朝鲜。

从洪武朝对朝鲜宦官的任用可以看出，明廷中朝鲜宦官虽多，并且两国已建立起"事大字小"的封贡关系，但因孙内侍在高丽之死、表笺事件、辽东边略等问题，朱元璋对王氏高丽以及洪武二十六年（1393）之后的李氏朝鲜都缺乏信任，对朝鲜宦官也显得任用无常。比如最早派回去省亲的金丽渊，待其归来后便遣往秦府未有续用。崔渊等人虽数次被派回国承担重任，但在两国复杂的形势背景下，言行稍有疏漏可能被遣返归国。这种情况下，朝鲜宦官是不太可能形成明显势力的。当然这也与洪武朝整体驭宦严格，宦官虽然也介入政事颇多但无法专权，作用并不彰显有关。

一　永乐年间朝鲜宦官海寿

永乐朝的外籍宦官群体中，安南阉童于永乐四年（1406）才大举入宫，因年纪尚小并没有根基，朝鲜宦官作用也并不突显，故永乐年间在各个方面被重用委任的是靖难起兵中表现忠诚的燕府旧阉。《明史窃》中有载："文皇时当靖难初，内官将兵者数人。有狗儿最敢战先登；王安即不花都，女直人，孟骥即添儿，西番人，郑和即三保，李谦即保儿，并云南人；云祥即猛哥，田嘉禾即哈喇帖木，并胡人；皆从起兵有功，入国后皆授太监。"② 狗儿王彦镇守辽东三十年，郑和出使西洋，田嘉禾跟随黄俨出使朝鲜。而永乐年间十一次出使朝鲜，主导明鲜朝贡关系的宦官正是黄俨③。

《明仁宗实录》中关于燕王靖难起兵，有载：

> 李景隆等引兵数十万围北平城，是时城中守备已完，虽老弱不及万人，帝鼓舞激劝，下至妇人小子，皆奋效力，更番乘城，昼夜拒敌。虽矢石交下，人心不变。数夜遣人开门研敌营，敌惊荒自杀，或

---

① 《朝鲜李朝太祖实录》卷 7，太祖四年五月癸卯，第 79 页。
② （明）尹守衡：《明史窃》卷 25《宦官传》，光绪十二年重刊本，第 5 页上下。
③ 陈学霖：《永乐朝宦祸举隅——黄俨出使朝鲜事迹缀辑》，载于陈学霖《明代人物与传说》，香港中文大学出版社 1997 年版，第 135 页。

至明乃定。……太宗皇帝得报引兵驰归击之，帝亦出城兵夹击。景隆等狼狈大败散走。时二郡王高煦数出从太宗皇帝，三郡王高燧留佐居守，宦寺黄俨以高燧之幼钟爱也，为媒蘖夺嫡之计将为己利使，其党往来饰誉高燧而短帝，又谓帝将为朝廷固守北平以拒父也。太宗皇帝以问高煦，曰："尔兄素孝，那当有此。"高煦曰："兄诚孝，但在太祖时果与太孙善也。"①

由此可知，黄俨亦为燕府旧阉，并且涉及永乐皇帝的三个皇子之间的夺嫡之争。因而，仁宗朱高炽继位后，将黄俨处死。明人王世贞言："俨与江保于永乐中数为赵倾太子，几夺嫡，太子即位，俨、保皆伏诛。"②

永乐皇帝初登皇位，最为宠信、依靠的是燕府旧阉，这些宦官主要被派去朝鲜索贡，包括索取处女和火者。因不想被外廷朝臣知晓诉病，派至朝鲜的宦官使臣自然以其旧人为主导，黄俨亦自诩为"皇帝之亲信"。但因其不是朝鲜人不熟悉语言和国情，皇帝往往会同时派遣可信的朝鲜宦官为副使同行。

比如，永乐六年（1408），朝廷内史黄俨、田嘉禾、海寿、韩帖木儿等人到朝鲜索取马匹和贡女。③ 永乐七年（1409），太监黄俨、监丞海寿、奉御尹凤至朝鲜赏赐国王、王妃，并再次采女。此处提及的奉御尹凤是朝鲜丰海道瑞兴县人。④

永乐八年（1410），正使太监田嘉禾、副使少监海寿奉敕出使朝鲜，索马一万匹，出征蒙古。⑤ 两使臣"以郑氏还京师，其父，前知宜州事郑允厚。小宦二人、女史四人从之"⑥。

永乐十五年（1417），黄俨、海寿再次来朝鲜采女。"以韩氏、黄氏还。韩氏兄副司正韩确、黄氏兄夫录事金德章、跟随侍女各六人、火者二人从之。"⑦

永乐十九年（1421），少监海寿作为正使出使朝鲜，索取马匹。⑧

① 《明仁宗实录》卷1，永乐二十二年八月壬午，第3页。
② （明）王世贞：《弇山堂别集》卷91《中官考二》，中华书局1985年版，第1741页。
③ 《朝鲜李朝太宗实录》卷15，太宗八年夏四月甲午，第436页。
④ 《朝鲜李朝太宗实录》卷17，太宗九年五月甲戌，第487页。
⑤ 《朝鲜李朝太宗实录》卷20，太宗十年冬十月壬寅，第566页。
⑥ 《朝鲜李朝太宗实录》卷20，太宗十年冬十月辛酉，第568页。
⑦ 《朝鲜李朝太宗实录》卷34，太宗十七年八月己丑，第181页。
⑧ 《朝鲜李朝世宗实录》卷13，世宗三年九月辛巳，第452页。

永乐二十一年（1423），内官少监海寿、郎中陈敬至，出使朝鲜，册封朝鲜国王嫡子李珦为"朝鲜国王世子"。并且宣谕圣旨，"老王时使唤宦者三五十人来进"。① 临行前，朝鲜赵瑞老、元闵生送来火者十七名，海寿言："此辈迷少不用，远路带行，徒劳而已，皆率还家。"闵生回复道"殿下闻命，即差人各道求来，王宫宦者不多。"海寿曰："我在此馆中，安知殿下宫中之所有？上知此邦有颖悟火者，命选将来。一国之内，岂无可者？"闵生曰："殿下向上至诚，若有年少颖悟可使者，安敢不尽见耶？"② 最后海寿带回小火者赵枝等二十四名。"赵枝、金守命年二十一，林贵奉年十九，金宥、林得生、安敬、金众等年十八，朴义、河吾大、李群松等年十七，李善、郑隆、郑立等年十六，崔义山、李忠进、金高城等年十五，朴秀民、朴田命等年十四，金禄、崔存者、姜众、李田今、申得名等年十三，李追年十一。"③

永乐二十二年（1424）七月，朝鲜使臣元闵生和通事朴淑阳汇报出使明廷见到永乐皇帝的经历：

> 皇帝谓元闵生曰："老王以至诚事我，至于干鱼，无不进献。今小王不以至诚事我，前日求老王所使火者，乃别求他宦以送。朕老矣，食饮无味，若苏鱼、紫虾醢、文鱼，须将来进。权妃生时凡进膳之物，惟意所适，死后凡进膳、造酒，若瀚衣等事，皆不适意。"内官海寿立于帝傍，谓闵生曰："将两个好处女进献。"帝欣然大笑曰："并将二十以上三十以下，工于造膳造酒侍婢五六选来。赐闵生银一丁、彩段三匹。"④

从上文可见，永乐时出使朝鲜的主导者虽还是燕府旧阉，但海寿和尹凤作为朝鲜宦官也多次随行，尤其是海寿由做黄俨和田嘉禾的副使到永乐朝末期两次作为正使出使，地位的提升显而易见。并且是时黄俨地位卓然，"当太宗皇帝之时，专主宫壶"，⑤ 海寿虽身为从四品少监，却已显露出敢与黄俨抗衡之势。永乐六年（1408），海寿作为黄俨的副使，曾密语朝鲜陪臣李茂："去年俨之奉使也，受赂鞍子二，与新物甚多，帝已知之，

---

① 《朝鲜李朝世宗实录》卷21，世宗五年八月丙寅，第553页。
② 《朝鲜李朝世宗实录》卷21，世宗五年九月辛巳，第554页。
③ 《朝鲜李朝世宗实录》卷21，世宗五年九月丁亥，第555页。
④ 《朝鲜李朝世宗实录》卷25，世宗六年秋七月辛巳，第611页。
⑤ 《朝鲜李朝世宗实录》卷38，世宗九年冬十月甲申，第100页。

今又如前，吾当奏之。与者受者，俱有罪。"① 表示如果黄俨贪婪受贿，自己可以直接上奏皇上。永乐十五年（1417），二人再次同行出使索取贡女，黄俨暗自收受朝鲜贿赂的纸张，亦小心提醒朝鲜陪臣"勿使海寿知"②。黄俨作为靖难旧臣，永乐年间的掌权大珰，海寿却可以对其牵制掣肘，足见其在明廷也有相当的地位，并且深得朱棣信任。这从永乐二十二年（1424），朝鲜使臣向国王的汇报中可以看出，永乐皇帝在接见使臣元闵生等人时，"内官海寿立于帝傍"，并且能很好地揣摩皇帝所想，要求进贡处女。

如前文所述，永乐朝多次主导回朝鲜出使的燕府旧阉黄俨，虽得朱棣信任，但因卷入朱棣几个皇子之间的争端，心向赵王朱高燧，挑拨皇帝与皇太子朱高炽的关系，故仁宗登位后黄俨伏诛，并且"黄俨死后，被斩棺之罪，妻与奴婢没入为公贱"。同在明廷的朝鲜火者尹凤亦言"俨当太宗皇帝之时，专主宫壸，诬陷吕氏之失，灼灼明显"③。

与黄俨相比，海寿则显得更为恭谨，在明廷曾与礼部官员共同接待宴请来朝贡的满剌加国王拜里迷苏剌。④ 作为成祖朱棣身边近侍，永乐八年（1410），海寿跟随朱棣北征蒙古，凯旋归朝，与都指挥李文被派回京"赍捷书谕皇太子，遂下诏班师"⑤。直到永乐二十二年（1424），朱棣最后一次北征仍随侍御前，"车驾次翠微冈，上御幄殿凭几而坐，文渊阁大学士杨荣、金幼孜侍，上顾问内侍海寿：'日计程何日至北京？'对曰：'八月中可至'"⑥。五天后，朱棣驾崩，"文渊阁大学士兼翰林院学士杨荣，御马监少监海寿奉遗命驰讣皇太子"⑦。

永乐时期对于宦官的任用虽没有明显区分其民族、种族的迹象，但显然首用燕府旧阉。如前文所述太宗皇帝时，专主宫壸的是黄俨。而海寿作为外籍宦官因熟悉其本国朝鲜的语言国情，得以跟随回国出使，同时受益于天子近侧的身份，数次被派出沟通永乐皇帝与皇太子之间的信息往来，涉入国之大事，作用逐渐突显。尤其是在黄俨卷入皇子间的争端失势后，海寿开始作为正使主导与朝鲜的朝贡往来。但也许作为永乐皇帝身边旧人，涉入太多宫内隐私和秘辛，仁宗继位后，海寿不再出现于核心政治舞

---

① 《朝鲜李朝太宗实录》卷 17，太宗九年五月甲戌，第 488 页。
② 《朝鲜李朝太宗实录》卷 34，太宗十七年八月丙戌，第 181 页。
③ 《朝鲜李朝世宗实录》卷 38，世宗九年冬十月甲申，第 100 页。
④ 《明太宗实录》卷 117，永乐九年七月甲戌，第 1487 页。
⑤ 《明太宗实录》卷 104，永乐八年五月丙戌，第 1351 页。
⑥ 《明太宗实录》卷 273，永乐二十二年七月丁亥，第 2467—2468 页。
⑦ 《明太宗实录》卷 273，永乐二十二年七月壬辰，第 2469 页。

台上。明鲜两国的实录关于海寿的记录只有一条，"寇杀宣府守神铳内官王冠。时冠率官军送内官海寿至龙门，醉止田舍。虏谍知，袭杀之"①。海寿是否死于此次袭击不得而知，但查阅宁夏方志，知其宣德间任宁夏镇守太监，对其评价是"处身俭约"②。

二 仁、宣至景泰年间尹凤

仁宗改元，海寿的事迹阙载，另一位地位次于海寿的朝鲜宦官尹凤一度主导明鲜间的往来。《明实录》载：永乐二十二年（1424）十二月，仁宗"遣中官尹凤等，赐朝鲜国王李裪彩币表里并赐其使钞币，稷随凤等归。"③《朝鲜王朝实录》补充到，"皇帝遣尚膳监左少监尹凤、御马监奉御卜石及头目十八人赍赏赐，皆李稷来"④。至此尹凤已升任从四品左少监，并且作为正使出使朝鲜本国。据《明史·职官志》：

> 宦官十二监。每监各太监一员，正四品，左、右少监各一员，从四品，左、右监丞各一员，正五品，典簿一员，正六品，长随、奉御无定员，从六品。此洪武旧制也。⑤

永乐年间朝鲜权妃之死所引起的吕鱼之祸是明廷秘辛，金黑等朝鲜宫婢知道内情，仁宗继位后欲送还金黑回国，召尹凤问"欲还金黑，恐泄近日事也，如何？"尹凤的回答十分谨慎，曰："人各有心，奴何敢知之？"最终金黑没有被送还，而是在明廷被封为恭人。⑥ 此事由尹凤归国后自己转述。但可以看出明仁宗在朝鲜事务上对尹凤的倚信。

陈学霖推测永乐朝随黄俨回朝鲜出使的朱允瑞、韩帖木儿、海寿等内官大概都是洪武二十四年（1391）后被遣送至京师的阉人。⑦ 而尹凤的出身，朝鲜史料有载：

① 《明宣宗实录》卷56，宣德四年七月丁卯，第2469页。
② 《嘉靖宁夏新志》卷2《宁夏总镇续·宦迹》，宁夏人民出版社1982年版，第115页。
③ 《明仁宗实录》卷5，永乐二十二年十二月庚戌，第163页。
④ 《朝鲜李朝世宗实录》卷27，世宗七年春正月庚辰，第645页。
⑤ （清）张廷玉等：《明史》卷74《职官志三》，第1818页。
⑥ 《朝鲜李朝世宗实录》卷26，世宗六年冬十月戊午，第633页。
⑦ 陈学霖：《海寿——永乐朝一位朝鲜籍宦官》，载于陈学霖《明代人物与史料》，香港中文大学出版社2001年版，第130页。

尹凤，本国火者也。初在瑞兴甚贫贱，永乐年间，被选赴京，出入禁闼，于今三世。欺诳帝聪，以捕海青、土豹、黑狐等事，连年来我，贪求无厌，恣行己欲。于瑞兴起第，将为退老之计，土田臧获，腼面求请，以备家产。①

尹凤于永乐年间入明朝，比海寿入宫晚，因而永乐七年（1409），跟随太监黄俨、监丞海寿入宫时，尹凤的官职是从六品奉御，低于正五品的海寿。仁宗改元，尹凤升迁。次年宣宗改元，尹凤再次作为正使出使回国，赏赐朝鲜国王李祹及王妃纱罗锦绮彩帛。② 朝鲜史料补充了尹凤此次出使除了赏赐以外的任务，尹凤到朝鲜后传来宣宗谕旨："尔去朝鲜国，对王说年少的女儿选下者等，明春着人去取。"并且"选拣会做茶饭的女仆进献"③。尹凤此次来朝实则为宣宗索取处女。

宣德二年（1427），宦官使臣昌盛、尹凤、白彦来朝鲜，选取处女和马匹，尹凤退居副使之位。据昌盛的墓志所载，昌盛是"贵州都匀长官司人"，洪武年间进宫，至永乐改元始被重用，"宣宗章皇帝在青宫，遂选入随侍，凡十四年"，宣宗登基，即升神宫监太监，皇帝亲征北巡都随侍在侧，礼部尚书胡濙为其撰写的志文称赞昌盛"累使朝鲜，皆能宣布圣化，使夷人悦服，朝贡者接踵于道"。于正统三年（1438）九月十九日，无疾端坐而逝。④ 显然，宣宗登位之初选择了熟悉朝鲜的尹凤主导出使任务，第二年马上派出曾陪侍自己于东宫十四载的亲信昌盛主导，令熟悉国情的尹凤辅助。此次，昌盛和尹凤带回了处女韩氏。"处女韩氏，永矼之季女也。长女选入太宗皇帝宫，及帝崩殉焉。昌盛、尹凤又奏季女貌美，故来采之"⑤。韩氏即之后对明宪宗有保抱之功的韩桂兰，是永乐朝殉葬的韩妃之妹。郑善、金安命（后赐名金兴）、姜玉、郑同等日后在明的朝鲜大珰，皆是此次被昌盛和尹凤选中陪同处女韩氏入明朝的贡阉。

宣德三年（1428），使臣太监昌盛、尹凤、内史李相等，赍敕书出使朝鲜，尹凤密告朝鲜陪臣郑钦之，曰："帝使我，求贯念珠鹿皮一为，宜

---

① 《朝鲜李朝世宗实录》卷57，世宗十四年十二月丁亥，第428页。
② 《明宣宗实录》卷13，宣德元年正月丙辰，第360页。
③ 《朝鲜李朝世宗实录》卷31，世宗八年三月丙午，第13页。
④ 《明神宫监太监昌公墓志铭》，载于中国文物研究所、北京石刻艺术博物馆编《新中国出土墓志·北京卷》，第68页。
⑤ 《朝鲜李朝世宗实录》卷36，世宗九年五月戊子朔，第71页。

备三百张。"① 宣德四年（1429），昌盛、尹凤、李相再次出使，除带回食物鹰犬等贡品，还带回"火者六名，会做茶饭的妇女一十二名，学乐的小妮子八名"②。宣德五年（1430）、宣德六年（1431）、宣德七年（1432），尹凤接连出使，但都作为昌盛的副使。正统年间没有尹凤出使记录，直到景泰改元（1450），尹凤再次被派回朝鲜致祭国王李祹，并册封新国王。此次作为正使，他带回了宣德二年（1427）自己所选的朝鲜贡阉郑善。《明实录》有载："帝遣太监尹凤为正使，奉御郑善为副使，谕祭故朝鲜国王李祹，并持节册封祹子珦为朝鲜国王。"③ 景泰四年（1453），尹凤请赴明出使的朝鲜使臣给国王带话，言"我年老，死亡无日，愿一见吉生"。要求把他的侄子尹吉生派到明朝出使一见。朝鲜方面考虑其"国人赴京，唯尹凤是依，不可薄之"，遂遣尹吉生为使赴明。④ 景泰七年（1456），尹凤最后一次出使朝鲜册封国王，副使为宣德二年（1427）由其选入明廷的朝鲜贡阉金兴（原名金安命）。《明实录》有载：

> 遣内官尹凤、金兴赍敕封尔瑈为朝鲜国王，代主国事。尔宜恪守臣节，益坚事大之成，永固藩邦，毋忝嗣王之让。其令弘暐仍以爵闲住，尔須常加优待毋忽仍诏谕其国人。⑤

此次回国，尹凤和金兴带回火者十人，娼妓五人。朝鲜史料有载：

> 命左副承旨成三问，率宦童徐福山等二十人示尹凤等，凤等择徐福山、金相佐、尹长守、李今同、朴富贞、林三淳、白达同、姜习、林守、金存等十人。语三问曰："此辈教以娼妓歌舞，令五人一来见我，其生年日月及乡贯父名，须立书来。"⑥

尹凤此次出使返回明朝后，再没有回过朝鲜。但他仍然是在明的朝鲜宦官群体中最具实力的大珰，直到成化二年（1466）朝鲜仍然因为尹凤之请，而起用其侄尹吉生出使明朝。《朝鲜王朝实录》载："吉生，太监尹凤

---

① 《朝鲜李朝世宗实录》卷39，世宗十年七月己巳，第138页。

② 《朝鲜李朝世宗实录》卷43，世宗十一年七月癸亥，第19页。

③ 《明英宗实录》卷192，景泰元五月甲辰朔，第3981页。

④ 《朝鲜李朝端宗实录》卷6，端宗元年五月甲子，第588页。

⑤ 《明英宗实录》卷263，景泰七年二月癸卯，第5607页。

⑥ 《朝鲜李朝世祖实录》卷3，世祖二年四月癸亥，第128页。

之侄，凤弟中枢重富之子，为后于凤，凤欲见之，每因入朝使臣请之，以遭母丧，不得遣。至是起复遣之。"① 查阅《朝鲜王朝实录》，尹凤分别于永乐四年（1406）、永乐五年（1407）、永乐七年（1409）、洪熙元年（1425）、宣德元年（1426）、宣德二年（1427）、宣德三年（1428）、宣德四年（1429）、宣德五年（1430）、宣德六年（1431）、宣德七年（1432）、景泰元年（1450）、景泰七年（1456）共十三次有史可载地出使朝鲜。

纵观尹凤的经历可知其永乐朝初年入宫不久即升为从六品奉御，随黄俨、海寿等大珰出使回朝鲜。直到永乐二十二年（1424）朱棣去世之前，尹凤仍在皇帝身边侍候酒饭，有朝鲜使臣汇报去明朝面见朱棣时，"帝呼内官尹凤，命馈酒饭"②。仁宗改元，尹凤升为尚膳监左少监，继海寿之后成为主导明鲜关系的朝鲜大珰。然而宣宗继位后，派出自己的东宫旧阉昌盛为正使主导与朝鲜的往来，尹凤虽接连出使却退居副使之位。朝鲜史料记载尹凤在评价明朝几位皇帝时，流露出对仁、宣皇帝的不满，恐怕与其未得重用不无关系。宣德三年（1428），尹凤回朝出使，曾对朝鲜君臣说道："洪熙耽于酒色，听政无时，百官莫知早暮。今皇帝燕于宫中，长作杂戏。永乐皇帝，虽有失节之事，然勤于听政，有威可畏。"认为仁、宣二帝耽于饮酒玩乐，并且评价仁宗懦弱，"尝闻安南叛，终夜不寐，甚无胆气之主也。"朝鲜陪臣亦言尹凤常慕太宗永乐皇帝，而以今皇帝宣宗"为不足矣"③。

同时，宣宗在听说昌盛、尹凤在朝鲜的索求无度后，也表达了不满，告诉国王不必满足这些出使宦官们除日常饮食以外的索取之物，自己亦不会因近侍影响对国王的判断的立场。《明宣宗实录》载有宣宗给朝鲜国王李裪的敕书，曰：

> 朝廷遣人至王国中，王代以饮食足矣，毋遗以物。王父子敬事朝廷多历年岁逾久逾笃，朕所深知，非左右近习所能间也，王无虑焉。盖尝遣中官至彼多所需求，至是上闻之，遂有是命。④

这封敕书既是宣宗听说中官在朝鲜多所需求，给朝鲜国王的交代以拉拢感情，也表达了对他们任意索取的不满，或者说只是把他们作为自己到

① 《朝鲜李朝世祖实录》卷38，世祖十二年四月癸卯，第16页。
② 《朝鲜李朝世宗实录》卷23，世祖六年正月乙酉，第572页。
③ 《朝鲜李朝世宗实录》卷39，世祖十年九月丁巳，第143页。
④ 《明宣宗实录》卷59，宣宗四年十一月戊申，第1412页。

朝鲜索取别贡的近侍宠宦，此外再不赋予过多权力。前文所述尹凤曾密告知申事郑钦之自己来出使所求之鹿皮数量，昌盛去朝鲜索取处女时，对于没有敕书只能宣谕之事，说道："若处女则不可笔之于书，故兹有宣谕。"①可见，宣德朝被派往朝鲜的宦官使臣多是来索取常贡以外的处女、火者等"别贡"，为皇帝寻求不足为外廷道的享乐之事。这与陪伴宣宗身边，身居司礼监与杨士奇等阁臣合作，被赐免死诏的外籍安南宦官无法相比。

尹凤对宣宗和太子朱祁镇的评价十分负面，认为"帝好游戏，至一旬不谒皇太后。且后宫争妒，宫人所出，潜相杀之。皇太子亦轻佻"②。正统改元后，尹凤显然并不得势，这从朝鲜对本国使臣的叮嘱可以看出："如有尹凤在阙内呼见，毋得往见，若强招，当答曰：'恐朝令不敢。'"③并且，尹凤在朝鲜的家人也因小过被处置，正统四年（1439），"尹重富寄兄尹凤之书，不致谨密，乃于稠人广坐中传付之，遂使礼部知而奏闻，其罪不小，不可不惩，请依律杖八十"④。从朝鲜对尹凤的态度可以看出此时尹凤已然失势。究其于正统年间和其他同族太监失势的原因，推测与明朝本土宦官王振势力的崛起有关。

然而，正统十四年（1449）土木之变英宗被俘后，代宗登位，尹凤再被起用并作为正使主导明鲜关系往来，同时也可以看出尹凤已成为在明朝鲜宦官群体的领头人，两次回国出使所携副使郑善和金兴都是尹凤自己选入明朝的朝鲜同乡。景泰四年（1453），朝鲜人亦认为"国人赴京，唯尹凤是依"，虽然尹凤最终没有实现回朝鲜养老的愿望，⑤但其影响一直延续到成化初年。

三 内部的权力更迭

在尹凤十三次出使朝鲜，直至景泰年间开始居主导地位成为朝鲜在明宦官中的领头人的同时，另一位著名贡阉郑同已然开始崛起，并逐渐成为成化年间朝鲜宦官中最具权势的大珰。

① 《朝鲜李朝世宗实录》卷62，世宗十五年十月庚申，第519页。
② 《朝鲜李朝世宗实录》卷54，世宗十三年十二月癸卯，第361页。
③ 《朝鲜李朝世宗实录》卷80，世宗二十年正月乙未，第125页。
④ 《朝鲜李朝世宗实录》卷84，世宗二十一年三月丙寅，第196页。
⑤ 《朝鲜李朝世宗实录》卷54，世宗十三年十二月壬寅，第361页：尹凤回朝鲜曾表达要回国养老的愿望，做请赐田园宅舍做此准备。尹凤曰："吾已老，倘乞骸，将老本国。请赐高阳南村仇知里柳堤及三圣堂西新小岛，以为田园。"

如前文所述，尹凤在景泰年间显示出对明鲜朝贡往来的主导权，所携副使郑善、金兴、姜玉皆是其宣德二年（1427）带来明朝的朝鲜同乡，这些朝鲜宦官整体上也显示出一荣俱荣的特质，比如正统年间整体的沉寂，景泰年间再被起用。这从尹凤与郑善于景泰年间在朝鲜出使听到英宗朱祁镇被蒙古放回宫后的淡漠反应可见端倪。《朝鲜王朝实录》记载景泰元年（1450），尹凤和郑善在朝鲜出使，有通事孙寿山带来消息说正统皇帝自土木之变被蒙古人俘虏后放回北京，于是朝鲜国王把这个消息告知二人。尹凤喜曰："昨夜有异梦，今得闻此。"郑善亦曰："喜甚。"然而，朝鲜人记录两人"实无惊喜之状"。无论是两人的表现还是朝鲜对此事的记录，都耐人寻味。

并且尹凤与朝鲜陪臣饮酒之时，还曾评价过明朝几位皇帝的酒量：

> 太宗、正统、今上皇帝，皆不能饮。洪熙、宣德皇帝，皆能饮。宣德酒半酣，辄使酒况醉，则和气满面，亲若兄弟。正统皇帝年少时，予进一杯，面红昏醉，心实惶恐，及即位，不听老奴之言，遂至于此。[①]

借谈酒表达了对正统皇帝不听自己劝言造成此等局面的怨气。

上面两段话中尹凤和郑善对明英宗的疏离与不满，加之在正统朝的沉寂，可以推测作为永乐朝便侍奉皇帝身边的资深大珰，尹凤在明廷中已有一定的权势和根基，因而敢抱怨英宗"及即位，不听老奴之言，遂至于此"。《明史·宦官传》有云："及英宗立，年少。振狡黠得帝欢，遂越金英等数人掌司礼监。"[②]英宗即位后王振等本土宦官崛起，仁、宣朝最为得势的安南宦官群体金英等人且要退让，尹凤等人显然也未得信用，而心生怨言。

英宗复辟天顺改元，没有任用宦官，而是派遣朝臣礼科给事中张宁出使朝鲜，张宁借出使之机在朝鲜见了"太监尹凤、郑善、金宥、金兴族亲"。[③]以尹凤为首的上述众人应均为在明廷比较得势的朝鲜宦官，故张宁作为士人使臣来朝鲜也会特意见其族亲代为安抚照拂。

成化改元宪宗登位，因宣德年间的朝鲜贡女韩桂兰做过宪宗的保姆，

---

① 《朝鲜李朝文宗实录》卷3，文宗即位年九月壬子，第281页。
② （清）张廷玉等：《明史》卷304《宦官一》，第7772页。
③ 《朝鲜李朝世祖实录》卷19，世祖六年三月庚辰，第376页。

与其同乡的朝鲜宦官群体亦重新获得上位的机会。《朝鲜王朝实录》有载："（韩）确妹，选入朝，为宣宗皇帝后宫，以阿保功，有宠于成化皇帝。与宦官郑相结，劝帝屡使郑同于本国。"① 这里尤其提及韩氏对明宪宗的影响力，郑同也因与韩氏结成政治同盟得以屡使本国。

宣德二年（1427），昌盛和尹凤来朝鲜采选贡女韩氏桂兰，"三使臣陪韩氏，率火者郑善、金安命，赍海青一连、石灯盏石十个回还，上饯于慕华楼。进献使总制赵从生、韩氏亲兄光禄寺少卿韩确偕行"②。内史金安命后来改名为金兴。③ 除郑善、金兴以外，还有火者一十名，包括"崔海、崔原、朴顺、金忠、金敬、金雨、姜玉、韩禄、高祐、池满"④。并且"火者金城人金儒、广州人廉龙、信川人郑同、保宁人朴根先发行赴京"，也是使臣所选。⑤

因郑同、郑善、姜玉、金兴这些景泰、成化间屡使于朝鲜的宦官都于同年由昌盛和尹凤选入明廷，便可基于同乡的地缘关系顺理成章地结成政治团体。

并且这一团体内部之间也存在派系和亲疏。如尹凤作主导太监出使朝鲜时，对郑善、金兴和姜玉都有提携，却没有带过郑同，天顺年间张宁出使亦没有提及郑同亲族。成化四年（1468）姜玉、金辅出使回朝鲜，为尹凤、金兴、金辅、姜玉的亲属都求得了恩赏，依然没有顾及同年入宫的郑同和贡女韩桂兰的亲属。"以尹吉生行中枢府金知事，金淡行龙骧卫副护军，金纯福忠佐卫副护军，金同虎贲卫副司果，金得义兴卫副司猛。吉生，尹凤三寸姪；淡，金兴三寸叔；纯福，金辅父；同，金辅兄；得，姜玉妹夫也"⑥。

尹凤在景泰年间出使朝鲜时与馆伴闲话间谈及明朝代宗登位，对正统朝英宗所立的太子朱见深的前景并不看好。说到"皇太子身长如此，但未知其终如何。然已诏诰天下"。馆伴好奇代宗是否有子，言："今上皇帝，亦有子乎？"尹凤答曰："有。与皇太子，年齿、身体等矣。"⑦

易储事件是景泰年间造成外朝和内廷派系分立的大事，土木之变后阻

---

① 《朝鲜李朝成宗实录》卷 106，成宗十年七月戊午，第 31 页。
② 《朝鲜李朝世宗实录》卷 42，世宗十年十月壬午，第 147 页。
③ 《朝鲜李朝端宗实录》卷 2，端宗即位年八月乙酉，第 530 页。
④ 《朝鲜李朝世宗实录》卷 37，世宗九年七月丙午，第 83 页。
⑤ 《朝鲜李朝世祖实录》卷 42，世祖十年十月辛巳，第 147 页。
⑥ 《朝鲜李朝世祖实录》卷 45，世祖十四年二月庚申，第 166 页。
⑦ 《朝鲜李朝文宗实录》卷 1，文宗即位年八月壬午，第 271 页。

止迁都有功的安南大珰金英在此事件中失势,兴安上位续掌司礼。金英本比兴安更早得势,在票拟制度开始形成、司礼监作用初显的宣宗朝已入职司礼监,被"亲信用事",宣德七年,"赐(金)英及范弘免死诏,辞极褒美。英宗立,与兴安并贵幸。及王振擅权,英不敢与抗"。正统年间金英仍是"司礼太监也,王振没,掌监事"。《明史》对代宗终世废金英不用并未多言,实则源于其不同意代宗易储,兴安却因支持易储而取代了金英的地位。① 明人陆容《菽园杂记》有载:"正统己巳,车驾蒙尘,敌势甚炽,群情骚然。太监金英集廷臣议其事,众嗫嚅久之。翰林徐元玉谓宜南迁,英甚不以为然。适兵部尚书于谦奏欲斩倡南迁之议者,众心遂决。景皇帝既即位,意欲易储。一日语英曰:'七月初二日,东宫生日也。'英叩头云:'东宫生日是十一月初二日。'上为之默然。盖上所言者谓怀献,英所言者谓今上也。"② 代宗所言东宫生日是自己的儿子朱见济,而金英所说的东宫生日则是英宗太子朱见深,君臣间简单几句对话已探明心意,代宗虽新帝即位,但作为依附皇权的宦官这种大胆反驳足以让其心怀芥蒂,故不久后金英即因私事被弹劾谢位,尽管如此,司礼监的大权仍然是在安南宦官内部更迭。

比之已登上政治舞台核心的安南宦官,此时的朝鲜宦官群体势力难与之匹敌,正史阙载。然而爬梳史料的蛛丝马迹,其群体内部的龃龉也是可以想见的。尹凤对当时英宗的太子朱见深前景并不看好,而朝鲜贡女韩桂兰却对朱见深有保抱之功,已可看出其中分歧。明宪宗继位后的成化四年(1468),姜玉和金辅是最早回国出使的朝鲜宦官,金辅自言是金兴的养子,"金太监兴,辅养父也。辅之来也,寄与金带一腰,转付金淡"③。因其同为尹凤一派,很可能延续了尹凤在明鲜往来中的影响力。

郑同作为崔安副使,于成化四年(1468)十二月被派至朝鲜册封国王李晄,成化五年(1469)才抵达朝鲜出使,之后便一直占据明鲜往来的主导权。成化十六年(1480)正使郑同、副使姜玉出使朝鲜赏赐;成化十七年(1481)正使郑同、副使金兴出使册封朝鲜王妃;成化十九年(1483),正使郑同、副使金兴出使册封朝鲜世子,病逝于朝鲜。

韩桂兰很可能是在景泰年间易储事件中,对当时在东宫的朱见深护持有功。因而,成化改元,宪宗继位后,韩桂兰地位马上提升,在皇帝身边

---

① 齐畅:《土木之变前后的安南宦官——从北京大隆福寺的兴建说起》,《东北师大学报》(哲学社会科学版)2016 年第 3 期。

② (明)陆容:《菽园杂记》卷 1,中华书局 1997 年版,第 4 页。

③ 《朝鲜李朝世祖实录》卷 47,世祖十四年八月丙申,第 206 页。

具有发言权，屡屡劝说派遣与其结盟的宦官郑同出使朝鲜，而郑同回国出使后又在明鲜两国间穿针引线，促成韩氏在朝鲜的家族成员再被派往明朝，从中名利双收，韩氏与郑同之间达成利益的深度捆绑，几乎控制了成化间的明鲜朝贡往来。朝鲜史料中有云："韩氏之族，每岁充圣节使入朝，致礼及其兄致仁、致义、致亨、忠仁，姪子偶、偾、健，迭相赴京。带金带犀，皆出帝勅，金银彩段，赏赐无极，韩氏一族，因郑同，坐取富贵，而贻害于国，不可胜言矣。"①

郑同与同籍的后宫女性韩氏的结盟巩固了他的宫廷地位以及对朝鲜事务的主导权，不仅如此，郑同"典兵已久，朝廷事多在掌握"。② 成化十五年（1479）朝鲜国王问出使明朝归来的大臣李坡："中朝用事者谁也？"李坡对曰："万安为翰林院大学士兼太子太傅，王越为都御史兼兵部尚书，时方用事。又太监傅恭、刘恒、汪直、金辅、郑同亦得权幸，而汪直年少聪慧，帝尤眷爱。"③ 此时郑同在明廷的地位可与汪直并论，其交往圈层早已突破朝鲜同乡互相携持的小团体。如前文所述，从郑同巨资捐修北京香山洪光寺、修葺安南宦官范弘所修的永安寺等田野史料中，可以看出郑同与朝臣和安南大珰之间的交集所展现的权力空间之广。

成化二年（1466）之后，已不见朝鲜宦官尹凤的影响痕迹，郑同成为在明朝的朝鲜宦官群体中的领头人。至于前文中朝鲜使臣李坡提及的成化年间另一位重要的朝鲜宦官金辅，大概因入宫时间和年资上略逊于郑同，在郑同和韩桂兰相继去世后，方成为朝鲜在明宦官中的翘楚。

第二节　朝鲜宦官的身份认同
——以郑同为个案的考察

来自朝鲜半岛的宦官在华的历史颇久，如前所述最早可追溯到唐代宫内的高丽宦者。然而，阉宦作为特殊贡品入华则主要存在于元朝和明朝初期，尤其是与同时代的朝鲜建立典型封贡关系的明朝。从明初开始朝鲜籍宦官频繁作为使臣被派回原籍，他们在完成宗藩两国邦交的特定使命的同时，天朝近侍的身份使回到原籍的阉人，有了"明朝国家在场"的光环，为原籍的家乡、亲属向朝鲜王廷谋求权益的例子比比皆是，隐性权力渗透

---

① 《朝鲜李朝成宗实录》卷106，成宗十年七月戊午，第31页。
② 《朝鲜李朝成宗实录》卷100，成宗十年正月辛酉，第686页。
③ 《朝鲜李朝成宗实录》卷102，成宗十年三月壬戌，第698页。

进其故国的政治生活。那么，作为最能接近中华秩序代表的大明王朝皇帝的外籍人士，双重身份让他们有怎样的身份认同？

明宪宗时期，朝廷内部对于朝鲜宦官作为使臣回原籍提出了质疑。成化四年（1468）十二月，朝鲜国王李瑈薨，明朝派朝鲜太监郑同、崔安回国册封世子李晄为新国王，太监沈绘致祭。巡按辽东监察御史侯英奏称："辽东连年被建州虏寇侵扰，去岁东征，至今疮痍未起，民穷财尽……太监郑同等所领随从下人沿途劳费百端，臣查得先年曾遣翰林院编修陈鉴等，素有学行闻望者，出使其国。今同与安俱朝鲜人，祖宗坟墓、父兄宗族皆在其地，于其国王未免跪拜之礼，进嘱托之辞，殊轻中国之体。且朝鲜虽称外国，其人多读书知礼，苟使臣非人，必为所轻。伏乞追寝成命，于翰林院官或六科给事中推选一员及行人司官一员往使为便。会山东分巡辽海按察司佥事俞璟亦以为言，礼部以闻。"言官认为派朝鲜使臣多有不合礼仪之处，有损天朝形象。明宪宗回复："今后赍赏遣内臣，其册封等礼仍选廷臣有学行者充正、副使，庶不失中国大体而亦可服远人之心。"[①]

明人嘉、万时期的王世贞、张萱等都将此作为"内臣不封王之始"[②]。然而，这之后第二年，郑同仍如期去朝鲜封王。成化六年（1470）李晄受封当年便薨逝，"乃命内官金兴、行人姜浩吊祭，赐晄谥襄悼，就封娎为朝鲜国王"[③]。同年，郑同紧随而至，直至成化十九年（1483）第六次出使朝鲜病逝在其故国。那么，何以在成化四年（1468），宪宗发话内臣不再出国执行册封之仪，郑同、金兴等人仍频繁出使？他们对朝鲜国王的叩拜是其身份认同、民族意识的表现吗？

本节以郑同为个案，对他的入明经历、交往圈层以及出使朝鲜做个人生命史的考察，不仅扩展对有双重身份的明代宦官的认识，并且透过对他六次出访的长时段考察可以看出一个以宦官为媒介主导的明鲜朝贡往来的实态，以及前近代东亚人的民族观念和界限。[④]

---

① 《明宪宗实录》卷61，成化四年十二月壬子，第109页。

② （明）王世贞：《弇山堂别集》卷92《中官考三》，中华书局1985年版，第1759页。"上遣太监郑同、翟安册封朝鲜世子李晄为王，太监沈绘致故王祭，既行辽东巡按御史侯英奏同与安皆朝鲜人，祖宗墓父兄宗族皆在其地，于其国王未免行跪拜礼及有所嘱托，殊轻中国之体，礼部以闻。旨谓英所言是，今后赍赏遣内臣册封等礼仍选廷臣有学问者充正副使。按此内臣不封王之始也。"

③ 《明宪宗实录》卷76，成化六年二月辛亥，第1457页。

④ ［韩］曹永禄：《鲜初의朝鲜出身　明使考——成宗朝의對明交涉과明使鄭同》，（台湾）《韩国学报》1992年第11期。探讨了郑同在朝鲜对明朝的私献和弓角贸易中的角色，以朝鲜的视角表达出对朝鲜宦官使臣的批评态度。

一 从外藩阉人到天朝近侍

宣德二年（1427），宦官昌盛和尹凤来到朝鲜采选处女，将永乐朝殉葬的宠妃韩氏之妹韩桂芝带来明朝。"三使臣陪韩氏，率火者郑善、金安命，赍海青一连、石灯盏石十箇回还，上饯于慕华楼。进献使揔制赵从生、韩氏亲兄光禄寺少卿韩确偕行。都人士女望韩氏之行，叹息曰：'其兄韩氏为永乐宫人，竟殉葬，已可惜也，今又往焉。'至有垂泣者，时人以为生送葬。"① 其兄长朝鲜大族光禄寺少卿韩确等人作为进献使陪同来明，带火者郑善、金安命、郑同等一同入宫。《朝鲜王朝实录》有载："火者金城人金儒、广州人廉龙、信川人郑同、保宁人朴根先发行赴京，使臣所选也。"② 郑同在明朝历侍宣宗、英宗、代宗、宪宗四朝，直到成化十九年（1483）第六次出使病逝于朝鲜，在明廷服务55年。③ 估测郑同入明的年纪大概二十岁，与韩桂芝同年逝世，享年七十余岁，与同时入宫的韩氏在宫中相伴五十余年。也正因此两人互相助援结成政治伙伴，在明廷得势，历久不衰。《朝鲜王朝实录》有载："（韩）确妹，选入朝，为宣宗皇帝后宫，以阿保功，有宠于成化皇帝。与宦官郑相结，劝帝屡使郑同于本国。"④

然而，对于入明五十余年，已步入明朝宦官上层的郑同来说，其交往圈层和助力已不局限于其同乡网络。明清时期的京西名刹洪光寺是郑同捐修，费银七十万两，不仅如此，当其得因附近的香山永乐寺为正统年间的安南太监范弘所建，更是不计所费修葺一新。

成化年间大学士商辂所撰《香山永安寺记》言：

> 香山在都城西北三十里，以山有大石如香炉，故名，盖胜境也。永安寺创自李唐，沿于辽金，兴废莫详，而遗址仅存。国朝正统间，司礼太监范公弘捐赀市材，命工重建，殿堂、楼阁、廊庑、像设，焕然一新，规制宏丽，蔚为巨刹。事闻，乃赐额永安禅寺。于是请颁大藏经及护敕，俾僧众看诵，祝延皇祚，其用心勤矣。景泰中，特升天

---

① 《朝鲜李朝世宗实录》卷42，世宗十年冬十月壬午，第147页。
② 《朝鲜李朝世宗实录》卷42，世宗十年冬十月辛巳，第147页。
③ 《朝鲜李朝成宗实录》卷159，成宗十四年十月辛未，第531页。伴送使权攒驰启："上使郑同，本月初十日，到生阳馆而卒。"
④ 《朝鲜李朝成宗实录》卷106，成宗十年七月戊午，第31页。

界寺住持道清以左又义同宗师行聚兼住领众。时太监王公诚，继志修葺，寺刹赖之。天顺、成化以来，累蒙颁赐经典，增饰绘像。戊子（成化五年，1468）之冬，御马太监郑公同虑将来寺宇、田园、林木或致侵毁，请之于上，复赐敕谕禁护，以住持僧戒缙为右觉义主之，恩典崇重，诚一时盛事。郑公谓不可无述以示后，征予为记。惟天下事创于前者固难，而维持保护于其后者尤难。矧佛以慈悲为教，虽死生轮回，天堂地狱之说，甚足以警惧于人，然初无形迹，无证验，无声色，无成怒，一时人心在佛，则佛在人心，翕然而从，欢然而趋。虽舍施其身，有弗暇惜，况无财乎？苟人心一或自懈，则视佛为无佛，非帷幔之，且从而背充之者多矣。噫！此寺之所由兴废也钦。惟善人信士好之笃而崇之专者乃不然，念念在佛，无一念而非佛，时时在佛，无一时而非佛。夫然后殿堂之葺饰，像设之庄严，林木之兹培，田园之垦辟，始如是而终亦如是，前如是而后亦如是，虽百年犹一日，果何有于堕坏，亦何有于侵夺？惟是永安禅寺，下而诸公，崇奉愈久而益虔；上而列圣，护持有加而无已。则自今以往，杰栋峥嵘，将与香山同其久远，晨钟暮鼓，祝厘祈福，使其徒永有所归向，非徒为一时观美而已。用是为记，俾刻之石以示后人，庶览之者有所感发焉。成化五年立。[1]

郑同不仅在永安寺附近斥巨资营建了洪光寺，还为防止寺产被毁坏于成化五年（1469），请宪宗"敕谕禁护"永安寺，又以僧录司右觉义住持寺院。对两座名刹的修建维护不仅是郑同在明朝宫廷势力的佐证，也是探寻郑同人际交往圈层的重要线索，而这种交结往来，也是郑同能巩固自身权势的重要保障。

永安寺的建立者范弘，《明史》有传："范弘，交阯人，初名安。永乐中，英国公张辅以交童之秀美者还，选为奄，弘及王瑾、阮安、阮浪等与焉。"[2]是明朝官私文献中记载的被赐免死诏的两个宦官之一，足见其在宫廷中的地位。宣德七年（1432），赐司礼监太监"（金）英及范弘免死诏，辞极褒美"[3]。范弘免死诏中云："克勤夙夜，靡一事之后期，致谨言行，惟一心之在国。退不忍于欺蔽，进必务于忠诚。免尔死于将来，著朕至意于久

---

① （明）沈榜：《宛署杂记》卷20《志遗三》，北京古籍出版社1983年版，第245页。
② 《明史》卷304《宦官一》，第7771页。
③ 《明史》卷304《宦官一》，第7769页。

远。"① 郑同于宣德三年（1428）入宫，他和韩氏桂兰都很可能得到当时宣宗朝极为得势的安南大珰范弘的照顾；抑或通过对同为域外的安南大珰范弘的维护，来证明自己对皇帝和明朝也有"一心之在国"的忠诚。②

如从前所载，成化四年（1468）十二月，郑同等人因奉旨回朝鲜册封国王一事，被言官侯英弹劾。侯英认为郑同是朝鲜人故"祖宗坟墓、父兄宗族皆在其地，于其国王未免跪拜之礼，进嘱托之辞，殊轻中国之体"。宪宗虽同意侯英所言以后不再派内臣封王，但成化五年正月，郑同仍然从北京出发往朝鲜出使册封，《朝鲜王朝实录》载："明使太监崔安、郑同、沈浍等，率京头目四十六人，前月十六日发北京，本月初十日到辽东，二月十五日二十日间当发。"③ 郑同很可能借建寺护寺的方式表达对明廷的忠心，并且临行前嘱托商辂撰写碑记。

而商辂是以率同官条陈汪直罪状，力罢西厂，在《明史》中突显刚直不安形象的朝廷清流。亦有万贵妃"重辂名，出父像，属为赞，遗金帛甚厚。辂力辞"④。宪宗宠爱的万贵妃也仰慕商辂才名，重金请商辂为其父亲画像题字，也被辞拒。然而这位刚正之士此时却直言受郑公所托撰写碑文，并且碑文言"此寺之所由兴废也欤。惟善人信士好之笃而崇之专者乃不然"，将郑同归为善人信士，毫不掩却褒扬之意。

从此来看，郑同作为朝鲜籍宦官固然与同籍后妃、宦官之间因地缘关系结成互相助援的政治团体。但其交往圈层也并不局限于此，作为明廷历侍四朝颇具权势的大珰，与当朝的其他宦官、朝臣也形成密集的关系网，这样形成的合力，助益于郑同在明朝权势的稳固。

而同为朝鲜宦官集团中当朝权宦，郑同显然也是此时最具权势的。⑤成化十五年（1479），明朝联合朝鲜征讨辽东女真获胜，金辅和郑同都想到朝鲜报喜借机出使回国。据在北京归国的朝鲜史臣所言："金辅曾云：'今年宰相饮于我家，明春我饮于宰相家。'其意盖欲待其捷报出来耳。"而郑同家人亦云："同欲归本国。"⑥ 结果，第二年太监郑同如愿而去朝鲜，

---

① （明）王世贞：《弇山堂别集》卷 90《中官考一》，中华书局 1985 年版，第 1728 页。
② 赵世瑜、张宏艳：《黑山会的故事：明清宦官政治与民间社会》，《历史研究》2000 年第 4 期。"宦官们渴望通过对宦官的颂扬来证明自己对皇帝和国家的确是忠诚和立有功勋的。"
③ 《朝鲜李朝睿宗实录》卷 3，睿宗元年春正月乙酉，第 446 页。
④ （清）张廷玉等：《明史》卷 176《商辂传》，第 4687 页。
⑤ 《朝鲜李朝成宗实录》卷 102，成宗十年三月壬戌，第 698 页。上问曰："中朝用事者谁也？"对曰："太监傅恭、刘恒、汪直、金辅、郑同亦得权幸，而汪直年少聪慧，帝尤眷爱。"
⑥ 《朝鲜李朝成宗实录》卷 112，成宗十年十二月壬申，第 101 页。

与姜玉，三月十一日发北京。①

由此可见，自朝鲜来华的阉宦已由地缘关系结合起来的政治团体，随着在明地位的提升，将交往圈层扩展到明朝中国的朝臣士夫，有钱得势后捐修佛寺，营建坟寺延续香火的行为也与明廷的其他本土宦官无异。如前文所述，朝鲜宦官尹凤曾在出使回原籍时说道："本国信儒者之说，不好佛事。中国自太祖皇帝以来，皆好佛事，洪熙最好，亲设水陆佛氏之来尚矣"。② 相比于崇信佛教的王氏高丽，李氏朝鲜以儒家礼义典章立国，显得更加维护儒家传统。因而郑同来自不佞佛事的李氏朝鲜，已与中原宦官无异，并且其行为亦表现出对于郑同明朝近侍身份的认同。

二　郑同六次出使朝鲜

明朝大量从域外获取宦官，对他们也是放心任用的。作为王朝国家的君主，明太祖在用人上显现出开放的姿态。洪武元年（1368）八月，明太祖就指出："蛮夷之人，性习虽殊，然其好生恶死之心未尝不同。若抚之以安静，待之以诚意，谕之以道理，彼岂有不从化者哉？"③ 派遣本土宦官出使其本国，是明朝开国以来的一个传统。本土宦官的优势十分明显，那就是既有语言优势，也了解本国国情，这在国际交往较为有限、情报了解不多的传统社会，是很有帮助的。洪武时期，朱元璋便开此先河，比如派遣朝鲜人宦官出使朝鲜。"推诚以待，所以凡使三韩者，必土人阉者行"④。

洪武时期便开始派遣高丽宦官出使原籍朝鲜。洪武二年（1369），太祖朱元璋派高丽宦官金丽渊送高丽流寓人还国，说到"内使金丽渊近在朕侧，自言亦高丽人，家有老母，久不得见，朕念其情，就令归省，并护送流寓者还"⑤。其后派遣此类阉宦奉使至朝鲜成为惯例。

这些外籍宦官既是最能接近大明王朝皇帝的外籍人士，又常作为天朝代表出使回原籍。他们在完成维系宗藩两国邦交的特定使命的同时，又以天朝近侍的身份有了"明朝国家在场"的光环，其为家乡、亲属向朝鲜王廷谋求权益的例子比比皆是，隐性权力渗透进其故国的政治生活，双重身份使他们对东亚区域秩序产生特别的影响。

---

① 《朝鲜李朝成宗实录》卷115，成宗十年三月丁未，第116页。

② 《朝鲜李朝世宗实录》卷50，世宗十二年十一月己酉，第271页。

③ 《明太祖实录》卷34，洪武元年八月戊寅，第613页。

④ ［朝鲜］郑麟趾等著，孙晓主编：《高丽史》卷136《辛禑四》，第10册，第4100页。

⑤ 《明太祖实录》卷47，洪武二年夏四月乙丑，第815页。

郑同曾六次出使朝鲜，《朝鲜王朝实录》中详细记录了其归国行程，尤其是第二次成化五年（1469）出使，几乎将使臣的行程记录精确至每一天。通过对郑同的考察可以看到双重身份的朝鲜宦官如何将权力渗透进家乡的政治生活以及其身份认同。

表3.1 下列图表为郑同六次出使朝鲜的记录

次数	出使时间	出使人	任务	逗留时间
第一次	景泰六年（1455）朝鲜端宗三年	正使高黼、副使郑通（即郑同）	册封朝鲜王妃	4月到，7月返程。
第二次	成化五年（1469）朝鲜睿宗元年	正使崔安、副使郑同	册封故国王李瑈世子李晄为王	闰2月到，5月返程。
第三次	成化六年（1470）朝鲜成宗元年	郑同	金兴、姜浩来册封国王，郑同随后而来	3月到，7月返程
第四次	成化十六年（1480）朝鲜成宗十一年	正使郑同、副使姜玉	赏赐征讨建州房寇有功军官	4月到，8月返程
第五次	成化十七年（1481）朝鲜成宗十二年	正使郑同、副使金兴	册封朝鲜王妃	5月到，8月返程
第六次	成化十九年（1483）朝鲜成宗十四年	正使郑同、副使金兴	册封世子	7月到，10月郑同卒

景泰六年（1455）郑同作为副使第一次回国，距其宣德三年（1428）入明廷，已离家27年。所以，还没入朝鲜境内，已经把其归乡后的重要诉求传达给了朝鲜王廷。"一、家舍或可仍修，或不得已新造，量宜布置，且审父母坟以启。二、使臣族亲等，预先招致，若使臣欲相见，备酒果馈饷。"[1] 首先便要求修置信川的家舍和家族坟墓，并且安排其探亲事宜，又在完成册封朝鲜王妃的公务之后，赶往信川老家祭扫。这期间国王派人照应，郑同从老家回到汉城（今首尔）太平馆之后拜叩致谢言："予在信川，殿下使人赐药，又遣宰相迎慰，殿下恩德，粉骨何忘？"[2] 大概因为此时郑同是第一次归国，完成公务后没有索取也没有给朝鲜带来过多麻烦，三个月后安静归国。

成化五年（1469），郑同作为崔安的副使，时隔十四年第二次回国。郑同此次出使与同籍宦官崔安、沈浍同行，任务是"往朝鲜国册封故国王

---

[1] 《朝鲜李朝端宗实录》卷13，端宗三年二月壬寅，第14页。

[2] 《朝鲜李朝端宗实录》卷14，端宗三年六月甲辰，第42页。

李琈世子李晄为王。太监沈浍致祭"①。《朝鲜王朝实录》对郑同此次出使的出发时间、人员、路线以及归国后的每日行程都有详细记载。

明使太监崔安、郑同、沈浍等"率京头目四十六人，前月十六日发北京，本月初十日到辽东，二月十五日二十日间当发"。此次册封之行，带了四十六名头目。头目属参随人员，又称官舍，将帅出征、文官、内官出行都可带参随人员，而参随人员的身份也比较多样，除军籍也有平民，"比者内、外官出镇，多取事（井）无赖之徒为椽史、头目，名曰参随"②。成化年间最得势的太监王英曾带领"头目百余人"，前往辽东抚夷。③可以看出头目随宦官出使出行，作为随从人员是较为普遍的现象。

郑同等人自成化四年（1468）十二月十六日，自北京出发，历时约一个月，于成化五年（1469）一月十日到辽东。在辽东滞留月余，又于二月十五日渡鸭绿江至朝鲜境内义顺馆，最终于闰二月四日到达专门接待明朝使臣的今首尔的慕华馆。整个行程将近三个月。并且援引前人宦官故规，不敢久留，欲五月返程。在朝鲜逗留的三个月，几乎每日行程都有记录。

郑同等人此次归国出使的公务是册封朝鲜国王。公事之后，使臣们的活动便主要有以下几项：

最重要的是归乡拜扫。郑同回信川本家后与亲族和故乡的地方社会发生了联系，自然产生问题和诉求。郑同在信川对父母祖先坟茔中新造的石人、标石不满，怒曰："此甚不用，须更精造，我于回程更见。"④要求朝方马上营建，并且要求为其家族增给奴婢。不仅如此，更向国王要求将其家乡信川的行政级别提升，朝方大臣说到："我国州府郡县，皆以户口多少，土地广狭而定"，表示为难。然而，郑同马上以同僚朝鲜太监尹凤曾为其家乡瑞兴升级为例，最终信川以县升为郡，"从郑同之请也"。⑤

除祭拜亲人，归乡宦官也会去探望在明朝同僚的同乡家属。郑同和沈浍"往见姜玉家，过圆觉寺，使头目二人点香。又往车孝帑家，皆行茶礼"⑥。不仅探望同僚宦官家属，也去探望入朝的韩桂兰的亲族韩致仁一家，并且互赠礼物。这种人情往来，展现出入明的朝鲜人之间是相互照

---

① 《明宪宗实录》卷61，成化四年十二月壬子，第1253页。

② 《明孝宗实录》卷188，弘治十五年六月甲寅，第3470页。

③ （明）马文升：《抚安东夷记》，《续修四库全书》，集部第433册，上海古籍出版社2002年版，第250页。

④ 《朝鲜李朝睿宗实录》卷4，睿宗元年三月戊申，第355页。

⑤ 《朝鲜李朝睿宗实录》卷4，睿宗元年三月庚子，第353页。

⑥ 《朝鲜李朝睿宗实录》卷5，睿宗元年四月丁巳，第357页。

应，形成利益集团的。

然而，朝鲜方出于重视抑或防备，对归国宦官使臣详细观察记录，记录中也把这些同籍宦官之间彼此攀比，互相龃龉的一面展现得淋漓尽致。譬如虽然郑同与崔安、沈绘共同回国，但朝鲜方大臣对他们的待遇有所差别。当其独给郑同赠人情私献时，"（沈）绘怒不赴宴，同及馆伴固请乃赴，然竟不饮酒"。再如正使崔安向朝鲜索要奴婢看守家基，仅得两人，而此前金辅等出使回国却得六人。于是崔安哭述："吾不如金辅也。彼辅年少，犹我孙也，尚且优给奴婢，使我反居辅下耶？"因失声痛哭。已而，请瓛于房内，谓曰："本国事异于中朝，殿下虽命之，该司防之若是耶？"①饯行宴上崔安和沈绘更是因矛盾大打出手，"安解衣攘臂欲欧之，头目等止之。绘以靴尖，踢安养子孙，怒曰：'我当回奏皇帝，必杀汝。'安曰：'吾视汝不啻如草芥，汝何能为？'遂大闹，不饮饯而去"。

即便这些归国的朝鲜太监利用自己天子近侍的身份，在朝鲜为家乡亲族谋求权益，为自己索取利益。朝鲜方面还是一一满足，并且客套地对其一再挽留。朝臣权瓛谓（崔）安曰："郑、沈两太监，欲于本月初二日发程，殿下遣臣请留未获，今又命臣请留，大人须待秋凉而还。"②

成化六年（1470）郑同第三次还朝，已开始赤裸裸为其家人请官御爵。朝鲜大臣奏言："近者，金辅族亲，相继赴京，而郑同请遣郑举，则不从，同必以为厚于辅，而薄于己也。郑举，今为二品职，不可以从事官往。"

然而，同年比郑同稍早来朝鲜出使册封的明朝行人姜浩的表现，与郑同等宦官使臣的贪婪形成鲜明对比。据言：

> 姜浩之来，赠以人情杂物，皆不受，其言曰："殿下聪明莹澈，可谓圣君。吾若还归，则朝廷亦知其贤矣。"姜浩非凡人，中朝择遣，或有意焉。浩与卢思慎欲言而止者三，意者近国家多事，故遣浩来观耳，中国朝官与之交无妨。今圣节使之行，人情物件备送。③

面对郑同的苛索，朝鲜的态度也发生了转变，郑同告之回程时间之后，朝鲜方只是礼貌性稍作挽留。馆伴卢思慎启："天使欲以七月十八日回程。"命左副承旨郑孝常，语天使曰："大人寻访桑梓，固不易，请加

---

① 《朝鲜李朝睿宗实录》卷5，睿宗元年夏四月丙子，第362页。
② 《朝鲜李朝睿宗实录》卷5，睿宗元年夏四月癸酉，第361页。
③ 《朝鲜李朝成宗实录》卷7，成宗元年八月丁巳，第523页。

留。"天使答曰："予来时，朝廷命速还，不可久留。"①

郑同第三次和第四次出使回朝鲜间隔十年。这其中涉及朝鲜欲在明朝购置弓角，因是武器材料而被限购，郑同与韩氏从中斡旋的同时也收取私贡别献。这些"别贡"不通过礼部，"直进于东华门"给朝鲜方面带来很大负担。有尹子云言："郑同不见敕书，安能尽知帝意？若进紫绸等物于韩氏，而不进御前，则帝意以为何如？帝意若以我国为无诚心，则事恐难成。后日所进虽千万何益？且遣太监来求，则其弊大矣。"认为太监在中间传达皇帝旨意弊端很大，郑同必定从中谋利，痛斥其"为人甚奸黠"。并且宪宗索取别贡，必然是"郑同作俑也。郑同奸狡有余，可以生事，可以无事矣"②。

成化十六年（1480），郑同作正使与姜玉第四次回朝鲜。还没到王京，便决定了由朝鲜派出使明朝的谢恩使人选，必出自韩桂兰家族，并且别献之贡不可少。"郑同曰：'吾意决矣。谢恩使当待吾而发，不可缓也。'仍问：'谁为谢恩使？'答曰：'离王京已久，未之知也。'同曰：'必以韩族为使，而又当有别献之物'"。语气生硬，毫无商量余地。朝鲜方面对于郑同为家族人谋求官职、索取田地等要求，敷衍应对"此出于不得已也。同若不满其意，则虑必生事于我国，故从权处之耳"。郑同亦明白朝鲜的恶意，因而在回明朝前听到朝鲜陪臣"今霖霾不霁，天气尚热，请待秋深回程"的敷衍挽留，也生硬地抱怨："予为本国周旋之力，殿下何知，宰相何知？……我固骚扰矣，然昔天使章谨、尹凤，年年来索海青，其时先王，何以应之？殿下向我如此，所嘱弓角收买事，吾亦不欲尽心也。"郑同此言已极为不逊，因而国王"置而不答"③。

成化十七年（1481）、十九年（1483）最后两次出使直至病逝于朝鲜，郑同与朝鲜君臣的隔阂和矛盾已经不掩于形。朝鲜成宗对朝臣说："郑同于慕华馆饯宴，怒形于色，凡事欲令予请乞，予终不言。"牵制彼此的只剩下利害关系，丝毫不见故国亲情。郑同直言："予于本国可见至此，为父母之邦，而又蒙殿下之恩至大矣，予岂不尽心于本国事乎？本国以予为不可，则予之族亲，皆殿下之民也，可以充军，可以为百姓矣，予岂作伪之有哉？"④

通过六次出使可以看出，郑同与故国君臣，彼此间由客气、尊重，到互相索求、敷衍。同籍同族之间应有的亲情早已泯然不见。然而，这其中却有个微妙的现象，即便后几次出使彼此剑拔弩张，在宴请行礼之时宦官

---

① 《朝鲜李朝成宗实录》卷6，成宗元年六月丙子，第513页。
② 《朝鲜李朝成宗实录》卷100，成宗十年正月丙寅，第687页。
③ 《朝鲜李朝成宗实录》卷119，成宗十一年七月乙未，第149页。
④ 《朝鲜李朝成宗实录》卷136，成宗十二年十二月壬戌，第282页。

仍客气地向国王叩拜，"郑同亲执御座，移北向南，上曰：'大人前日每令我如此，我辞不获，多失礼，至今悔之，我今不敢当。'郑同强请，上就坐"。而后随着叩头的金兴，直言："小民父母官与族亲，皆升职，殿下天恩，说不能尽。"① 这种行为在以往研究中多被断章取义地用来证明朝鲜宦官对本国的身份认同。然而将这种客套放在郑同六次出使与朝鲜君臣长时段相处应对的历程中来看，已经不代表情感上的认同，更多的是形成了一套固定的礼节；倘究其蕴含的情感表达，或可视为宦官为维护其家乡亲族利益对国王的一种道德绑架。

三　双重身份朝鲜宦者的自我认识

通过朝鲜宦官郑同的经历可以看出宦官出使原籍的特点，因家人在朝鲜而本人在中朝天子近侧的利益关系，也造成宦官与文臣出使的不同，即其跟本国君臣既维持礼节和客套，同时又极力向本国索取利益以巩固自己在明朝的权势和地位。另外朝鲜宦官也与明朝中国的安南太监情况略有不同。明前期《明史》有传的大太监都是安南人，他们对仁、宣二帝有保抱之功，因而仁、宣即位后他们多占据司礼监等政治舞台的核心。而被永乐帝认为更明敏好用的朝鲜太监则更多是处理与朝鲜的封贡往来，并且形成接续，进而控制了明鲜封贡关系。然而，无论是朝鲜抑或安南太监考察他们的归国行为，共同点是没有显示出明显的民族观念。朝鲜在回国虽行君臣之礼，却站在明朝立场各种索取，和安南太监一样更多显现出类似于地缘建立起来的同乡感，所以郑同回国能见国王即"叩头谢，执御座，移设南面，请陛座，又欲叩头"，声称"郑同、金兴是土民，殿下是土王，故其礼如是"，一边代表明朝利益向故国索取无度。而在明朝中国，则通过修建佛寺邀宠固位向皇帝表达忠诚，与明朝士人、宦官的交往融入本土中国，巩固其天朝近侍的身份。

这点从几乎与郑同同时入明的宦官金兴身上也同样可见。金兴便是宣德二年（1427）与韩桂芝和郑同同时入宫的金安命②。金兴与郑同发迹的

---

① 《朝鲜李朝成宗实录》卷156，成宗十四年七月丙午，第485页。

② 《朝鲜李朝端宗实录》卷2，端宗即位年八月乙酉条，第530页。讣告使通事金自安来启曰："尚膳监左监丞金宥、右监丞金兴等赍奉诰命、冕服、赐祭、赐赙、赐谥而来。"谕忠清道观察使赵遂良曰："道内清州人朝内史金安命改名金兴，今奉使来，其父母存殁及同产族亲名数，开具以闻。若其父母死，则访坟墓在处，看审以启，其同产内如无颖悟者，姪子金淡，给驿上送，速令修葺家舍，若无则，择族亲之家修治。"

轨迹也比较相似，宣德年间初入宫行迹不显，英宗时也没有上位的痕迹，景泰改元分别被派回朝鲜出使，承担重任。《明实录》和《朝鲜王朝实录》中金兴第一次出现都是在景泰三年（1452）被派回朝鲜为国王李珦告哀，同时册封世子李弘暐为国王①，第二次回国出使是景泰七年（1456）随尹凤一起册封李瑈为朝鲜国王。② 第三次回国则是成化六年（1470），与行人姜浩去朝鲜为国王李晄吊祭，册封李娎及其妻为国王和王妃。③

从前文郑同的经历来看，景泰六年（1455）第一次回国出使，第二次出使即成化四年（1468）。

而宣德二年（1427）挑选郑善、金兴、郑同几位朝鲜小阉宦入明的宦官使者是大太监昌盛和尹凤。昌盛是明朝本土贵州人。尹凤是朝鲜人，《朝鲜王朝实录》中有载，洪熙元年（1425）尹凤对朝鲜伴臣自言身世，"予自九岁，育于李彬家，二十余入朝，迨今安荣，皆其赐也。彬自作辜，既已被刑，其妻尚在，虽暂见我，我何言，彼亦何言？幸以此启达"④。推测尹凤应是洪武朝末期入明的朝鲜贡阉。尹凤自永乐四年（1406）开始还乡出使，但并不居于主导，到仁宣时期开始逐渐得势，并屡屡回朝鲜出使，但也多是昌盛主导。正统改元，尹凤再未被派遣回国，《朝鲜王朝实录》有载：国王对出使明朝的使臣叮嘱："今后赴京通事等，如有尹凤在阙内呼见，毋得往见，若强招，当答曰：'恐朝令不敢。'"⑤ 恐因尹凤在英宗改元时骤然失势了。然而代宗登位初始，尹凤再被起用，并且开始居于主导，景泰元年（1450），尹凤带郑善回朝鲜出使，带回金兴和郑善做副使，可以看出早期入明的朝鲜宦官会提携其同籍的宦官后辈。并且尹凤和郑善对于英宗回朝的淡漠，以及尹凤和他挑选的几位入明廷的朝鲜阉宦在天顺朝宦都没有被派回朝鲜的重任，凸显出几位朝鲜太监的一荣俱荣，由此看来他们是有族群认同感的。然而从前文郑同的个案可以看出，这种地缘、族群认同并不足以上升为政治和文化的认同，他们更积极于确认并巩固其明朝皇帝近侍的身份和地位。与郑同同时入明廷的金兴同

---

① 《明英宗实录》卷208，景泰三年七月丙辰，第4713页。"朝鲜国王李珦卒，遣使来告哀。命内官金兴、金宥往吊祭，赐珦谥恭顺，遂封其世子弘暐为朝鲜国王，赐冕服诰命。"

② 《明英宗实录》卷263，景泰七年二月癸卯，第5607页。"遣内官尹凤、金兴赍敕封尔瑈为朝鲜国王，代主国事。"

③ 《明宪宗实录》卷76，成化六年二月辛亥，第1457页。"辛亥朝鲜国王李晄薨，封其从子娎为朝鲜国王……乃命内官金兴、行人姜浩吊祭，赐晄谥襄悼就封娎为朝鲜国王娎妻韩氏为王妃并赐诰命。"

④ 《朝鲜李朝世宗实录》卷27，世宗七年二月丙辰，第654页。

⑤ 《朝鲜李朝世宗实录》卷80，世宗二十年春正月乙未，第125页。

样财力雄厚，天顺三年（1459），在北京宛平县修建的永寿寺，同样是"业林巨刹"，成化七年（1471）建成，宪宗赐额。碑文言金兴自宣德入宫，累官至左少监，成化改元升为太监，在宫内五十年小心慎密，不曾有过。金兴说到，"不遗远外，而收录之金玉貂珰，皆吾君之赐。一衣一食，皆吾民之力，吾其敢忘报哉"。将明朝的皇帝、民人视为自己衣食所倚，因而所积累的财富，除"日给百需外，不亵用，不妄费"，皆考虑怎样用来报答皇帝恩典，听说"世之所以重佛，而佛之所以取重于世者，其术要在卫国保民而已"，所以修建永寿禅寺，想表达忠君"为国为民"之意。

《公羊传》成公十五年有云："春秋，内其国而外诸夏，内诸夏而外夷狄。王者欲一乎天下，曷为以外内之辞也。言自近者始也。"产生于中国先秦时期的华夷观，成为前近代当世人用来认识区分宗主国与周边藩属国关系的文化准则。而孔子《论语》中有云："夷狄之有君，不如诸夏之亡也。"韩愈《原道》对此理解为："孔子之作《春秋》也，诸侯用夷礼则夷之，进于中国则中国之。"在古人的认知中华夷之别更多地体现为一种文化上的落差性，而不是民族和种族，即便处于周边但行华夏之礼即可"用夏变夷"，如《孟子·滕文公》所言"用夏变夷，未闻变于夷"。因而，如我们所见朝鲜长期处于东亚儒家文化圈内，作为离中国政治中心最为接近的属国，谨奉事大之礼，吸收模仿中国文化。

那么，自周边属国入侍中原的阉宦，除了像其他阉宦向皇帝表达忠诚以邀宠固位，更把"用夏变夷""进于中国则中国之"作为一种文化自觉，金兴认为佛所以能"取重于华夏"在于能卫国保民，"吾固学佛者也"。东亚文化圈中，这种"用夏变夷"的文化底气，使周边国家入华人士与自中原地区向周边国家迁入的华侨有完全不同的群体意识。如东南亚地区华侨华人在文化方面，有着明显的自我认同，早期因在异国生存时政治地位的低下，会根据血缘、语言而形成群体认同，以进行自我保护。后期随着与本土民族的融合，也不妨碍他们自我认同为华人群体。并且，为了尽可能传承中华文化，华人群体不断以私塾、义学方式自我进行华语教学和中华文化的传播。① 此举恰与文中论述的朝鲜贡阉在成为明朝近侍后种种"背叛"故国的行为形成了鲜明的对照。

---

① 张淑雯：《东南亚华人身份认同的路径依赖与路径突破——基于制度主义视角的考察》，《东南亚研究》2022 年第 6 期。

附《永寿禅寺记》：

永寿寺在都城西万安之香山乡。尚膳太监金公兴所建，其名则上所赐也。寺山门后殿像金刚神二、天王四、昆卢佛二十。诸天殿之中则三世佛、十八罗汉，左右若观音地藏之别有殿，伽蓝祖师之各有堂，鼓钟有楼左右，旛幢有揭竿，法堂、禅堂、斋堂，绘廊供具，方丈、僧僚、厨传、庖湢种种完好。虽业林巨刹，茂以过矣。

公宣德中来自朝鲜之清州，入侍清禁，受知列圣，累官尚膳左少监。今天子成化初升太监，五十年来小心慎密，未尝有过，蒙被国恩，赐赉无时，虽时西山佛庐以千百计，多一时小大中贵人所为，而公独无或讶之。公曰：吾志有在岂他人所知，吾以羁孤之迹，昧道鲜能，仰荷圣明天地之大，父母之尊，不遗远外，而收录之金玉貂珰，皆吾君之赐，一衣一食，皆吾民之力，吾其敢忘报哉。吾闻世之所以重佛，而佛之所以取重于世者，其术要在卫国保民而已，若曰轮回因果徼一己之福专一人之闰，佛不可以为西方圣人，又何以取重于华夏，历千有余年而不泯乎？吾固学佛者也，故凡有得于上恩者，日给百需外，不亵用，不妄费。亵用非恭，其何以为之忠，忘费非爱，其何以为民之利。如某日得某金，某日得某缣，皆籍记而珍藏之，皆所以为图报计也，而今其几矣，吾之志欲渐而不遽也，欲简而不烦也，欲不人劳而我裕也，而岂他人所能知哉？盖于是乎，永寿寺成起于天顺三年，讫工于成化七年十月，以百户叶彦、实住持僧德果来属寺之记文。噫，佛不待予论也，夫天下之用与费固多，公私之间而忆耳，私我则不暇用与费之在公者，有武文之恒禄有帑藏之典司已之恒禄，或弗厌而侵渔之患炽官之典司或弗职而攘。窃之橐兴有公之所用心者乎，有则宜乎，无之可乎不可乎岂惟不可谓之曰：铘国而厉民岂不宜乎，然则公之所存为国为民，公之所为可以永寿而无穷期矣，是为记。[①]

第三节　融入明朝政治生活的朝鲜人大珰

一　出使朝鲜的最后一个大珰——金辅

成化十九年（1483），郑同与金兴出使朝鲜时病逝在当地。此时，在

---

① （明）叶盛：《泾东小稿》卷5《永寿禅寺记》，《续修四库全书》，集部第1329册，上海古籍出版社2002年版，第66页。

明廷的朝鲜大珰已所剩无几。在郑同去世前的成化十六年（1480），姜玉作为郑同副使回朝鲜时，便向朝鲜国王谈起朝鲜宦官在明朝的情况。国王问“皇帝受朝时，侍卫太监几人”？姜玉回答“数百三百，而尤近侍者百人”。国王又问：“我国人朝太监，几人近侍？”对曰：“宣德二年，昌天使、白天使出来，俺年十三，与郑同随之赴京。当陛辞时，老殿下御庆会楼上，教俺等曰：‘尔等赴天朝，当小心服事。’”并且姜玉又说：“朴珍、李今同、金辅等八人，同时赴京，今存者只四人。李今同改名珍，乃我养子朴珍，则皇帝亲弟德王，出藩山东，曾随去矣。”可见，朝鲜虽并未间断向明朝的贡阉，然而并非所有都会进入宫廷，还有一部分会随藩王分布各地。

至宣德二年（1427），与郑同同时入宫的郑善、姜玉、金兴等频繁出现于明鲜两国史书中的朝鲜大珰已相继退出历史舞台。郑善早已于成化四年（1468）之前过世，姜玉则“衰老，但受月俸而已”。[①] 金兴的情况跟姜玉相近，成化二十二年（1486）还曾于私宅款待来明朝的朝鲜使臣韩僩，如其所言：“金兴、姜玉等皆饷臣于其第。”[②] 但二人应该皆已归私宅养老不再涉政事了，韩僩是韩桂兰的亲族，这种宴请有旧情的因素。其他朝鲜使臣只能见到李珍、金辅、小监朴桢，此外已不知其他。[③]

自景泰年间的尹凤开始，主导明鲜往来的正使大多是朝鲜宦官，并且这些人在明朝中国亦是朝鲜宦官中的领头人，这也显示出该群体内部的权力更迭。

虽然成化四年（1468），言官对于郑同出使朝鲜册封国王提出质疑，宪宗也发话不再派遣内臣出使封王，后世以此作为“内臣不封王之始”[④]。然而实际上该旨意并未被贯彻，不仅成化年间郑同频繁出使，弘治朝金辅仍持续此传统，往来明鲜间封王封世子。

成化四年（1468），金辅首次回朝鲜出使时，曾私下和朝鲜陪臣说：“臣于殿下即位之后，选入中朝，殿下临朝太平之年，奉使东还，得睹天颜，斯乃千一之幸，须将此意归启殿下。”当时朝鲜国王是世祖李瑈，《明实录》景泰七年（1456）有载：“遣内官尹凤、金兴赍敕封尔瑈为朝鲜国

① 《朝鲜李朝成宗实录》卷 175，成宗十六年二月庚辰，第 691 页。

② 《朝鲜李朝成宗实录》卷 198，成宗十七年十二月戊戌，第 171 页。

③ 《朝鲜李朝成宗实录》卷 158，成宗十四年九月戊午，第 525 页。

④ （明）王世贞：《弇山堂别集》卷 92《中官考三》，中华书局 1985 年版，第 1759 页。“上遣太监郑同、翟安册封朝鲜世子李晄为王，太监沈绘致故王祭，既行辽东巡按御史侯英奏同与安皆朝鲜人，祖宗墓坟父兄宗族皆在其地，于其国王未免行跪拜礼及有所嘱托，殊轻中国之体，礼部以闻。旨谓英所言是，今后赍赏遣内臣册封等礼仍选廷臣有学问者充正副使。按此内臣不封王之始也。”

王，代主国事。"① 尹凤、金兴去朝鲜册封国王李琛，带回徐福山、金相佐、尹长守、李今同、朴富贞、林三淳、白达同、姜习、林守、金存等火者十人，并且尹凤要求娼妓教他们歌舞。② 金辅亦曾说过："吾在本国时，长于妓玉生香家，习《翰林别曲》及《登南山曲》，尝于景泰皇帝前唱之。"③ 可见，让朝鲜阉宦表演从娼妓处学来的歌舞用以取乐是明代宗的特别爱好。因而此次尹凤回朝鲜出使便将长于娼妓家的金辅带回了明朝。前文姜玉也说过李今同、金辅等八人是同时赴京的。显然，金辅于景泰年间入宫，因唱曲取悦了代宗皇帝，又被选其入宫的副使金兴收为养子。宪宗继位，金辅仍被宠信，很快与姜玉同被派回朝鲜出使，自认乃"千一之幸"，成为宪宗朝可以与郑同匹敌的朝鲜大珰。也许正因为实力相当，金辅与郑同关系不睦。

成化十七年（1481），朝鲜使臣韩致亨自明朝归国，国王问他在明的朝鲜宦官的情况，曰：

> "闻汪直威振天下，信乎？"致亨曰："以防御，领军出归。汪直，本在南方一万里之地，其父能举千斤，故名曰千斤，尝叛焉，中朝讨平，而官汪直，皇帝甚宠待，使之总兵。然能进退人物，号曰小皇帝。人称直之为人，不轻言，体弱而善射。"上曰："李珍亦有宠乎？"致亨曰："亦甚宠焉。珍本为姜玉之子，而呼郑同为父。其人指挥凡事，稍有气势，然气象不若郑同，珍每言承差往来本国事。且金辅亦有宠，而总兵伻人，语于臣曰：'郑太监族亲，则授职者多矣。予之同生，只一人加资，须回启殿下。'人言：'金辅与郑同不协，姜玉赠食物于金辅，而语之曰：毋使郑太监知之。'臣一日到姜玉家，玉贺郑同焉，问之则以往朝鲜，能供进献之功，授养子（谷清）小监之职。且臣受敕时，郑同以一小竖，奉敕书，而出给矣，书册则郑同言：'本国书来目录，皇帝览曰：或有所未见之书也。即命搜得于内藏无之，令谷清，贸易于私处以送。'"上曰："予嘱郑同，同必奏达也。"④

从上文朝鲜使臣韩致亨与国王的对话可以看出，因金辅与郑同关系不

---

① 《明英宗实录》卷263，景泰七年二月癸卯，第5607页。
② 《朝鲜李朝世祖实录》卷3，世祖二年四月癸亥，第128页。
③ 《朝鲜李朝世祖实录》卷46，世祖十四年四月庚寅，第176页。
④ 《朝鲜李朝成宗实录》卷136，成宗十二年十二月壬戌，第282页。

好，两人又都十分有宠，故姜玉等朝鲜同乡要小心周旋于二人之间。大概因年纪和资历的因素金辅显得略逊一筹，并且郑同与韩氏桂兰共同入宫，彼此结盟的根基也更为深厚。成化十五年（1479），朝鲜大臣向国王报告，金辅在北京宴请朝鲜使臣韩致礼时，言："今年宰相饮于我家，明春我饮于宰相家。"即夸下海口明年要回朝鲜出使，与韩致礼共饮。但同时郑同的家人也说："（郑）同欲归本国。"① 但第二年成化十六年（1480）回朝出使的是郑同和姜玉，显然在出使朝鲜的优先权上金辅没能争过郑同。

然而，金辅颇擅军务，在明朝很受重用，屡屡被派遣迎敌蒙古，驻守北边。《明实录》有载，成化十七年（1481）五月，蒙古鞑靼入侵，宣府告急，"上以边报日急命太监刘恒监督军务，保国公朱永佩平虏将军印充总兵官，太监张善管领神枪，都督白全、李俊为左右参将，马仪为游击将军，又以太监金辅监督宣府军务，新宁伯谭祐充总兵官，太监刘保管领神枪，都督凭升、刘能为左右参将，马俊为游击将军，分为二路各率官军五千严办以待，二方报至启行"②。成化十九年（1483），有报军情蒙古鞑靼小王子拥兵近边，大同告急，"太监金辅、新宁伯谭佑等，阅视原选官军，待报启行永平、山海等处，亦令练兵以俟"③。在宣府监督军务的金辅再被任命准备援助大同。

弘治改元，蒙古小王子达延汗遣使明朝，要求通贡互市。金辅因有出使经验，并且屡次参与北边军务，被委任去大同迎接安置蒙古朝鲜使团。弘治元年（1488）六月，"癸卯，巡抚大同都御史许进等奏，自古驭夷之道，未尝不以怀柔为上策，今小王子以皇上嗣统，感恩向化，遣使入贡，若不俯顺其情使之怀惭意沮，则外为强肤所胁，欲来不能欲往不安，非大举入寇，计无所出。今其来贡夷人一千五百三十九，马骡四千九百三十，已暂验入边安置大同馆，其入贡人数乞为裁定。兵部覆议宜如其言，令大监金辅、大通事杨铭，往彼译审正使副使、头目、从人若干，及分为等第赴京，其余俱留大同，以礼馆待候，给赏赐仍令户礼工三部各差官沿途馆伴。上是之使臣令五百人来京"④。

弘治元年（1488）十一月，"太监金辅接送北虏贡使归自大同，疏上备边事宜，谓宣府大同宜增修城堡，其木植请量采备用，并禁约密云地方军民之冒禁采樵者，又宣府新河等堡旧无马军，请调腹里马军防御。上

① 《朝鲜李朝成宗实录》卷 112，成宗十年十二月壬申，第 101 页。
② 《明宪宗实录》卷 215，成化十七年五月辛丑，第 3741 页。
③ 《明宪宗实录》卷 241，成化十九年六月庚辰，第 4079 页。
④ 《明孝宗实录》卷 15，弘治元年六月庚辰，第 369 页。

曰：'今年腹里地方多被灾伤，供饷艰苦，修边事且预戒各边，俟明年再议，木植亦不必采，余如奏行之'"①。金辅送北使归来后，查看了大同的军事防务，上疏请求在大同增修城堡备边，展现出一定的实干才能。

同年（1488），朝鲜赴明使臣归国后，也向朝鲜国王汇报明孝宗即位后明朝的新闻，提及新帝登基，法令严明，整肃宪宗朝之弊，且将前朝老宦都派去守皇陵。言："皇帝法令严明，中朝人皆称圣明。以先朝老宦，皆移置于先皇陵侧，朝廷庶务，皆委于贤士大夫。"也证实了金辅在抵御蒙古边患中的功劳，言："也先遗种小皇子等声言入朝，于大同城外五十里之地屯住，中朝震恐，使太监金辅领兵，且燕京火炮军器皆输去。皇帝令军人，皆持白挺以备不虞，而只令一千人朝贡。且玉河、会同馆皆修理净洁，衾枕皆新制以待之。"

弘治年间金辅一直执掌军务，与英国公张懋、平江伯陈锐、太监甯瑾"奉敕提督五军营"②。与平江伯总兵官陈锐合作，监督军务，往大同御寇。③ 在这过程中大学士刘健及科道言官以陈锐、金辅等人于大同御敌"怯懦无谋、不足依仗""寸功无获"等理由交相弹劾，但孝宗显然更加信任倚重金辅，"上以太监金辅、平江伯陈锐，统兵征剿虏寇日久无功，都取回京"④。金辅犯错，皇帝都是从轻处理，或取回京，或"革管营"之任。⑤

弘治元年（1488），明廷改派翰林院侍讲董越出使朝鲜，以往研究中多将其视为阉宦控制的明鲜宗藩关系的终结，此后，朝鲜籍宦官被其他官员取代，不再担任出使朝鲜的使臣。⑥

然而事实并非如此，弘治八年（1495），太监金辅与李珍，行人司行人王献臣，往朝鲜册封国王李㦕。⑦ 弘治十五年（1502），金辅仍充正使，李珍充副使，赴朝鲜"册封朝鲜国王李㦕之嫡长子㬚为世子"⑧。弘治十六年（1503），金辅死于朝鲜，骸骨送回北京。"上天使之柩由崇礼门，发向

---

①　《明孝宗实录》卷20，弘治元年十一月甲戌，第474页。

②　《明孝宗实录》卷154，弘治十二年九月己卯，第2751页。

③　《明孝宗实录》卷161，弘治十三年四月乙巳，第1895页。

④　《明孝宗实录》卷163，弘治十三年六月庚子，第2957页。

⑤　《明孝宗实录》卷164，弘治十三年七月庚午，第2984页。

⑥　陈学霖：《宣宗朝鲜选妃与明鲜政治》，载于陈学霖《明代人物与史料》，香港中文大学出版社2001年版，第195页；陈洪发：《明鲜关系中的朝鲜籍宦官研究——以〈朝鲜王朝实录〉为中心》，硕士学位论文，浙江大学，2015年。

⑦　《明孝宗实录》卷99，弘治八年四月壬戌，第1818页。

⑧　《明孝宗实录》卷194，弘治十五年十二月庚戌，第3574页。

北京，百官以浅淡服，祇送于慕华馆迎诏门"①。可见，弘治年间朝鲜宦官金辅仍然屡次出使回原籍，并且考之前文所述弘治元年金辅的经历，可知其此时正在处理更为重要紧急的北边蒙古事务，若非承担此重任，金辅未必不被派遣出使朝鲜。弘治十三年（1500），金辅作为监军太监与平江伯总兵陈锐因在北边剿虏无功，才被革军务取回京，然而弘治十五年（1502）马上充任正使再被派遣回朝鲜册封。可见金辅一直没有失宠于孝宗皇帝，并且继成化年间郑同之后，接替其成为主导明鲜关系的朝鲜大珰。

金辅去世后，曾作为其副使的朝鲜太监李珍在正德二年（1507）也曾作为正使出使朝鲜册封朝鲜国王李怿。② 朝鲜贡使曾说："太监李珍及序班崔瑛、李相等，我国凡事极力图之，苟非此人，则难以成事矣。其赠遗之物，不可无也。"③ 李珍与金辅同年入宫，在明廷也十分有宠，于金辅去世后成为朝鲜在明宦官中可倚仗的人选。然而，李珍与金辅年纪相仿，正德二年（1507）出使后便没有事迹可寻，可推知其此时大抵因年事已高便少涉政事了。

然而，金辅在明鲜之间的影响力一直延续到嘉靖年间。嘉靖二十五年（1546），有宦官出使朝鲜，仍然向国王请命为金辅的族亲授职。言："鲍太监，乃贵国太监金辅养子也，俺之来也，面请金辅族亲授职事，国王若从此请，则他日还朝，当传报鲍太监，岂不有光乎？"国王曰："依命。"④

据史书记载可推知，该鲍姓大太监应为督东厂太监鲍忠。《明史》有云："世宗习见正德时宦侍之祸，即位后御近侍甚严，有罪挞之至死，或陈尸示戒。张佐、鲍忠、麦福、黄锦辈，虽由兴邸旧人掌司礼监，督东厂，然皆谨饬不敢大肆。帝又尽撤天下镇守内臣及典京营仓场者，终四十余年不复设，故内臣之势，惟嘉靖朝少杀云。"⑤

金辅虽然去世，但他的养子鲍忠在嘉靖朝成长为掌管东厂的大珰。宦官没有后代在宫中养父子之间的关系，不仅是密切的利益共同体传承其富贵，也有处理丧事为其供奉香火的义务，犹如民间父子。因而，鲍忠发达后仍可照拂其养父金辅在朝鲜的族亲。

---

① 《朝鲜燕山君日记》卷50，九年七月壬午，第570页。
② 《明武宗实录》卷33，正德二年十二月戊寅，第807页。
③ 《朝鲜李朝中宗实录》卷3，中宗二年八月癸巳，第172页。
④ 《朝鲜李朝明宗实录》卷3，明宗元年二月庚戌，第394页。
⑤ （清）张廷玉等：《明史》卷304《宦官一》，第7799页。

二　脱离朝鲜同乡交往圈层的朝鲜大珰

嘉靖十三年（1534），有朝鲜进贺使苏世让从明朝回到朝鲜后向国王汇报在中国的见闻，说到他曾打听入侍明廷的朝鲜宦官还存有几人，只听说了司礼监的张钦、天寿山守备卜亨以及御马监太监韩锡，其余概不知晓。"臣问中朝宦者曰：'我国入朝宦者，几人生存耶？'答曰：'张钦为司礼监，卜亨为天寿山直，韩锡为御马监大监，余皆不知矣。'臣于前日，游观于海印寺，又宦者五六人先到。臣又问我国入朝宦者，则其与前宦者之言，无异，而独金侗，亦为内苑太监矣云。且闻张钦，居家极富，我国使臣赴京，一不遣问，若陈浩则有时来问云"[1]。可见，到了嘉靖朝有影响的能叫得出名字的朝鲜宦官不过寥寥数人，推测大多数非老迈即已亡故，而在这有史可载的几人中，最富贵得势的张钦已对朝鲜使臣十分冷漠，韩锡则如前文所述留有墓志铭，于成化十九年入宫（1483），是时年仅七岁，差不多是最后一批入明的朝鲜宦官了。

从成化朝的郑同到弘治朝的金辅，不仅可见朝鲜宦官在明廷以及明鲜关系中的重要影响，也显现出明朝皇帝对于外籍宦官有意图任用的特点。然而，自郑同和韩氏桂兰相继去世后，这一群体已失去可以内外相维的凝聚力，凸显其民族共性和特性的使命亦已逐渐淡化。就个人来说也早已不再局限于同籍、同乡的交往窠臼，转而随自身地位的提升不断扩展交往圈层，渐与明朝本土宦官无异。

宣德二年（1427），姜玉、金兴、郑同等人同时入明。从姜玉收养了景泰七年（1456）入明的李珍（原名李今同）和金兴收养了同年入宫的金辅尚可以看出朝鲜宦官群体内部的持护相济。然而，郑同的养子谷清已是明朝本土人，金辅的养子鲍忠也不是朝鲜人。成化十九年（1483）入宫的韩锡更是自小便被教养在明朝大珰萧敬名下，"每以孝闻"。萧敬是福建延平南平县人，嘉靖七年（1528）去世后，世宗皇帝命"司礼太监敕义督理丧仪，御马监太监韩锡等综治葬事"。[2] 韩锡一如养子对萧敬尽孝，治理丧事，自己去世后也附葬于萧敬墓地所在的"顺天府宛平县宣武关外白纸坊弘法寺之原"，即宦官的一个养老义会所在地。萧敬名下数个宦官皆附葬于此。

①　《朝鲜李朝中宗实录》卷77，中宗二十九年四月庚申，第514页。
②　中国文物研究所、北京石刻艺术博物馆编：《新中国出土墓志·北京卷》，第118页。

另一位朝鲜宦官张钦虽然对朝鲜同乡使臣非常冷漠，却对明朝本土同僚显得有情有义。这一点体现在嘉靖朝司礼太监芮景贤的墓志中：

> 嘉靖癸巳（十二年，1533）秋七月九日，御马监太监芮公以疾卒。上闻，悼惜不已，特降恩旨，改司礼监太监，赐谕祭三坛、宝钞三万贯、白米二十石、油百斤、香五斤、烛五十对，仍命工部所司作棺造坟安葬，御马监左少监马玉、内官监监丞阮秀董治丧事。以是年八月二十日，葬于香山乡冉家庄之原。司礼监太监张公钦于公同德且同官，生平僚寀之谊甚笃也，乃遣使持中书舍人何君祚所述状，微予文铭公之墓。先是，张公尝奉命相淑妃茔地于西山，鼎臣时以礼部右侍郎与公同事，周旋者累日，由是始相知稔。使者来致公意曰："闻先生素不昧于是非之鉴，言足以信今而传后，芮公墓铭，敢托以图不朽也。"予惟官无内外大小，要之以不负天子、不隳职守为贤。志行劳绩，有如芮公者，他日固当大书之史册，流芳遗休于无穷。奚待予文？但君子与人为善之意，不厌其侈，矧张公之请重也，故不辞而为之序。①

吏部左侍郎顾鼎臣在亲笔撰写的墓志中说明了自己与张钦的交往渊源，且道明是受其请托为芮景贤撰写墓志。张钦与芮景贤是同僚好友，而顾鼎臣任礼部右侍郎时曾因与张钦共事相熟稔，故重视张钦的请托撰写了墓志铭。从张钦与同僚宦官芮景贤、同僚朝臣顾鼎臣的交往可以看出，他早已融入明朝本土的人事，若非朝鲜史料有载，已看不出朝鲜宦官的痕迹。韩锡的情况亦如此。

---

① 中国文物研究所、北京石刻艺术博物馆编：《新中国出土墓志·北京卷》，第210页。

第四章 宗藩关系转变中的外籍宦官：
以明初安南宦官为中心

第一节 永乐时期安南宦官的身份角色

派遣本土宦官出使本国，是明朝开国以来的一个传统。洪武时期入宫的安南宦官在明成祖处理与安南关系时开始登上历史的舞台。

明朝史籍普遍记载，永乐四年（1406），明成祖派遣军队护送陈天平回安南，却在途中遭到胡朝政权的屠杀，才怒而出征安南。"朕推诚容纳，乃为所欺，此而不诛，兵则奚用"①？

按照《大越史记全书》的记载，永乐元年（1403）明成祖已经有了征安南的想法，从而派遣安南宦官前往故土，侦察敌情。"及太宗即位，有南侵志，遣阮算、徐箇、阮宗道、吴信等为使，访问亲属，密告之曰：'如有北兵来，揭黄旗，题内官某人姓名，亲属必不被害'"②。

但明朝的这一做法，却被胡朝政权识破，从而屠杀了这些宦官的亲属。"汉苍开大元年，冬十月，汉苍杀在北内官阮算等亲属"③。胡朝之所以屠杀安南宦官的家属，根据《大越史记全书》的记载，是因为胡朝认为明朝从洪武到永乐时期，对安南从索贡到南征，都是宦官在背后鼓动。指出以阮宗道、阮算为代表的安南宦官，深受明太祖朱元璋信任。"内人阮

---

① 《明太宗实录》卷53，永乐四年四月辛未，第791页。
② ［越］吴士连等著，陈荆和合校：《大越史记全书》卷8，汉苍开大元年十月，上册，第483—484页。
③ ［越］吴士连等著，陈荆和合校：《大越史记全书》卷8，汉苍开大元年十月，上册，第483页。

宗道、阮算等，至金陵，明帝以为近臣，遇之甚厚"①。阮宗道的身份是在明的安南籍宦官，此次被派回原籍出使。《大越史记全书》载："明洪武十八年（1385），三月，明遣使来求僧人二十名。初，我国送内人阮宗道、阮算等至金陵，明帝以为近臣，遇之甚厚。宗道等言，南国僧解建道场，愈于北方僧。至是求之。"② 明代官私正史皆没有他的相关记录，抑或是来到明朝中国后，被皇帝赐予新的姓名也是常有的事情，例如《明史》中有传的安南宦官陈芜，因受皇帝宠信而赐名王瑾，因而难以查找到阮宗道的资料。然而，越南方面的《大越史记全书》和《钦定越史通鉴纲目》都记载了他的出身。

洪武十九年（1386），朱元璋向明朝索要某些水果树木，被认为是宦官阮宗道的主意。"春二月，明遣林孛来求槟榔、荔枝、波罗密、龙眼等树子，以内人阮宗道言南方花果多佳种故也。帝遣员外郎范廷等遗之，然木不耐寒，途中皆枯死。"③ 而索要僧人、火者等一些特殊贡品，也同样被认为是这些人的建议。"宗道等言南国僧解建道场，愈于北方僧，至是求之"④。洪武二十八年（1395），"明又遣使求僧人、按摩女、火者，皆少遣之"⑤。火者便是被阉割的仆役。《钦定越史通鉴纲目》是 19 世纪越南最后一个王朝阮朝在《大越史记全书》的基础上，参考了其他的中越典籍，而官修的史书。在以上事件中，持同样的观点，并进一步补充道："初明太祖求僧人火者及按摩秀女，陈帝睍遣遗之火者阮算、阮道、徐箇、吴信等预焉。后明遣僧人、秀女还，惟留火者充内官。"⑥

由此可以看出，在安南国王胡汉苍看来，安南人宦官已经不再心怀故土，而是完全归服了明廷。耐人寻味的是，永乐三年（1405），明成祖朱棣为了处理明朝、安南之间宁远州归属的纠纷，再次派遣阮宗道回到安

---

① ［越］吴士连等著，陈荆和合校：《大越史记全书》卷 8，陈昌符九年三月，上册，第 458 页。

② ［越］吴士连等著，陈荆和合校：《大越史记全书》卷 8，陈昌符九年三月，上册，第 458 页。

③ ［越］吴士连等著，陈荆和合校：《大越史记全书》卷 8，陈昌符十年二月，上册，第 459 页。

④ ［越］吴士连等著，陈荆和合校：《大越史记全书》卷 8，陈昌符九年三月，上册，第 458 页。

⑤ ［越］吴士连等著，陈荆和合校：《大越史记全书》卷 8，陈光泰八年六月，上册，第 470 页。

⑥ 阮朝国史馆纂修：《钦定越史通鉴纲目》正编卷 12，汉苍开大三年八月，越南国家图书馆藏，第 8 页。

南。永乐三年（1405），"明遣内官阮宗道等来"①。《钦定越史通鉴纲目》又记载了阮算也被派遣过来。考虑到阮氏等人由于亲属被杀，已与安南不共戴天，朱棣对这些宦官更是信任不疑。"至是，以（阮）算等谙详本国山川，故遣来觇国也"②。越南史书甚至将朱棣发动南征，归因于阮算等人的挑唆。"汉苍开大四年，秋九月，明遣大将军朱能、副将军张辅、沐晟等率兵伐胡汉苍。初宦者阮算等言本国富盛，明人已有取之之意"③。可见，无论安南一方的史籍所载是否属实，至少在他们看来，身处明廷的安南人宦官，已毫无怀念故土之心，彻底成为明朝的心腹，甚至成为明朝开拓南疆的鼓吹者。

阮算、阮宗道等安南宦官在明廷中是得势的，从其叮嘱亲属在遇到北兵时，提及是自己的亲属便可免祸即可看出其在宫廷中的地位是很高的，否则明宫内成千上万的宦官，提之未必有用。也许正因为他们在明廷中受重用、地位高，也便增加了对明廷的忠诚度，所以明知成祖有征伐其故国之意，回国后也只悄悄告诉了亲属，引起故国国王的勃然大怒。永乐三年（1405），战争的前一年，明廷得势的阮宗道再被派回故国，在此之前他的亲属已被胡汉苍抓获并杀死，对安南国王有家破人亡之恨的阮宗道在这种两国开战的危急时刻，被派回核实安南占领明朝边境之事，必然会对明征伐安南起促进作用。

第二节 宣德时期安南宦官的异军突起

值得注意的是，明成祖在处理安南问题上，虽然十分重视洪武时期就已入宫的安南宦官，但对于张辅带来的阉童，却并不满意，也没有把他们推到历史的前台。"朕取安南火者三千，皆昏愚无用，惟朝鲜火者明敏，可备任使"④。

但另一方面，正是在永乐时期，安南阉童开始积蓄力量。朱棣对于安南阉童的处理，有的留居宫廷，有的被赏赐给了太子朱高炽和太孙朱瞻基。"永乐中，英国公张辅以交童之美秀者还，选为奄，弘及王瑾、阮安、阮浪等与焉。占对娴雅，成祖爱之，教令读书，涉经史，善笔札，侍仁宗东宫"⑤。"（王）

---

① ［越］吴士连等著，陈荆和合校：《大越史记全书》卷8，汉苍开大三年七月，上册，第486页。

② 《钦定越史通鉴纲目》，正编卷12，汉苍开大三年八月，第8页。

③ 《钦定越史通鉴纲目》，正编卷12，汉苍开大四年秋九月，第12页。

④ 《朝鲜李朝太宗实录》卷14，太宗七年八月丁亥，第410页。

⑤ 《明史》卷304《宦官一》，第7771页。

瑾，初名陈芜。宣宗为皇太孙时，朝夕给事。及即位，赐姓名"①。

伴随着朱高炽、朱瞻基的先后即位，曾陪侍东宫的安南阉童被皇帝视为心腹，成长为明廷中的重要势力。宣德时期，王瑾就曾经参加宣宗平定朱高煦的战争，应该在这一过程中，展现了相当的军事才华，从而参与到宣德时期的军务处理。"从征汉王高煦还，参预四方兵事，赏赉累巨万，数赐银记"。宣宗还打破宦官不可娶妻的禁忌，"赐以两宫人，官其养子王椿，其受宠眷，（金）英、（范）弘莫逮也"②。

同样受到宠信的还有金英、范弘。宣德七年（1432），赐司礼监太监"（金）英及范弘免死诏，辞极褒美"③。范弘免死诏中云："克勤夙夜，靡一事之后期，致谨言行，惟一心之在国。退不忍于欺蔽，进必务于忠诚。免尔死于将来，著朕至意于久远。"④得赐免死诏者，必然是荣宠已极，因"功臣戮力，爵不能复加，以再生报之"而颁赠，⑤查阅明代的官私文献，被赐免死诏的宦官只有金英、范弘两位。除了以上宦官之外，阮浪也颇为宣宗宠信，被派至地方公干搜罗珍玩。宣德三年（1428），"西洋诸国进御船抵广南，有司驰报宣宗，以为封褚宝物，必得其人，命公驰往。处置周密而还，所历秋毫无犯。宣宗甚喜，尝赉殊厚"⑥。

传统明代政治史的研究中，自王振擅权开始宦官干政削弱了皇权，明朝由仁宣之治开始走向衰落成为共识。然而梳理安南宦官群体内部权力更迭的脉络，可以看出自仁宣时期起安南宦官已结成势力，掌握宦官衙门之首的司礼监。并且宣德年间的各项大事皆可以看到安南宦官的影响。

一 安南宦官与司礼监地位的提升

仁、宣时期是明朝内阁、司礼监双轨政治形成的重要时期，也是宦官势力崛起的关键时期。此时内阁票拟制度开始形成，即章奏由大臣拟旨，再由宫内宦官代皇帝批红，因章奏繁多，皇帝为省事起见，遂交给太监代为批红，司礼监作用突显。然而以往的研究多强调因内阁杨士奇、杨荣、杨溥，得仁、宣二帝的信用，他们对内阁地位提升的意义。却未涉及

---

① 《明史》卷304《宦官一》，第7771页。
② 《明史》卷304《宦官一》，第7771页。
③ 《明史》卷304《宦官一》，第7769页。
④ （明）王世贞：《弇山堂别集》卷90《中官考一》，中华书局1985年版，第1728页。
⑤ （清）查继佐：《罪惟录》卷29《宦寺列传》上，浙江古籍出版社1986年版，第2608页。
⑥ 中国文物研究所、北京石刻艺术博物馆编：《新中国出土墓志·北京卷》，第95页。

安南宦官金英、范弘等得势宦官对司礼监在宣宗时期地位突显的作用。

明代草创时期的宦官机构，初无司礼监。据王世贞《弇山堂别集》，洪武初年，主要的宦官机构是内官监、御用监，"洪武三年（1370）八月乙巳，命改内使监、御用监秩皆从三品"，[1] 到洪武十七年（1384）更定内官诸监品职时，司礼监才正式设立，"掌宫廷礼仪，凡正旦冬至等节，命妇朝贺等礼，则掌其班位仪注，及纠察内官人员违犯礼法者"，设令一人正七品，丞一人从七品。而"内官监通掌内史名籍，总督各职，凡差遣及缺员，具名奏请。设令一人，正六品，丞二人从六品，典籍一人正九品"[2]。此时，宦官首署为内官监。洪武二十八年（1395）重定内监官秩，司礼监被保留下来，但在诸监中地位和品秩也并不突显。万历时年沈德符称"司礼今为十二监中第一署"[3]，也表明司礼监的地位是经历变化才升至十二监之首的。

前文可知，宣德七年（1432）金英、范弘被赐免死诏，已为宦官荣宠之极，而他们当时的职位是司礼监太监。后世论者常言仁宣时期阁臣杨士奇、杨荣、杨溥因受仁、宣二帝之信用而对此时期整个内阁地位的提升意义重大。然而，同时期的宦官衙门司礼监亦是草创阶段，宣宗时期司礼监掌握"批红"权是宦官崛起的重要标志，却少有论及宦官本身在这一制度确定中的作用。从安南宦官金英、范弘等人在此时期的受宠信的程度，以及他们早在永乐时期已接受教育具备读书识字及政务处理的能力，在司礼监最初享有批红权的过程中很难不起到作用。恐怕如三杨一般，因个人的特殊恩宠而对整个司礼监地位的提升多有助益。

王振陪侍英宗于东宫获宠，英宗即位后从安南宦官金英手中接掌司礼。然而即便在王振最为得势之时，仍然会嫉妒安南宦官的得宠，当世正统年间的进士叶盛在其笔记《水东日记》中说道："太监阮安，一名阿留，交阯人。为人清苦介洁，善谋画，尤长于工作之事。其修营北京城池、九门两宫、三殿、五府、六部诸司公宇及治塞杨村驿诸河，皆大着劳绩。工曹诸属，一受成就而已。详见《东里文集》。晚岁张秋河决，久不治，复承命，行道卒。平生赐予，悉出私帑上之官，不遗一毫，盖中官中之甚不易得者。尝刻《营建纪成》诗，一时名人显官，无不有作，将传布间以王振一言而止，振于他役皆有碑，独靳此者，要不可以不矜一善归之，则亦

①（明）王世贞：《弇山堂别集》卷90《中官考一》，中华书局1985年版，第1721页。
②（明）王世贞：《弇山堂别集》卷90《中官考一》，中华书局1985年版，第1724页。
③（明）沈德符：《万历野获编》，《补遗》卷1《内官定制》，中华书局2004年版，第814页。

嫉之云耳。"①

王振死于土木之变，郕王继位重新重用其父亲宣宗信用的旧阉，接任王振掌司礼监大权的仍然是安南太监兴安，由此可以看出宦官二十四衙门之首的司礼监大权一直在安南宦官群体内部更迭。直至英宗复位的天顺年间，以兴安为首的代宗的安南宦官亲信们被清算，然而兴安也只是去位而未得重罚，同时永乐五年（1407）入宫曾经得势的安南宦官们至此时已经死去或老去，逐渐退出了明代政治舞台的核心。

二 安南宠宦与阁臣

宣宗宠信安南宦官，并且其在位期间君臣关系较为和谐，阁臣与司礼太监之间的关系也十分密切，维持了政务顺畅、政局的平衡。通过宣宗带范弘夜访杨士奇一事可见端倪。宣德六年（1431）七月，"时上（宣宗）颇好微行，一夕漏下二十刻，以四骑出过臣（杨士奇）前，报者言范太监来，臣仓惶出迎，上已入门立。月中，臣俯伏悚俱言：'陛下奈何以宗庙社稷之身而自轻，扰扰尘埃昏暗中，谁识至尊，万一或有识者变起，仓促何以备之'"。宣宗笑曰："思见卿，一言故来耳。"第二天回宫后，"遣太监范弘密问臣车驾幸，临谒不谢。对曰：'至尊夜出，愚臣迨今中心惴慄未已，岂敢言谢'"②。宣宗夜访杨士奇，所带的宦官只有范弘，可见范弘是他最信任的宦官。

宣宗之所以重用安南人宦官，是因为安南宦官在朝中孤立无援，既不容易扩张势力，也不会因此和文官集团形成冲突。这对于宣宗维持朝廷的平衡与稳定政局非常有利。宣德时期，安南宦官与内阁中的杨士奇、杨荣一直保持了良好而密切的合作关系并一直延续到了正统时期。这从杨士奇、杨荣分别表彰安南宦官阮安就可见一斑。

固安堤是北京西部防御洪涝灾害的重点险段，正统元年（1436），明朝命太监阮安与工部尚书吴中共同负责修筑。杨荣在撰写的《固安堤记》赞此役："京畿益图巩固以宁济斯民于千万年，诸公亦能同寅协恭用成厥功，盖可久可固，而利益于世者不小。"③ 正统五年（1440），明朝重修京城的城墙。工部侍郎蔡信认为"役大，非征十八万民不可"，而后，皇帝

---

① （明）叶盛：《水东日记》卷11《阮太监修营劳绩》，中华书局2007年版，第123页。

② （明）杨士奇：《东里集》卷二《圣谕录》，文渊阁《四库全书》第1239册，上海古籍出版社1987年版，第642页。

③ （明）杨荣：《杨文敏集》卷九《固安堤记》，文渊阁《四库全书》第1240册，第124页。

命太监阮安董其役，其借取京师操练的兵卒万余且并不惊扰百姓，岁中即完成此役。杨士奇赞曰："（阮）安之忠于奉公，勤于恤下，且善为画也，谓事之成非由于人乎。嗟夫！一事之成，犹必得人，则于为国家天下之重且大，不可推见乎！"[①]

正统前期，宦官王振被重用，以制约内阁的权势。随着权势逐渐上涨王振与内阁的关系越来越紧张。如果将之和安南宦官与内阁良好而密切的关系进行对比，便可以发现外籍宦官所能发挥的独特作用。

明朝永乐至宣宗时期是中越关系变化的特殊时期。永乐四年（1406），成祖出兵安南并其为明朝的郡县，对其直接管治二十余年，然而，此间战乱不息，仁宗继位改变了成祖朱棣对边疆属国的进取政策，做出逐渐放弃交阯郡的举措以稳定局势。下令："交阯采办金珠香货之类，悉皆停止。交阯一应买办采取物料，诏书内开载未尽者，亦皆停止。所差去内外监督官员，限十日内即起程赴京，并不许托故稽留，虐害军民。"[②] 洪熙元年（1425）十一月，宣宗与阁臣杨士奇、杨荣密谋，指出仁宗早已有放弃交阯的想法，而宣宗也继承了仁宗的主张，并且言"三二年内，朕必行之"[③]。

安南阉童从潜邸时就一直追随仁宗、宣宗，是二者的心腹之人，并且受到系统的文化训练，具备了政务处理的能力。以范弘为例，"范弘者，交阯人，读书有文章。正统中被蒙眷遇，凡经筵讲义，若制诰之。令主修实录及五伦书，皆以命弘。弘刚毅果敢，勇于为善，与土木难死焉"[④]。宣宗在处理交阯事务中，应会征求熟悉这一地区的安南宦官的意见。但由于史料阙载，这一作用并不彰显。

三　袁琦事件

安南宦官大多因永乐帝用兵安南而入华，自小在明廷被教养，且陪侍仁、宣皇帝于东宫，与二帝的感情自不必多说，因而在明前期活跃于政治舞台，宣宗皇帝对安南宦官群体也表现出特别的关照。

中国香港学者赵令扬认为宣德六年（1431）宦官袁琦、阮巨队等人虐

---

① （明）杨士奇:《东里集》续集卷二十三《都城览胜诗后》，文渊阁《四库全书》第1238册，第678页。

② 《明仁宗实录》卷1，永乐二十二年七月丁巳，第17页。

③ 《明宣宗实录》卷11，洪熙元年十一月壬戌，第315—316页。

④ （明）何乔远撰:《名山藏》卷88《宦者记》，第7册，江苏广陵古籍刻印社1993年版，第5427、5428页。

取民财事件，为明代内官专权之始，言："考明一代，内官专权，自宣德六年宦官唐受、袁琦等虐取军民财物事觉后，至正统间自王振、喜宁、跛儿干、汪直、刘瑾、魏忠贤等人以降，时加玩弄权势，致使朝政失纲，政治腐败，使明终于陷入不可自拔田地而终为清所瓜代。"①

《明宣宗实录》记载了宣德六年（1431）发生的整个事件："内官袁琦、内使阮巨队、阮诰、武莽、武路、阮中、陈友、赵谁、王贵、杨四保、陈海等伏诛。初巨队等往广东等处公干，而以采办为名，虐取军民财物，事觉，下锦衣卫狱，究其所由，皆琦指使，于是籍其家。金银以万计，宝货锦绮诸物称是，又所用金玉器皿僭侈非法，皆四保与海为之，法司议罪应死，上命凌迟琦而斩巨队等十人，时内官裴可烈亦以贪暴下锦衣狱死。"② 宦官袁琦及其同僚阮巨队、阮诰等人赴广东公干，以采办为名虐取民财，事发后宣宗给予袁琦等人处死的重罚。

袁琦自小陪侍宣宗于东宫备受宠幸，宣宗还曾亲自作画题字赐予袁琦。③ 也正因此，袁琦才敢恃恩纵肆。"丙申，上谕右都御史顾佐等曰：'宦者袁琦以其自小随侍，颇称使令升太监管事，辄敢恃恩纵肆欺罔，假公务为名，擅差内官内使往诸处凌虐官吏军民，逼取金银等物，动累万计，致吏民含冤无诉归怨，朝廷虽方面风宪之官皆畏惮之，不敢以闻；鬼神不容，发露其事，已悉寘极刑，尔都察院揭榜晓谕中外：凡先所差内官内使在外侵占官民田地及擅造方屋，所在官司取勘明白，原系官者还官，军民者还军民'"④。袁琦是否为安南宦官不得而知，然而其一众共犯皆为安南宦官，陈学霖曾考证其中阮巨队等阮姓者必为安南籍，武姓及陈姓者疑亦为交南人。⑤ 以宣德年间安南宦官群体之得势，与袁琦一起恃宠而骄，以至凌虐军民造成民怨沸腾，是可以想象的。最终宣宗不得不对其重罚以平民怨，以儆效尤。在处死袁琦和阮巨队等人后，宣宗回乾清宫后晓谕安南太监王瑾、吴诚等人，曰：

> 朕即位以来，念内官内使随侍勤劳，恩待甚厚，屡戒谕之，令谨守法度，勿罹刑辟，永享太平。其间有能小心忠谨，朕待之加厚。不

---

① 赵令扬：《论明代之宦祸》，载于赵令扬《明史论集》，香港史学研究会 1975 年版，第 1 页。

② 《明宣宗实录》卷 85，宣德六年十二月乙未，第 1961 页。

③ （明）李诩：《戒庵老人漫笔》卷 1，中华书局 1982 年版，第 7 页。

④ 《明宣宗实录》卷 85，宣德六年十二月乙未，第 1962 页。

⑤ 陈学霖：《明代安南籍宦官史事考述》，载于陈学霖《明代人物与史料》，香港中文大学出版社 2001 年版，第 256 页。

意袁琦孤恩负德，越礼犯分欺瞒朝廷，受人嘱托私遣内使出外假以干办，虐害官吏军民百计，索取金银财物数以万计，下人衔冤归怨于上，朕何由各大天地鬼神共怒，事发露，琦以伏诛，此非朕欲罪之杀身之祸，实其自取。尔等其揭榜昭示内官内使及小火者能守法事，上不恃宠作威，不害民取财者，鬼神佑之，若违法越礼惟务贪虐，鬼神不佑，国法不赦，若先尝有过后当改悔，朕亦以无过待之。①

并且在处死袁琦的第二年，宣德七年（1432），宣宗随即赐安南人"司礼监太监金英、范弘免死诏。内弘诏略云'克勤夙夜，靡一事之后期，致谨言行，惟一心之在国。退不忍于欺蔽，进必务于忠诚。免尔死于将来，著朕至意于久远'"②。所谓免死诏者，如查继佐所言出乃特例，只因"功臣戮力，爵不能复加，以再生报之"而始颁赠，③宦官得赐免死诏者，必是恩宠已极，查阅明代的官私文献，被赐免死诏的宦官只金英、范弘两位。

宣宗在重刑处置了袁琦和阮巨队等数名安南宦官后，马上于第二年赐安南宦官金英、范弘免死诏，算得宦官荣宠的极致了。那么，不得不让人产生这样的推想，安南宦官虽然宠任有加，但袁琦案对涉事的安南宦官群体来说却是一大打击。此事虽然宣宗处理得重，但王瑾等安南宦官未被波及，金英、范弘等还被赐免死诏，目的是重赏对其加以安抚。孟森在《明清史讲义》中评宣宗此举曰："宣德六年十二月，诛中官袁琦，逮其党十余人皆弃市，先自经之马俊亦僇尸枭示，命都察院榜琦等罪示天下。然明年正月，即赐司礼太监金瑛、范洪免死诏，词极褒美。既罪琦等，以此示赏罚之公，而于中官之龙任者如故，免死诏乃与铁券相同，又开隆重刑余之物例。"④孟森并未关照到袁琦等十余被罚之宦官与之后被重赏的金英、范弘皆为安南人的现实。

第三节　土木之变前后的安南宦官

一　兴安与隆福寺的营建

明代北京寺院多由宦官营建，所谓"都城自辽、金以后，至於元，靡

---

① （明）王世贞：《弇山堂别集》卷91《中官考二》，中华书局1985年版，第1743页。
② （明）王世贞：《弇山堂别集》卷90《中官考一》，中华书局1985年版，第1728页。
③ （清）查继佐：《罪惟录》卷29《宦寺列传》，浙江古籍出版社1986年版，第2608页。
④ 孟森：《明清史讲义》第2编《靖难》，中华书局1981年版，上册，第116页。

岁不建佛寺，明则大珰无人不建佛寺。梵宫之盛倍於建章，万户千门"[1]。而史论中常被称为"佞佛"的宦官中又不乏安南籍大珰。所建寺庙规模最大，也最为人所熟知的是旧址在今北京东四大街的隆福寺，虽然建筑早已改造成现在的隆福大厦，名字还保留着对隆福寺的记忆。

建于明景泰三年（1452）的隆福寺是皇家香火院，其规模与正统年间王振所修大兴隆寺并为京师"巨刹"，而主持修建该寺的正是景泰年间最为得势的司礼监太监兴安。[2] 明人沈德符《万历野获编》言："大隆福寺为代宗所建，至撤英宗南内木石助之。未几，又从山西巡抚都御史朱鉴言，谓风水当有所避，乃命闭正门不开，禁钟鼓声。又拆寺门牌坊，所谓'第一丛林'者，而无救于祸难。"[3] 清修《顺天府志》亦有类似记载："明景泰中所建也。在崇文门北、大市街之西北，今其地称隆福寺街。明景泰三年，太监兴安用事，佞佛甚于王振，请帝于大兴县东大市街之西北建大隆福寺，费数十万，以太监尚义、陈祥、陈谨，工部左侍郎赵荣董之。四年三月工成。寺之严壮与兴隆并。"[4]

表面看来兴安得势，其佞佛更甚于王振，请建规模不逊于兴隆寺的巨刹隆福寺固然有与王振比拼气焰之意。然而进一步探究隆福寺营建的背景，以及营建过程中拆南宫之木建寺对英宗威严的挑战，会发现宦官信仰活动中的政治目的远大于自身的信仰动因，背后难掩代宗借势建威的政治图谋。

正统十四年（1449）土木之变，英宗被俘，于次年被释放回京，而此时代宗已登位改元，遂尊其为太上皇，置于南宫供养，实为幽禁防其复辟。这种复杂的形势下，共存于宫内的英宗、代宗及其一派支持势力难免暗中较量。英宗时期最受宠幸的宦官王振建造的兴隆寺，"日役工匠万人，糜帑数十万，闳丽冠京都"，英宗"躬自临幸"。代宗当位，最得势的是兴安，"请帝建大隆福寺，严壮与兴隆并。四年三月，寺成，帝克期临幸。河东监运判官济宁杨浩切谏，乃止"[5]。寺成之后，代宗亦欲仿效英宗躬自临幸，在大臣的劝说下乃止。如果此举不足以说明代宗与英宗角逐之意，

---

① （清）于敏中：《日下旧闻考》卷 60，北京古籍出版社 1983 年版，第 986 页。

② （明）陆容：《菽园杂记》卷 5，中华书局 1997 年版，第 52 页。"京师巨刹大兴隆、大隆福二寺，为朝廷香火院。"

③ （明）沈德符：《万历野获编》卷 27《释道·京师敕建寺》，中华书局 2004 年版，第 687 页。

④ （清）万青黎、周家楣修：《光绪顺天府志》卷 16《寺观一》，北京古籍出版社 1987 年版，第 483 页。

⑤ （清）张廷玉等：《明史》卷 164《单宇传》，第 4457—4458 页。

那么拆英宗所居南城翔凤等殿之物用来建隆福寺便难掩其借此举造势以树威严的意图了。英宗当时"甚不乐"却无力制止，代宗非但不阻止，寺成之时，还封赏了尚义、陈祥、陈谨等建寺有功人等。[①] 另一件与兴安建寺有关的，景泰五年（1454）十二月，为助司礼太监兴安于"西山等处作生坟佛寺"，阿附他的内使阮绢、黎贤，"盗用官木等料万计"。事发，都察院大动干戈，"收绢及贤，鞫得实，坐贤赎斩绢绞，劾怙恩罔上，冥真于法"。最终，虽宥其罪，但"所造庵寺，令内官监毁之，物料入官"[②]。无论拆宫建寺还是盗官木建寺，皆属犯法罔上之举，必然引起风波，然拆宫建寺非但未罚反而事后获赏，显然有代宗的背后支持，是对幽禁南宫的英宗的政治打击。因而，英宗复位便马上追究此事，先处理了与该相寺关的僧人，天顺元年（1457）二月，"僧录司右阐教道坚，尝因故太监陈祥奏请建大隆福寺，且假祈禳入内殿诵经，费府库财。上命斩之，已而刑科覆奏，命宥死，发充铁岭卫军"[③]。继而，追察拆南城翔凤殿建隆福寺之始末，处理了建寺的功臣太监陈谨等四十五人，"下锦衣卫鞫之，既而锁项，令修补完备，各降其职"[④]。而隆福寺亦随着代宗的去位而逐渐凋敝，直到清雍正元年才得以重修，[⑤] 也昭示着这座寺庙本身背后复杂的政治含意。所以，在特殊背景下修建的隆福寺与其说是兴安佞佛与王振比拼气焰，莫不如说是代宗利用宦官修庙借势建威，以打击英宗的威信，是皇权之争的暗中进行。代宗去世，英宗重登帝位，他对建隆福寺相关人等的追究、惩处，同样有重拾威严的政治含义。

二　景泰年间的安南宦官势力

由代宗亲信宦官主持营建的隆福寺，其中涉及的重要宦官即便不是安南人，也与安南大珰有各种联系，他们在代宗与英宗这场暗争中的角色和立场也突显出来。

主持修建该寺的是景泰年间最为得宠的宦官兴安，多项政治事件皆

① 《明英宗实录》卷227，景泰四年三月癸未，第4963页。
② 《明英宗实录》卷248，景泰五年十二月丁亥，第5365页。
③ 《明英宗实录》卷275，天顺元年二月己亥，第5835页。
④ 《明英宗实录》卷301，天顺三年三月壬辰，第6388页。
⑤ （清世宗）胤禛：《隆福寺碑》，清雍正三年（1725）十月十二日，北京市东城区隆福寺街。清世宗雍正帝御制碑文云："京城之内东北隅有寺曰隆福，建于明景泰三年，越岁而毕工，营构之费兹出于宫，盖以为□□之所，自景泰四年距今二百七十余年，风雨侵蚀，日月兹久。朕昔曾经斯寺，有感于怀。兹乃弘施资财……"

与其相关。曾在土木之变英宗被俘后力主抗敌，"郕王使（金）英、（兴）安等召廷臣问计。侍读徐埕倡议南迁，安叱之，令扶埕出，大言曰：'敢言迁者斩！'"并且力护于谦，参与易储之谋。[①] 墓志补充了他的出身，永乐初期，安南"黎王不轨"，成祖派兵出征，"取安南火者三千"，兴安由此"抵中华"[②]。兴安以外，隆福寺的营建功臣还有尚义、陈祥、陈谨、阮仁得等宦官。明代正史中开始出现的阮姓宦官凡能找到线索的皆为安南人，因而阮仁得大有可能是安南人。另外，陈谨亦"世出交南陈氏之宗室，自永乐五年归附天朝……景泰纪元，上以公历事先朝，才德优硕，特升太监"[③]。景泰三年（1452）礼部尚书胡濙为陈谨所建的妙缘观撰文中又言"永乐初，予为都给事中，尝稔知今内官监太监陈公谨"[④]。可见，陈谨不仅是兴安的安南同乡，亦是同年，并同时发迹于景泰年。兴安任司礼太监，陈谨为内官监太监，二人私下还共修位于北京白纸坊的真空寺[⑤]，于公于私都有着密切关系的利益共同体。陈祥的个人信息没有直接记载，但景泰二年，陈祥位居司礼太监且与安南大珰王瑾为"知友"，[⑥] 王瑾去世后将其在南京的住宅改建为承恩寺，足见二人的密切关系。

郕王废易是景泰年间另一件大事，也最能体现宫内宦官立场。代宗登基改元后谋易皇储，废朱见深而改立己子朱见济为皇太子。景泰三年（1452）四月，礼部尚书胡濙等文武群臣廷议此事，兴安随侍左右。群臣"迟疑者久之"，司礼监太监兴安厉声曰："此事今不可已，不肯者不用签名，尚何迟疑之有？"此时，"无一人敢违者，其议遂定"[⑦]。虽然一年多后新太子便夭折，但兴安却因此事得代宗信任倚为心腹。英宗复辟后，清算支持易储的相关人士。天顺元年（1457）正月，言官弹劾"司礼监太监兴安窃弄威权，紊乱朝政，锁南内之门，易东宫之位"[⑧]。同年四月，"劾司礼监太监陈鼎、阮简"。天顺改元，司礼监太监兴安、陈鼎、阮简皆被弹劾助代宗

---

① （清）张廷玉等：《明史》卷 304《宦官一》，第 7769—7770 页。
② 北京图书馆金石组编：《北京图书馆藏中国历代石刻拓本汇编》第 52 册，第 15 页。
③ 《明故内官监太监陈公墓志铭》，载于中国文物研究所、北京石刻艺术博物馆编《新中国出土墓志·北京卷》，第 73 页。
④ 北京图书馆金石组编：《北京图书馆藏中国历代石刻拓本汇编》第 51 册，第 178 页。
⑤ 《重修真空寺碑记》，载于北京图书馆金石组编《北京图书馆藏中国历代石刻拓本汇编》第 56 册，第 83 页。
⑥ （清）释鹰巢编：《承恩寺缘起碑板录》，南京出版社 2011 年版，第 6 页。
⑦ 《明英宗实录》卷 215，景泰三年四月乙酉，第 4632 页。
⑧ 《明英宗实录》卷 274，天顺元年正月戊子，第 5817 页。

易储，显然作为代宗心腹，与前文提到的建隆福寺的主力太监尚义、陈祥、陈谨、阮仁得等人政治立场一致。

明代司礼监是宦官二十四衙门之首，设"掌印太监一员，秉笔、随堂太监八员或四、五员"①。也就是说司礼监太监多则九人，少则五六人。兴安、陈鼎、阮简、陈祥四人皆为司礼太监，兴安、阮简为安南人，如前言陈祥与王瑾是挚友，陈鼎亦在正统时便与另一安南大珰阮安同僚共事，"行视自通州抵南京漕运水路"②。也就是说，景泰年间司礼监中有一半以上太监为安南人或者与安南大珰有密切联系，他们同时也是代宗的心腹。由此可以看出，景泰年间以兴安为首的安南宦官在司礼监中占据半壁江山，是宦官中最得势的一群人。

然而，兴安的故事是在土木之变后叱阻朝臣徐埕南迁之议才开始丰富起来。他之前接替王振任司礼监掌印太监的是同样"生自南交，长于中资"的安南太监金英。③金英显然比兴安更早得势，在票拟制度开始形成、司礼监作用初显的宣宗朝已执掌司礼监，被"亲信用事"，宣德七年，"赐（金）英及范弘免死诏，辞极褒美。英宗立，与兴安并贵幸。及王振擅权，英不敢与抗"④。正统年间金英仍是"司礼太监也，王振没，掌监事"⑤。《明史》对代宗终世废金英不用并未多言，实则缘于其不同意代宗易储，兴安反因支持易储而取代了金英的地位。尽管如此，司礼监的大权仍然是在安南宦官内部更迭。

后世往往因土木之变将王振视为明代宦官干政擅权的开始，然而土木之事起，金英能继掌司礼，与兴安当廷斥责欲南迁的朝臣，并非安南宦官势力的突然崛起，他们自宣宗时本已处于宦官政治舞台的中心。正统年间王振因陪侍英宗于东宫而任司礼监掌印之位，但安南宦官势力仍树大根深，所以才有王振媢嫉安南太监阮安一说。⑥英宗被俘，王振死于土木堡，郕王继位重新重用其父亲宣宗信用的旧阉，安南宦官作用突显。直至英宗

①　（明）刘若愚：《酌中志》卷16《内府衙门职掌》，北京古籍出版社1994年版，第93页。

②　《明英宗实录》卷175，正统十四年二月甲寅，第3361页。

③　北京图书馆金石组编：《北京图书馆藏中国历代石刻拓本汇编》第51册，第95页。

④　（清）张廷玉等：《明史》卷304《宦官一》，第7769—7770页。

⑤　（明）王世贞：《弇山堂别集》卷91《中官考二》，中华书局1985年版，第1748页。"金英者，正统中司礼太监也，王振没，掌监事。"

⑥　（明）叶盛：《水东日记》卷11《阮太监修营劳绩》，中华书局2007年版，第123页。"太监阮安，一名阿留，交阯人。为人清苦介洁，善谋画，尤长于工作之事。其修营北京城池，九六、两宫……尝刻营建纪成诗，一时名人显官，无不有作。将传布间，以王振一言而止。振于他役皆有碑，独靳此者，要不可以不矜一善归之，则亦媢嫉之云耳。"

复位的天顺年间，以兴安为首的代宗的安南宦官亲信们被清算，同时永乐五年入宫曾经得势的安南宦官们至此已经死去或老去，逐渐退出了宦官政治舞台的核心。

三　华夷秩序视野中安南宦官

从兴安等宦官营建隆福寺的故事可以看出，宦官信仰活动中的政治目的远大于宦官自身的信仰动因，并且同乡关系又是可资利用的关系网络，因而营建寺庙过程中所涉及的人物联系也难免更倾向于一种政治联结。共同的利益诉求使同乡的安南宦官们出现在信仰活动所营造的舞台中，而这个舞台也展现出安南宦官群体基于共同的地缘关系所形成的关系网络。这种关系网络不仅限于安南宦官，也扩展到安南僧人和朝臣。正统六年（1441），英宗赐额的京西秀峰寺，[1] 碑文不仅涉及大量捐资修寺的安南宦官、僧人，并且撰写碑文的朝臣工部左侍郎黎澄原是安南国王黎汉苍的长兄，永乐五年（1407）被俘入宫，与同乡宦官、僧人之间的交往勾连只有在民间社会的信仰活动中得以展现。厘清安南宦官群体的内外交往圈层，方能凸显出其对明代政治生活的介入及影响。

明成祖用兵安南，并其国为内地郡县，大部分安南宦官由此入明廷为阉宦，而在"溥天之下，莫非王土，率土之滨，莫非王臣"的大一统观念影响下，这些宦官并没有因来自属国而遭受种族上的歧视，并且范弘、王瑾、阮安、阮浪等人在永乐时期成为最早受教育的一批宦官。事实上，在明代被选任陪侍东宫保抱皇子的宦官，大多选择受过教育的"知识宦官"。范弘"占对娴雅，成祖爱之，教令读书，涉经史，善笔札，侍仁宗东宫"。王瑾在宣宗为皇太孙时即"朝夕给事"，被赐"心迹双清"等银印。[2] 明初永乐时期内书堂未正式设立，陪侍仁宣两任皇帝于东宫的宦官皆出自安南，从一个侧面也可以反映出安南宦官在永乐时期受教育的比率较高。

明初期外族和外籍宦官已同样被重用，且能发挥所长，成祖曾言："朕取安南火者三千，皆昏愚无用，惟朝鲜火者明敏，可备任使。"[3] 因而"明敏"的朝鲜宦官多被派回原籍出使，女真、蒙古族宦官因善战而多立

---

① 北京图书馆金石组编：《北京图书馆藏中国历代石刻拓本汇编》第 51 册，第 108 页。
② （清）张廷玉等：《明史》卷 304《宦官一》，第 7771 页。
③ 《朝鲜李朝太宗实录》卷 14，太宗七年八月丁亥，第 409 页。

军功，① 而侍奉东宫保抱皇子的反而是这些所谓"昏愚无用"的安南宦官，也许正是缺乏"明敏"的性格，使安南宦官屡以"忠谨"而获得后代皇帝的宠信，入东宫陪侍仁、宣二帝的范弘、王瑾正是安南宦官。

永乐时期，入侍东宫的机缘使安南宦官与仁、宣两任皇帝皆建立密切的关系。《明史》载："瑾，初名陈芜。宣宗为皇太孙时，朝夕给事。及即位，赐姓名。从征汉王高煦还，参预四方兵事，赏赉累巨万，数赐银记曰'忠肝义胆'，曰'金貂贵客'，曰'忠诚自励'，曰'心迹双清'。又赐以两宫人，官其养子王椿。其受宠眷，英、弘莫逮也。"②《水东日记》亦载："御用监太监陈芜，交阯人，永乐丁亥入内府。宣庙为皇太孙，芜在左右，既御极，即升太监，赐姓名曰王瑾，字润德，又赐'肃慎'图书，武定州还，赐玉带、金鞍、厩马、金帛、宝楮。陈庐陵循志云，东夷北虏西戎南蛮窃发，芜皆与征行，皆被重赐。"③

王瑾原名陈芜，宣宗即位后为之赐名，并且新帝即位之初面临藩王势大皇位不稳之时，王瑾等宦官亲信亦随皇帝亲征参与平叛汉王朱高煦，随征的宦官虽多，但安南宦官王瑾却在同侪中最受宠眷，④ 宣宗皇帝不仅将两名宫女赐其为妻，给其养子授官，且为王瑾做藏头诗，连获赐免死诏的同为安南宦官的金英、范弘都无法企及。

宣宗时受宠眷之极且在官史中留名的范弘、金英、王瑾等几位宦官都是安南人，他们多于永乐时期入宫，成为最早接受教育的宦官，而后入侍东宫，新帝即位后又历经磨砺表现出对皇帝的"忠肝义胆"，最终成为皇帝心腹亲信。

无论是朝鲜、安南抑或其他外籍宦官，以往的研究多强调其出使回原籍索取"别贡"，而忽视中华秩序代表的明朝君主"必土人阉者行，朕意正在推诚"的一面。正是前近代东亚华夷秩序下对藩属国有"情"的因素，我们才可以看到安南宦官在明代中国宫廷的志得意满，与其他汉族宦官一样能在天子近侧成为亲信。近代以来，出于"民族国家"的需要，独立于上述体系的朝鲜和越南，多喜欢强调"事大主义"对本国尊严的损

---

① 齐畅：《明永乐朝军功宦官刘氏兄弟史事考述》，《东北师大学报》（哲学社会科学版）2013年第 3 期。

② （清）张廷玉等：《明史》卷 304《宦官一》，第 7769—7770 页。

③ （明）叶盛：《水东日记》卷 34《太监陈芜恩宠》，中华书局 2007 年版，第 330 页。

④ 《明宣宗实录》宣德元年八月己巳，第 529 页。"上将亲征，命阳武侯薛禄、清平伯吴成、太监刘顺等率兵二万为前锋。"随驾内官不在少数，女真族太监刘顺也还兵从征，且被厚赐，但仍难及安南王瑾之宠信。

伤。① 笔者以为从在华安南宦官的角度切入对明代中越关系的考察，可从更微观的层面理解明代东亚秩序内部的历史细节及其背后的伦理温情，对东亚秩序调整的内部动因有新的启示。

---

① 韩东育：《东亚研究的问题点与新思考》，《社会科学战线》2011 年第 3 期。

第五章 从"推诚之意"到放手任用:外籍宦官任用与明前期君主的政治视野

自元朝开始高丽和安南等外籍宦官已进入中国宫廷,尤其是高丽,因向元朝贡女和贡阉已形成制度,因而大量阉宦进入元宫,成为中国皇帝身边最为亲近的外籍人士,必然在政治舞台上施加影响。然而元朝实行四怯薛制度,由贵族子弟侍奉宫廷轮流宿卫值班,替代了宦官的部分职能,因而宦官势力并不强大,高丽宦官因语言优势以及与高丽后妃的结合,更多是在处理高丽相关事务中突显其影响。《元史·宦者传》仅李邦宁和朴不花两名宦者有传。其中朴不花是高丽宦官,因与元顺帝的皇后奇氏的同乡关系而政治结盟影响元末政局,却并没有形成势力。安南宦官的作用更不彰显。并且元朝本身是少数民族政权入主中原,对外籍宦官的任用上没有显出特别的用意和设计。这与明朝对宦官的任用是有较大差异的。

明朝作为汉人为主体的多民族统一政权,有着更强烈的儒家正统观念,朱元璋登位之初,即派遣元廷遗留的高丽宦官回原籍出使,表达了"推诚以待,所以凡使三韩者,必土人阉者行"①,以示诚意的统治思想。作为王朝国家的君主,明太祖在用人上显示出开放的姿态。洪武元年(1368)八月,明太祖就指出:"蛮夷之人,性习虽殊,然其好生恶死之心未尝不同。若抚之以安静,待之以诚意,谕之以道理,彼岂有不从化者哉?"②派遣该国宦官出使原籍,是明朝开国以来的一个传统。这样做的优势十分明显,这些人既有语言优势,也了解该国国情,在国际交往较为有限、情报了解不多的传统社会,是很有帮助的。洪武时期,朱元璋在任用外籍宦官出使上开此先河,之后,明初从永乐到仁、宣几位统治者在对外

---

① [朝]郑麟趾等著,孙晓主编:《高丽史》卷136,列传第49《辛禑四》,第10册,第4100页。

② 《明太祖实录》卷34,洪武元年八月戊寅,第613页。

籍宦官的任用中，也显示出一定的政治目的。

第一节　洪武朝的"推诚之意"

一　朱元璋的和平外交策略

明太祖朱元璋改变了元朝黩武的政策，除加强对北方蒙古残存势力的防御，对于高丽、安南、琉球等周边国家都采取了和平的外交策略，言："海外蛮夷之国，有为患于中国者不可不讨，不为中国患者不可辄自兴兵。古人有言：'地广非久安之计，民劳乃易乱之源。'如隋炀帝妄兴师旅征讨琉球，杀害夷人，焚其宫室，俘虏男女数千人。得其地不足以供给，得其民不足以使令。徒慕虚名，自弊中土，载诸史册，为后世讥。朕以诸蛮夷小国，阻山越海，僻在一隅，彼不为中国患者，朕决不伐之。惟西北胡戎，世为中国患，不可不谨备之耳！"①

明朝肇始，洪武元年（1368）朱元璋即派遣使臣四出宣谕，并且表达了对周边属国一视同仁的态度，"昔帝王之治天下，凡日月所照，无有远近，一视同仁，故中国奠安，四方得所，非有意于臣服之也。"② 同一天发诏向高丽和安南派遣使臣。

洪武元年（1368）十二月二十六日，遣使符宝郎偰斯宣谕高丽曰：

> 自有宋失御天绝其祀，元非我类入主中国百有余年。天厌其昏淫亦用殒绝其命，华夷扰乱十有八年。当群雄初起时，朕为淮右布衣。暴兵忽至误入其中，见其无成忧惧弗宁。荷天地眷祐授以文武，东渡江左，习养民之道十有四年。其间西平汉主陈友谅，东缚吴王张士诚，南平闽粤戡定八番，北逐胡君肃清华夏，复我中国之旧疆。今年正月，臣民推戴即皇帝位，定有天下之号，曰大明，建元洪武。惟四夷未报，故遣使报王知之。昔我中国之君与高丽壤地相接，其王或臣或宾盖慕中国之风为安生灵而已。朕虽不德，不及我中国古先哲王使四夷怀之，然不可不使天下周知，余不多及。③

---

① 《明太祖实录》卷68，洪武四年九月辛未，第1277页。
② 《明太祖实录》卷37，洪武元年十二月壬辰，第750页。
③ 《明太祖实录》卷37，洪武元年十二月壬辰，第749—750页。

洪武元年（1368）十二月二十六日，同时派知府易济颁诏安南，诏曰：

> 昔帝王之治天下，凡日月所照，无有远近，一视同仁，故中国奠安，四方得所，非有意于臣服之也。自元政失纲，天下兵争者十有七年。四方遐远，信好不通。朕肇基江左，扫群雄、定华夏，臣民拥戴，已主中国，建国号曰大明，改元洪武。顷者克平元都，疆宇大同，已承正统，方与远迩相安于无事，以共享太平之福。惟尔四夷君长酋帅等遐远未闻，故兹诏示，想宜知悉。①

洪武二年（1369）六月，安南国王即派遣使臣入明朝贡方物，请求封爵，作为第一批来明入贡朝贺的国家。朱元璋非常高兴，随即派遣翰林侍读学士张以宁、典簿牛谅出使安南，册封安南国王陈日煃，诏曰：

> 咨尔安南国王陈日煃，惟乃祖父，昔守境于南陲，传之子孙，常称藩于中国，克恭臣职，以永世封。朕荷天地之灵，肃清华夏，顷驰书而往报，冀率土以咸宁。卿能奉表称臣，专使来贺，法尔前人之训，以安遐壤之民。眷兹勤意，深可嘉尚。是用遣使赍印，仍封尔为安南王。於戏！视广同仁，思效哲王之盛典；爵超五等，俾承奕业之遗芳。益茂令猷，永为藩辅！②

洪武二年（1369）八月甲子，高丽国王遣礼部尚书洪尚载等来明朝奉贺表、贡方物，请封爵。丙子，明朝遣符宝郎偰斯册封王颛为高丽国王。诰曰：

> 咨尔高丽国王王颛，世守朝鲜，绍前王之令绪。恪尊华夏，为东土之名藩。当四方之既平，尝专使而往报，即陈表贡，备悉衷诚，良由素习于文风，斯克勤修于臣职，允宜嘉尚，是用褒崇。今遣使赍印，仍封为高丽国王，仪制服用，许从本俗。於戏！保民社而肇封，式遵典礼。传子孙于永世，作镇边陲。其服训词，益绥福履。③

---

① 《明太祖实录》卷37，洪武元年十二月壬辰，第750—751页。
② 《明太祖实录》卷43，洪武二年六月壬午，第847页。
③ 《明太祖实录》卷44，洪武二年八月丙子，第866—867页。

从朱元璋建国伊始对周边国家的策略，可以看出其"抚之以安静，待之以诚意，谕之以道理"的诚意。

二　宦官——诚意的试金石

《明史》云："明太祖既定江左，鉴前代之失，置宦者不及百人。迨末年颁《祖训》，乃定为十有二监及各司局，稍称备员矣。"① 明朝初建，洪武时期宦官者不及百人，即便数目不精确，也可以看出留用的元朝阉宦数目不会很大，外籍宦官更是少数。加之太祖御宦颇严，对外籍宦官的任用除在身边侍奉，主要是充当出使高丽和朝鲜的使臣。

洪武元年（1368）十二月，朱元璋建国伊始便遣使赴高丽、安南等国宣谕表达结好的态度。洪武二年（1369）四月，还没有等到高丽派人来庆贺回应，明朝再次派人遣送流寓明朝的高丽人归国，"去冬尝遣使至王国，以玺书赐王。比因南徙幽燕之民，其间有高丽流寓者百六十余人，朕念其人岂无乡里骨肉之思，故令有司遣使护送东归"。而且这次派了高丽本国的宦官，还带着赏赐，言："内使金丽渊适在朕侧，自言亦高丽人，家有老母，久不得见。朕念其情，就令归省，并护送流寓者还。赐王纱、罗各六匹，至可领也。"②

尽管朱元璋对于此次遣使看似随意，然而此时北元势力未净，政权不稳，尤其是高丽与北元的联系千丝万缕，连境距离远比安南要近，却迟迟未有回应。朱元璋恐怕是急于想知道高丽的态度，所以再次遣使赴高丽。并且通过派遣高丽本国宦官，一方面进一步表达结好的诚意，另一方面也是对侍奉身边的高丽宦者的恩典，准予其回家省亲。

随后的洪武二年（1369）八月，高丽遣使奉贺表，明朝遣使册封高丽国王。从时间来看，离得较近的高丽来朝贺反而比路途遥远的安南还晚两个月。即便如此，此时两国的交往还是平顺的。

然而，洪武五年（1372），朱元璋派去高丽祭祀山川并流放陈友谅后人的高丽本国宦官孙内侍之死，却在其心里埋下了不信任的种子，亦成为洪武朝明丽关系的转折点。

洪武五年（1372）五月癸亥：

---

① （清）张廷玉等：《明史》卷 304《宦官一》，第 7765 页。
② 《明太祖实录》卷 41，洪武二年四月乙丑，第 815 页。

帝遣宦者前元院使延达麻失里及孙内侍来，赐王采段、纱罗四十八匹。王出迎于迎宾馆，中书省移咨曰：钦奉圣旨：那海东高丽国王那里自前年，为做立石碑，祭祀山川，飞报各处捷音，及送法服。使者重叠，王好生被暑热来为那般？我想着限山隔海，天造地设，生成的国土，那王每有仁政，管抚的好时，天地也喜。我这里勤勤的使臣往来呵，似乎动劳王身体一般，为哪般上头，我一年光景，不曾教人去。于今凭每中书省，省收拾纱罗段子四十八匹，差元朝旧日老院使送去，选海船一只，用全身挂甲的军人，在上面防海。就将那陈皇帝老少、夏皇帝老少去王京，不做军，不做民，闲住他自过活。王肯教那里住呵留下，不肯时节载回来！恁省家文书上好生说得仔细了。①

乙丑，陈理、明昇等男妇共二十七人入京。理、昇诣阙。王出御报平厅，理、昇拜于阶上，王坐受之。礼讫，从于使臣之下。昇年十八，理年二十二。

癸酉，孙内侍自缢于佛恩寺松树。②

朱元璋将前元宦官延达麻失里和孙内侍派去高丽，谁料不久孙内侍便自缢身亡。洪武六年（1373），从明朝出使回国的高丽使臣姜仁裕等人传达了朱元璋对于前一年孙内侍之死的怀疑和不满。朱元璋调查到："有姓孙的内侍废了，说病死了，自吊死了。说的差呵。我问的明白了也，恁那国王著带刀的人每窗下门外看守，行里步里关防的紧呵。那火者说道：'我是本国的人，怎的这般关防我？'说呵，姓朴的宰相不容说，打了一顿，更与了毒药药死，门里不敢将出，后墙上拖出去了。特地把帽子高挂在树上，尸首吊在树下，故意怕毒药显出，等的口内生蛆，才方交百姓来报。"③ 孙内侍自称为"本国的人"，显然也是高丽出身，死因亦并非上吊自杀，从朱元璋的问讯调查来看，孙内侍可能是知道或者探听到了什么事情，被高丽一姓朴的宰相毒杀灭口。同时，朱元璋表明自己所以派其本国宦官作为使者，是为了语言上方便沟通："我从前差去的人，你解的我意，我差人呵，不肯差汉儿人，都是你那里本国人。恁每问我这里事体动静，

---

① ［朝］郑麟趾等著，孙晓主编：《高丽史》卷43，世家第43《恭愍王六》，第3册，第1321页。

② ［朝］郑麟趾等著，孙晓主编：《高丽史》卷43，世家第43《恭愍王六》，第3册，第1321—1322页。

③ ［朝］郑麟趾等著，孙晓主编：《高丽史》卷44，世家第44《恭愍王七》，第3册，第1330页。

它不敢不说与恁。"因为对高丽的信任，所以把了解自己"动静备细"的身边近侍派去高丽，也不担心透漏明廷的情况。然而，孙内侍的死让朱元璋非常气愤失望，并且认定是被高丽所害，"这火者与我十二三年也，恁可废了他"！又言："我中国使臣使将去了，打死了，我再不使将人去。恁有心来呵，来；无心来呵，休来。"① 朱元璋在这份长篇的圣旨里第一次下了狠话，对高丽进行警告，认为其"不志诚"，如若"无心"就"休来"。

五个月之后，高丽派遣密直副使周英赞到南京，试图辩解孙内侍之死，说到："两内侍既联闲而共眠，何从鸩杀？老院使与同舟而相恶，卒致祸延。"② 高丽使臣的辩解没有实际证据显得苍白无力，并没有缓释朱元璋的疑虑，成为洪武朝与高丽关系的转折点。这从洪武十三年（1380），赴明使臣的咨文仍在解释此事，可以看出孙内侍之死造成的后果。

洪武十三年（1380）四月，高丽遣崇敬尹周谊到辽东，上咨文曰："小邦事大之礼，不曾有缺。钦蒙圣虑忧恤，特降诏旨，许以三年一聘。近年以来，朝贡不通，盖因孙内侍身故，金义叛逆事。孙内侍本国若害之，则当及延院使一行，岂止此官？"③ 然而，不信任的种子已经埋下，稍有龃龉便会触碰到彼此的疑心。

此后，朱元璋也曾数派高丽、朝鲜宦者回国出使索阉，以示信任和宽厚之意，消弭彼此的隔阂。然而，洪武二十八年（1395）却发生了一次性遣返二十六名朝鲜宦官的事件。

洪武二十八年（1395）五月：

> 阉人黄永奇、李仁敬、申用明、辛兴奇、金禾、郑澄、金希裕、李原义、崔渊等二十余人，至自京师，本国人也。上命校书少监郑浑讯其故。兴奇、禾、澄、原义、希裕等，尝觐亲而还，于赴京入阙时，或持苏合香元，或持阉人在阙中者本家书信，或持僧自超所赠随求梵书漆环。门者搜索奏闻，帝见之惊怪，命皆黜之。上遣奉常寺事金乙祥，具奏以闻，请罪永奇等。④

---

① ［朝］郑麟趾等著，孙晓主编：《高丽史》卷44，世家第44《恭愍王七》，第3册，第1334—1335页。

② ［朝］郑麟趾等著，孙晓主编：《高丽史》卷44，世家第44《恭愍王七》，第3册，第1338页。

③ ［朝］郑麟趾等著，孙晓主编：《高丽史》卷134，列传第47《辛禑二》，第10册，第4034页。

④ 《朝鲜李朝太祖实录》卷7，太祖四年五月癸卯，第79页。

洪武二十八年（1395）五月的这次朝鲜宦官归国事件颇不寻常，黄永奇等二十余名朝鲜阉人一同被明朝废黜永久性地遣回本国。对于他们所犯何事，当时的理由是他们归乡省亲返回明朝后，或持苏合香元，或持在明的阉人家书，或持佛经等物。但怎么看这些理由都不至于到遣返的程度，这也是明朝建立以后第一次遣返朝鲜宦官。

同年七月，朝鲜使臣金乙祥出使明朝后回报的信息，进一步补充了遣返宦官的细节。洪武二十七年（1394）十一月，明朝圣旨言：

> 尔国火者有一个柳条，卷过来放在鬘髻上，打开看里头，有个纸捻紧紧的卷着，不知什么字，又有几封书缝在衣领上，又那厮我根底奏道："本国王赏给四个银子。"既系王赏，呵就与他父母亲眷的是。他将来的意思，是尔那里教他将来，这个都是小道儿。我骂也不曾骂他一个，自家跳井死了。

这些返明的朝鲜宦官把带回来的信件、被朝鲜国王赏赐的银两都鬼祟地藏在身上，皇帝认为夹带物品的行为是小道儿，不曾骂就有人跳井死了。于是洪武二十八年（1395）四月二十五日，辽东都司接到礼部的批文，"为差百户姚忠，伴送本国阉人张夫介等二十六名，到来义州，交付还国"。金乙祥前去收领，惊惧回复张夫介等人起取赴京，"职当小心谨慎，给事宫中"，不期"奸顽不肖，干犯法令"。随即究问各人所犯情由，"张夫介等各各供说词因，理合论罪，为缘夫介等曾侍天朝，未敢擅便处断"。[1] 遣回此二十六人后，同年十月，又令金乙祥将火者崔加勿，带引回去。[2]

对于内使出宫夹带物品，《大明会典》中确有明确规定：

> 凡内使、监官并奉御内使，但遇出外，各门官须要收留本人在身关防牌面，于簿上印记姓名字号，明白附写前去某处，干办是何事务。其门官与守卫官军搜检沿身，别无夹带，方许放出。回还，一体搜检，给牌入内，以凭逐月稽考出外次数。但搜出应干杂药，就令自吃。若不服搜检者，杖一百充军。若非奉旨，私将兵器进入皇城门内

---

① 《朝鲜李朝太祖实录》卷 8，太祖四年秋七月己亥，第 80 页。
② 《朝鲜李朝太祖实录》卷 8，太祖四年冬十月乙卯，第 86 页。

者，杖一百，发边远充军。入宫殿门内者，绞，门官及守卫官，失于搜检者，与犯人同罪。①

张夫介等二十六名朝鲜宦官夹带私物入宫，的确有违宫规，触犯法令，但毕竟夹带的物品还谈不上兵器或者危险物品，宦官本人也没有不服搜检的情况，何以在尚且各处索阉充实宫廷的用人之际一次遣返这么多人呢？

明太祖朱元璋自建立明朝起与朝鲜半岛多年往来，朝鲜宦官亦作为中介往来两国，经事颇多，何以至洪武二十八年（1395），看似因小过却首次被遣返回国？恐怕与当时面临的辽东女真问题，以及朱元璋认为朝鲜表面恭顺、实则缺乏忠诚的成见不无关系。洪武二十六年（1393），明太祖获辽东奏报，"朝鲜国近遣其守边千户，招诱女直五百余人，潜渡鸭绿江，欲寇辽东。"② 得知朝鲜国招诱女真人，欲谋辽东，太祖派出了朝鲜内使黄永奇、崔渊等奉其手诏至朝鲜。诏曰：

> 一，曩者说两浙民中不良者，为尔报消息，已戮数十家矣。其高丽山川鬼神，岂不知尔造祸，殃及于民！此生衅一也。一，遣人至辽，将布帛金银之类，假以行礼为由，意在诱我边将，此生衅二也。一，近者，暗遣人说诱女真，带家小五百余名，潜渡鸭江，罪莫大焉。此生衅三也。一，口称称臣入贡，每以马至，令养马调之，马皆驽下，亦皆乘乏劳倦者，侮之一也。一，更国号一节，遣人请旨，许尔自为，或祖朝鲜，尔为苗裔。使者既还，杳无音信，反作衅端，侮之二也。③

诏文中历数朝鲜生衅者三，侮之者二的不忠不敬之举。李成桂以尊明事大为旗号取代王氏高丽，建立政权，然而其双面的做法使朱元璋始终对其缺乏信任。而后两国之间延续至洪武三十一年（1398）围绕表笺事件的外交纠纷，都是双方缺乏信任的结果。洪武二十六年（1393）被派回朝鲜出使的黄永奇和崔渊便是洪武二十八年（1395）被遣返回国不再续用的二

① 李东阳等纂，申时行等重修：《大明会典》卷166，新文丰出版有限公司1976年版。
② 《明太祖实录》卷228，洪武二十六年六月壬辰，第3324页。
③ 《朝鲜李朝太祖实录》卷3，太祖二年五月丁卯，第43页。

十六名朝鲜籍宦官中的成员。推测处于两国复杂政治背景下往来其间的朝鲜宦官使者必然牵扯其中，圣旨表面上说是因返乡宦官私携信件等物的小事，实则触碰到朱元璋对朝鲜的疑心。

这从之后的洪武三十年（1397）朝鲜欲向明朝贡女缔结姻亲被拒，朱元璋在接见朝鲜使者偰长寿等人时说的话更见肺腑，他说："尔国来的火者，我宫院里走我睡处，喫的膳都管。他要看爷娘，我教他去回来，恁都打发打银子。他既有爷娘，只合赍发他爷娘。将来这里做什么？他身上带着一介青的物、一介红的物、一介柳木圈子。拆圈子里有一张纸，满写西蕃字。如今比里有些残达子，我见去征他。尔若着二万人马，去出气力，我一点儿不疑，尔却肯么？"朱元璋说道从你们那儿回来的火者，我吃的住的都让他们管，毫不防范，想家了就派回去，但他们回来身上藏着西蕃字写的纸条。这让本就介怀朝鲜与北元势力私通的朱元璋更加疑虑。不知朱元璋在此提到的宦官私带纸条和朝鲜国王的赏银的涉事之人，是否恰好就是指洪武二十八年（1395）遣返的那批朝鲜宦官。

不仅如此，朝鲜所献的马鞍里面有倒写的"天"字，并且画十字写黄字，也让朱元璋心生疑窦。他让众内官拆开朝鲜所献鞍子，发现里面"一面雁翅板上左右，皆倒写天字，一介坐儿里书玄字，一面坐儿里画十字"。亲手把看后说道："他怎么这般小道儿？我这里写文书，但是天字都题起头写，早是我不曾骑。"使臣解释道："臣闻先进鞍子里，拆出字号。臣领这鞍子时，再三问管造人，他说并无。臣放心将来，管造人例着字号，以识品第，既装了，便行刮去。今管造人忘不刮去，其罪何量！臣到高丽，今四十年。恭愍王不必说了，中间两三介王臣，不敢保其至诚，如今王一心敬上，不敢怠慢。"[1] 仍然难以打消朱元璋的疑忌和对朝鲜不信任的心结。由此可以看出，洪武二十八年（1395）遣返阉宦一事，症结在于明朝政权初建，边地未稳之时，朱元璋难免对本就曾首鼠两端的高丽多有疑忌，疑其图谋辽东，亦疑其与北元相通，而派去高丽的孙内侍之死更是让这种似有似无的疑虑变为切实的不信任。

明朝肇始，太祖朱元璋便宣谕四方，对周边高丽、安南、占城等属国表达了和平外交的态度。然而，高丽为生存与北元联姻多年，在明初政权未稳之时，对于北元势力是否可能卷土重来采取观望态度而显得首鼠两端，对明朝缺乏绝对忠诚。在这样与朝鲜半岛的关系还没有建立起完全的信任，关系并不稳定的背景下，明廷对来自朝鲜半岛的宦官的任用，便具

①　《朝鲜李朝太祖实录》卷11，太祖六年夏四月己亥，第104页。

有了特别的意义。不仅利用其熟悉国情和语言的优势作为沟通的媒介，更将此作为向高丽和朝鲜表达诚意的手段，如朱元璋所说："我从前差去的人，你解的我意，我差人呵，不肯差汉儿人，都是你那里本国人。恁每问我这里事体动静，它不敢不说。"借此来表达对朝鲜的志诚和坦荡。

然而，随着孙内侍在朝鲜之死，成为明丽关系的转折，加之表笺事件、辽东边略等问题，使朱元璋对高丽和洪武二十六年（1393）之后的朝鲜政权缺乏信任，态度也由主动热情转向了怀疑和冷淡。往来两国之间，具有双重身份的在明朝鲜宦官，成为了双方态度的试金石和风向标。朱元璋通过征索阉宦并纳入明廷以示宽容和信任，维护友好往来；一旦发生龃龉产生猜忌，朝鲜宦官便可能被遣送回国，而在两国当时复杂的背景往来下，双重身份的朝鲜宦官也必然会承担刺探情报的秘密使命，首先成为被怀疑的对象。

而此时期两国的联姻也带有类似的含义，洪武二十一年（1388）四月，高丽使臣李穑自南京回国，宣谕明朝圣旨："我这里有几个孩儿，恁高丽有根脚好人家女孩儿，与将来教做亲。"[1] 表明欲与高丽联姻，高丽也很积极，马上派使臣尹承顺和权近赴明请亲并禀贡处女事。然而，第二年两人从南京回国后带回朱元璋的圣旨："高丽国中多事，为陪臣者，忠逆混淆，所为皆非良谋。君位自王氏被弑绝嗣，后虽假王氏，以异姓为之，亦非三韩世守之良法……礼部移文前去，童子不必赴京！果有贤智陪臣在位，定君臣之分于上，造妥民之计于国，虽数十岁不朝，亦何患哉？连岁来朝，又何厌哉！又命勿送处女！"[2] 恭愍王被弑后，假王氏继位的辛禑被朱元璋认定是乱臣贼子，加之其谋辽东之举，使双方关系降入低点，明朝拒绝与之联姻接收其所贡处女。

对于新兴的李氏朝鲜，朱元璋亦曾试图以联姻的方式表达诚意，避免辽东地区发生兵祸。然而因朝鲜所献鞍马内拆出倒写的"天"字，被疑与蒙古交通，朱元璋还是拒绝了此次联姻。洪武三十年（1397），朝鲜谢恩使自南京回国后带回朱元璋圣旨，有云：

> 中国周邻四夷，远近不等，惟朝鲜密迩东陲，比之他处，甚为切近。前者，王氏怠政而亡，李氏新兴，数生边衅，朕与语再三，终不

---

① ［朝］郑麟趾等著，孙晓主编：《高丽史》卷 137，列传第 50《辛禑五》，第 10 册，第4144 页。

② ［朝］郑麟趾等著，孙晓主编：《高丽史》卷 137，列传第 50《辛禑五》，第 10 册，第4148—4149 页。

能止。恐久生兵祸,实欲互为姻亲,以妥两国生民。此意此虑,已有年矣。是以二十九年六月间,但以行人,以通此意。使者归,闻王出迎,朕将以为必然姻亲之事成矣。三十年春,朝鲜亦为此事遣人,至进鞍马,以表诚意。次日验鞍马,器兽皆疵。观物之所以,初交尚此,久必不然。至君子良友各天一方,将欲会而未能,必千里神交而志通。今朝鲜,朕以诚往,彼以诈应。其千里神交而志通,可乎?事不断其初,后将必悔。其朝鲜姻亲之事,难以再议。尔礼部移文朝鲜,罢姻亲之议,善待行人,归谕以毋生边衅。①

总体来看,洪武朝驭宦严格,对外籍的宦官的任用主要是作为使臣沟通与其本国的关系。尤其是与朝鲜半岛往来中对于高丽、朝鲜宦官的特殊任用。因北元蒙古势力依然与明朝对峙威胁北疆,与中国隔江相临的高丽与蒙古还有千丝万缕的联系,对明朝欠缺忠诚,明朝洪武时期与朝鲜半岛的关系始终处于互相猜忌、试探的不稳定状态,任用熟悉语言、国情的朝鲜宦官出使回原籍显然可以帮助明朝搜集情报,掌握朝鲜的动向,孙内侍之死可以印证这种推测。并且以朝鲜宦官的任用为线索,可以为我们了解朱元璋《皇明祖训》中所规定的"十五不征之国"之一的朝鲜与明朝洪武时期交往的实况。而安南国在明朝建立后,最先来朝贡奉贺表,表达忠诚,太祖朱元璋亦承认安南作为独立王国的地位,将其列为不征之国,彼此打下了诚信交往的基础。洪武朝也有派元宫留用的安南宦官回原籍索取火者或者省亲的记录,明太祖朱元璋在《谕安南国王阮廷桧归省亲敕》中言:"前者占城之役,祗候内人阮廷桧,行中之一尔。因尔前王终于占海之滨,廷桧留于占国。思归,浮海至于岭南朕见净人,授以内臣之职,今六年矣。特令省亲并养疾,若痊,王必令至。今因廷桧,朕复谕尚兵相加之役,自今已后,王毋再举。勤修睦邻之道,以乐安南之民,其福无穷。故兹敕谕。"② 意在实现安南宦官阮廷桧回国省亲之事,而此时的安南和占城两国战事不休,朱元璋特意指明阮廷桧省亲养疾痊愈后,一定要让他再回明朝,显然利用宦官回其本国省亲之机了解安南国内情况,但整个洪武朝安南宦官使臣的作用并不突显,跟此时期两国和平交往的背景是分不开的。

---

① 《朝鲜李朝太祖实录》卷11,太祖六年夏四月己亥,第103页。
② 张德信、毛佩琦主编:《洪武御制全书》卷8《谕安南国王阮廷桧归省亲敕》,黄山书社1995年版,第132页。

第二节　永乐到仁宣时期

——外籍宦官的放手任用

建文帝朱允炆在位时间较短，并且多承袭洪武旧制，驭宦颇严，因而《明史》有燕王靖难起兵时，建文宫里"内臣多逃入其军，漏朝廷虚实"的说法。相反，燕王朱棣靖难起兵，多得燕府旧阉出力相助，"即位后遂多所委任"①。永乐朝始宦官被大举任用于出使、监军、镇守、刺探民隐等各领域，聪明机敏有培养价值者在内廷也会被教养读书受教育，逐渐走上政治舞台干政专权。

杜常顺很早就注意到永乐至宣德年间是明代宦官势力崛起的关键时期，非汉族宦官在其中所起的作用不可忽视。首先，成祖靖难夺位得宦官之助，而在阵前效力最著功勋者几乎都是非汉族宦官如女真人王彦、王安、藏人孟骥、回回郑和、蒙古族之云祥、田嘉禾等。其次，永乐至宣德年间，大批宦官被委以出使西洋、四夷的重任，而其中事功最著、最具代表性的人物仍然是如郑和、侯显等非汉族宦官。而宣德以后宦官政治的局面日见显露，如安南籍宦官金英、兴安、范弘等都极受皇帝亲信。这些人对朝廷作出的特殊贡献无疑大大有助于提高宦官在宫廷政治生活中的影响力。②

朱棣靖难起兵多得宦官相助即位后自然多加信用，加之进入南京夺权后又诛杀了大量不肯投降的文臣武将，提携任用宦官在一定程度起到牵制朝臣的作用。朝鲜史料中有这样一段对话，关于明朝宦官使臣温全从朝鲜回国后，对朝鲜座次安排不满，认为厚明朝的文官使臣而薄己，向永乐皇帝告状，说："朝鲜国王性气高亢，待臣以慢，老王则不然，待之以礼。此无他，向陛下之诚，有厚薄之故也。"永乐皇帝反而对温全说："尔以内臣，宜坐御史之上，反坐其下，遂致如此。非独国王之过，尔乃自取之也。"③可见，某些时候宦官敢与朝臣相抗并位居其上，亦有皇帝在背后的推波助澜。有温全的经历在前，永乐元年（1403）四月，黄俨、朱允端、韩帖木儿等宦官、文官再去朝鲜出使时，自然"以秩卑宦官，居都指挥之上"。

---

① （清）张廷玉等：《明史》卷 304《宦官一》，第 7766 页。

② 杜常顺：《明代宦官中的非汉族成分》，《青海师范大学学报》（哲学社会科学版）2004 年第 6 期。

③ 《朝鲜李朝太宗实录》卷 5，太宗三年夏四月丙辰，第 262 页。

一 朝鲜宦官出使索贡、搜集情报

永乐朝开始大举任用宦官，对于外籍的朝鲜和安南宦官也给予要职，多加委任。朱棣起兵夺权，朝鲜国王李芳远快速反应派使臣致贺，为两国交往打下了友好的基础，开始发展稳定的宗藩关系和封贡礼仪。李新峰曾统计永乐时期向朝鲜共派遣使臣 38 次，留名者 51 人，其中宦官多达 37 人，武官 6 人，文臣 8 人。正使共 22 人，其中宦官 14 人，出使 30 次，武官 5 人，文臣 3 人。[①] 这些宦官使臣中包括了大量的朝鲜本国宦官。以之为使宣谕命令，赏赐财物，不但丝毫没有语言方面的障碍，又深悉故国风俗习惯，不像朝臣一样对异国极为陌生，因此他们代替朝臣出使，势在必行。并且永乐朝已开始培养内官读书识字，接受教育，并且将《华夷译语》也作为其必读书目，可见是有意培养宦官承担出使的任务。[②]

从永乐至宣德朝沿袭了元朝做法，向朝鲜要求"贡女"和"贡阉"，虽未如元朝形成制度，但也颇为频繁。这种"别贡"的索取，超出正常的朝贡礼仪规定的物品范围，是为满足皇帝的私欲。永乐皇帝尤其钟爱朝鲜妃嫔，权氏和韩氏都相继成为宠妃，派遣身边近侍心腹回国索贡更私密、便捷。此外，朝鲜宦官也被派回国搜集情报，永乐时期与朝鲜关系趋于稳定，但进取北边的同时，必然要防备辽东女真，掌控朝鲜半岛的动向，遂派宦官回国分散各地以回乡省亲、出游为名打探消息，比如永乐四年（1406），宦官黄俨、海寿等出使朝鲜，听说济洲有三尊元朝时所铸工艺精良的铜佛像，想亲自去看。"俨等欲亲至济州，迎铜佛像，或曰：'帝使俨等观耽罗形势，意有所在。'上忧之，谋诸群臣，急遣宣差金道生、司直朴谟，驰往济州，以法华寺铜佛像来"[③]。朝鲜方面认为这是永乐皇帝想派他们去济州刺探调查当地形势，出游迎佛像不过是借口。另有永乐二十二年（1424），永乐皇帝对朝鲜贡使言："今小王不以至诚事我，前日求老王所使火者，乃别求他宦以送。"[④] 朱棣派人向朝鲜索取朝鲜"老王"李芳远所使用过的火者，但继位的"小王"李裪却用其他的宦官代替。朱棣来索要朝鲜先国王曾用过的阉宦，欲了解朝鲜宫廷内情的目的昭然若揭，对此朝鲜国王显然也做好了防备。

---

① 李新峰：《明前期赴朝鲜使臣丛考》，《明清论丛》第 4 辑，紫禁城出版社 2003 年版。
② 孙卫国：《论明初的宦官外交》，《南开学报》（哲学社会科学版）1994 年第 2 期。
③ 《朝鲜李朝太宗实录》卷 11，太宗六年四月庚辰，第 355 页。
④ 《朝鲜李朝世宗实录》卷 25，世宗六年秋七月辛巳，第 611 页。

仁、宣二帝继承了成祖的"旧习",仍然向朝鲜索取处女和阉宦。朝鲜宦官虽然频繁出现在明鲜的朝贡往来中,但多是来索取常贡以外的处女、火者等"别贡",皇帝不愿这些别贡为外廷所知,因而只能口头宣谕,不能出现在敕书中,"若处女则不可笔之于书,故兹有宣谕。"① 这样也给回国出使的宦官肆意索取的机会,皇帝多睁只眼闭只眼,实在过分也只会象征性予以警告,向朝鲜表明"朝廷遣人至王国中,王代以饮食足矣,毋遗以物。王父子敬事朝廷多历年岁逾久逾笃,朕所深知,非左右近习所能间也,王无虑焉。盖尝遣中官至彼多所需求,至是上闻之,遂有是命"②。说明宣宗很清楚自己派去的近侍会以天朝使者的身份巧取豪夺、狐假虎威,为满足私欲派他们出使也很难谈得上是信用。相应地,朝鲜宦官尹凤回其原籍出使时,私下对于仁、宣皇帝的评价也颇显冒犯,称:仁宗"沉于酒色,听政无时,百官莫知早暮";评价宣宗"今皇帝燕于宫中,长作杂戏"③。这与陪伴宣宗身边,身居司礼监与杨士奇等阁臣合作,被赐免死诏宠信有加的安南宦官无法相比。

二 安南宦官"尤有势力"

明成祖朱棣遣使去朝鲜索取阉宦时,曾言"朕取安南火者三千,皆昏愚无用,惟朝鲜火者明敏,可备任使。"④ 貌似对明敏好用的朝鲜宦官更为中意,多番派人索取。然而,所谓"昏愚无用"的安南宦官却被朱棣派去读书涉史,于东宫陪侍皇子、皇孙。这些安南宦官大多是永乐四年(1406)用兵安南时将军张辅带回来的所谓"安南火者三千"。《明史》有云:"永乐中,英国公张辅以交童之美秀者还,选为奄,弘及王瑾、阮安、阮浪等与焉。占对娴雅,成祖爱之,教令读书,涉经史,善笔札,侍仁宗东宫。"⑤ 待仁宗、宣宗即位后,陪侍东宫的安南宦官成为了皇帝的心腹,占据明初宦官政治舞台最重要的位置。正如张秀民所说:"明自永乐、宣德后,太监权渐重,而当时太监中有朝鲜人、琉球人与交阯人。交阯派尤有势力,凡保抱皇子,四夷征讨,提举市舶,均有交阯太监参与其间。"⑥

---

① 《朝鲜李朝世宗实录》卷 62,世宗十五年十月庚申,第 519 页。
② 《明宣宗实录》卷 59,宣宗四年十一月戊申,第 1412 页。
③ 《朝鲜李朝世宗实录》卷 39,世宗十年九月丁巳,第 143 页。
④ 《朝鲜李朝太宗实录》卷 14,太宗七年八月丁亥,第 409 页。
⑤ (清)张廷玉等:《明史》卷 304《宦官一》,第 7771 页。
⑥ 张秀民:《明代交阯人在中国之贡献》,载于张秀民《中越关系史论文集》,(台北)文史哲出版社 1992 年版,第 54 页。

　　朱棣喜爱聪明机敏，投其所好的朝鲜近侍，却培养重用更显愚笨的安南宦官，耐人寻味，也显示出成祖的用人智慧。进入明廷的安南宦官是张辅在安南得胜后阉割的俘虏，很多都是没有亲人的阉童，年纪小，因没有根基入宫后很快被教养成为忠心的家奴，甚至可能比明朝本土宦官更可靠。并且如前文所述成祖朱棣在用兵安南之前，曾派遣元廷留用的安南宦官阮算、阮宗道等人回安南出使暗中刺探情报。他们亦表现出对明朝的忠诚，甚至因此为留在安南的亲属招来杀身之祸。相反朝鲜宦官在明初以"别贡"的方式陆续入宫，很多已年长且与入明的朝鲜妃嫔相结合，在频繁的明鲜朝贡往来中牵连出复杂的人际交往关系。

第六章 僧人、后宫与士人：外籍宦官的 崇佛活动及其社交圈层

　　明朝初建，太祖朱元璋对宦官防备颇严，然而到洪武中期以后，宦官机构和制度逐步完善。成祖时期更强化并扩展宦官的责权。《明史·宦官传》言："及燕师逼北江，内臣多逃入其军，漏朝廷虚实。文皇以为忠于己，而狗儿辈复以军功得幸，即位后遂多所委任。"① 成祖靖难起兵夺权，是否得建文宫内宦官相助莫衷一是，但依靠大量燕府旧阉则毋庸置疑，因而登上皇位之后大举重用宦官。尹守衡《明史窃》记载："文皇时当靖难初，内官将兵者数人。有狗儿最敢战先登；王安即不花都，女直人，孟骥即添儿，西翻转人，郑和即三保，李谦即保儿，并云南人；云祥即猛哥，田嘉禾即哈喇帖木，并胡人；皆从起兵有功，入国后皆授太监。"② 燕府旧阉在靖难起兵中累立战功襄助朱棣成事，永乐改元后都被提拔重用成为皇帝心腹。并且这些燕府旧阉多为少数民族，成祖依照其特点善加利用，比如能征善战的女真宦官在明前期维护国家政权稳定、边疆安全中发挥着重要的作用。

　　明初宦官民族成份多元，且地域来源广泛，基于同样的民族、地缘因素难免结成政治团体，互相助援。明初外籍宦官主要来自朝鲜和安南，既有元朝留用的、又有太祖时期索贡入明廷的，尤以朝鲜阉宦为主，安南阉宦仅为少数。直至永乐四年（1406）成祖用兵安南，才使入明的安南宦官数量激增，张辅带回所谓"安南火者三千"，数量未必准确，但实际只会更多。这些小内侍到仁、宣时期长大成人，成为明廷宦官群体中的重要势力。

---

① （清）张廷玉：《明史》卷304《宦官传一》，第7766页。
② （明）尹守衡：《明史窃》卷25《宦官传》，光绪十二年重刊本，第5页上下。

然而一般宦官的民族、种族，除非涉及重大政治事件抑或重要的大太监，普通宦官之间及宦官与朝臣、后妃之间，借同乡同族关系而凝聚的关系网络、扩展的内外关系圈层，这些在传世的文献中都鲜有涉及，却可以在宦官的民间信仰活动中寻得蛛丝马迹。因而，在本章中笔者会将外籍宦官的信仰活动进行简单的列举概述，同时把明代宦官群体通常的几种交往类型进行归纳，进而探讨域外宦官群体的内外交往圈层及其在明代政治生活中扮演的角色。

第一节 宦官在两京的助缘修寺

明代宦官多崇信佛教，热衷于修建寺院，所谓"中官最信因果，好佛者众，其坟必僧寺也。"① 宦官通过参与佛事寻求心灵安寂，超渡尘俗，通过修建佛寺积德祈福，亦借此奉迎佞佛的皇帝，以巩固自身的权力地位；除此外还可以在佛寺中安排百年后事。宦官因其特殊的职业特点，大多活动于北京和南京两座都城的宫廷之中，死后也便就地安葬。因此，北京城"环城之四野，往往有佛寺，宏阔壮丽奇伟，不可胜计"，"皆阉人之葬地也，阉人既卜葬于此，乃更创大寺于其旁，使浮屠者居之，以为其守冢之人"②。西山等地尤其是宦官坟寺区。清人朱彝尊有所谓："都城自辽、金以后，至于元，靡岁不建佛寺。明则大珰无人不建佛寺，梵宫之盛，倍于建章，万户千门。"③ 并且明朝皇帝自太祖始皆好佛事。明成祖朱棣靖难起兵，亦多得佛教僧人道衍为之谋划，更加倡导佛事。因而明朝宦官也受皇室影响，上行下效热衷佛事。

宦官在选择坟茔所在时，除考虑风水因素之外，还要在坟旁营建寺院、享祠。且生前择地建寺，以"祝延圣寿、祈福苍生"为名，得到皇帝赐额及护敕的做法，在明代两京地区的宦官中屡见不鲜。其动机正如王廷相所言"假藉佛宫垂不朽"④，希望通过皇恩的庇佑，保护寺院不受破坏，从而使身后香火不绝，岁有人祀，为自己及寺院谋得长久之计。住持僧则通过立碑契约的方式，对后之嗣者作严格规定，以保寺产、香火不至断绝。

---

① （明）刘若愚：《酌中志》卷22《见闻琐事杂记》，北京古籍出版社1994年版，第203页。

② （清）万青黎、周家楣修：《光绪顺天府志》卷17《寺观二》，北京古籍出版社1987年版，第548—549页。

③ （清）于敏中：《日下旧闻考》卷60，北京古籍出版社1983年版，第986页。

④ （明）沈榜：《宛署杂记》卷20《志遗三》，北京古籍出版社1983年版，第256页。

一　安南大珰与北京名刹的营建

安南人笃信佛道二教，这点与明代中国是一样的。《大越史记全书》有云："李太祖即帝位，甫及二年，宗庙未建，社稷未立，先于天德府创立八寺，又重修诸路寺观，而度京师千余人为僧。"[①] 安南李朝时虽建文庙，定科举，但极为信奉佛教。陈朝亦是，高僧与儒者相映，到后黎朝时儒家思想方压倒佛教，大为昌明。[②] 明朝史论中常被称为"佞佛"的宦官中亦不乏安南籍大珰。

明代北京寺院多由宦官营建，而最为人所熟知的是今北京东四大街的隆福寺，"明景泰中所建也。在崇文门北、大市街之西北，今其地称隆福寺街。明景泰三年，太监兴安用事，佞佛甚于王振，请帝于大兴县东大市街之西北建大隆福寺，费数十万，以太监尚义、陈祥、陈谨，工部左侍郎赵荣董之。四年三月工成。寺之严壮与兴隆并。"[③] 隆福寺为皇家香火院，其规模与正统年间王振所修大兴隆寺并为京师"巨刹"。[④]

而倡议修建该寺的安南人兴安正是明景泰年间最为得宠的宦官，多项政治事件皆与其相关。如在"土木之变"英宗被俘后力主抗敌，主张任用于谦，并且参与景帝易储之谋等。《明史》有传，言："及易储，人遂疑安预谋矣。安有廉操，知于谦贤，力护之……安佞佛，临殁，遗命舂骨为灰，以供浮屠。"[⑤] 兴安笃信佛教，除跟随性地捐修了北京的宝光寺[⑥]、法海寺[⑦]等佛寺，还曾在西山修坟建寺，"内使阮绢阿附司礼监太监兴安，为嘱管工太监黎贤擅于内府西海子边作佛庵，及西山等作生坟、佛寺，盗用官木等料万计。事露，安惧，以状闻，委罪于绢。都察院收绢及贤，鞫得实，坐贤赎斩、绢绞，劾怙恩罔上，冥真于法。诏安不问，贤、绢亦宥其

---

①　[越] 吴士连等著，陈荆和合校：《大越史记全书》卷2，李顺天元年七月，上册，第208页。

②　叶少飞：《黎崇〈越鉴通考总论〉的史论与史学》，载于张伯伦编《域外汉籍研究集刊》第十一辑，中华书局2015年版，第232页。

③　(清) 万青黎、周家楣修：《光绪顺天府志》卷16《寺观一》，第483页。

④　(明) 陆容：《菽园杂记》卷5："京师巨刹大兴隆、大隆福二寺，为朝廷香火院。"中华书局1997年版，第59页。

⑤　(清) 张廷玉等：《明史》卷304《宦官一》，第7770页。

⑥　正统五年 (1440) 正月刻《敕赐宝光禅寺助缘记》碑阴捐助名单，载于北京图书馆金石组编《北京图书馆藏中国历代石刻拓本汇编》第51册，第99页。

⑦　正统八年 (1443) 十月十五日刻《敕赐法海禅寺助缘信官》，载于北京图书馆金石组编《北京图书馆藏中国历代石刻拓本汇编》第51册，第112页。

罪，所造庵寺，令内官监毁之，物料入官”①。阮绢、黎贤俱为兴安的安南籍同僚，二人还曾为助其修坟寺盗用官木。

此外，兴安还捐修了今北京宛平县白纸坊的真空寺等佛寺。

> 都城宣武关外迤西不十里许，旧有彰义门，乃大金以前所名，接卢沟桥之周行也，其界今属顺天府宛平县白纸坊，居虽辐辏，地则窊下，凡□□一近，行人苦于泥泞。景泰间，司礼监太监兴公安偶经此处，患之，亟发囊帑，辟途启迳，作徒杠工座，以便往来。时寮寀陈公谨、中贵沈公温、韦公定、偕居士郑道明，共图成之，复建梵刹一所，工未完而闻之于上。上曰：“嘉哉！斯举传云岁十一月，徒杠成，民未病涉也，为之者其仁人乎！”赐兼金彩段有差，题其寺曰真空。②

碑文中的陈谨“景泰纪元，上以公历事先朝，才德优硕，特升太监……任用益专，恩赉益厚”③，是兴安的安南籍同僚，二人皆于永乐五年（1407）入宫，并都在景泰之后得势。

北京城中明代宦官捐修的寺庙固然多，但能获得皇帝题名的却只为少数得宠的大宦官所建。然而在明初得到如此恩遇的安南籍宦官不止景泰年的兴安，之前历朝皆不难见到安南大太监的痕迹。兴安的发迹主要在景泰时期，在他之前最具权势的安南宦官是金英，王世贞补充了他的经历，“金英者，正统中司礼太监也，王振没，掌监事。景帝以其擅权，恶之……”④ 金英为永乐五年（1407）入宫的安南人，早于宣德朝已位列司礼太监且被宣宗视为亲信授予免死诏⑤，恩宠已极。英宗即位当年，金英感念“太宗文皇帝抚养训诲，授以官职；仁宗昭皇帝恩加深厚；宣宗章皇帝信任委职；今上皇帝益加重任。四圣大恩，德同天地。英日夜感戴，深切于心”，捐出历任皇帝“所赐金币，并募缘赀财，于仁宗皇帝所赐地，内建佛寺一区”，亲自撰写碑文表达忠心，“祝延皇上万岁圣寿，资益三圣天宫之福，以表涓埃之诚。经始于正统元年（1436）二月十二日，成于明年八月十二日。

---

① 《明英宗实录》卷248，景泰五年十二月丁亥，第5369页。

② 《重修真空寺碑记》，载于北京图书馆金石组编《北京图书馆藏中国历代石刻拓本汇编》第56册，第83页。

③ 《明故内官监太监陈公墓志铭》，载于中国文物研究所、北京石刻艺术博物馆编《新中国出土墓志·北京卷》，第73页。

④ （明）王世贞：《弇山堂别集》卷91《中官考二》，中华书局1985年版，第1748页。

⑤ （清）张廷玉：《明史》卷304《宦官一》，第7770页，“金英者，宣宗朝司礼太监也，亲信用事。宣德七年赐英及范弘免死诏，辞极褒美。”

间以闻上，钦蒙圣恩，赐名圆觉禅寺"①。金英在另一通寺碑《圆觉寺碑》中则更详细地叙述了为寺请名的过程。

> 请僧□内，朝夕讽诵经文，祝延圣寿，及答报三圣在天之灵，以表臣涓埃之报切。缘本寺僧人数少，今□行□□住住持等僧等徒弟若干，未给度牒，臣不胜感戴天恩之至。为此谨题，伏候敕旨。圣旨："是，该衙门知道。"正统二年正月□□日抄白行在礼部，为寺额事。正统二年正月二十五日早，该内官范弘传内官金□□请寺名。奉圣旨："著做圆觉禅寺。钦此。"②

金英为圆觉寺众僧请给度牒及请求赐寺额以求被护持，要求被批准赐寺名为圆觉寺，碑文特别提到金英的请求是通过范弘传达给皇上的，而范弘又恰恰是金英的安南籍同僚，《明史》有云："范弘，交阯人，初名安。……宣德初，为更名，累迁司礼太监，偕（金）英受免死诏，又偕英及御用太监王瑾，同赐银记。正统时，英宗眷弘，尝目之曰蓬莱吉士。十四年从征，殁于土木，丧归，葬香山永安寺，弘建也。"③ 范弘与金英于宣德朝同为司礼太监并受免死诏，同受英宗宠眷，碑文中又特意提及其名字，必然在其中起到积极作用。

明末刘侗、于奕正所著《帝京景物略》称："京师天下之观，香山寺，当其首游也。"这座坐落在京师的著名寺庙即为清乾隆帝赐名的"香山大永安禅寺"，寺始建于金，"明正统中，太监范弘拓之，费矩七十余万，今寺有弘墓，墓中衣冠尔，盖弘从幸土木，未归矣"④。"正统六年太监范弘建，奏请敕赐今名"⑤。这位斥七十余万巨资拓建永安寺的太监即为上文所提及的范弘，而永安寺之名则是明英宗受范弘之请所赐。足见明安南宦官势力和财力之大。

北京城中营建于明代仁宣到英代宗时期的有名的寺庙中，许多是由安南宦官主持或跟随捐助的，这种情况在南京也同样存在，有些安南大珰甚

---

① 正统四年（1439）四月八日刻，《圆觉禅寺新建记》，载于北京图书馆金石组编《北京图书馆藏中国历代石刻拓本汇编》第 51 册，第 95 页。

② 梁绍杰：《明代宦官碑传录》，香港大学中文系 1997 年版，第 77 页。

③ （清）张廷玉：《明史》卷 304《宦官一》，第 7771 页。

④ （明）刘侗、于奕正：《帝京景物略》卷 6《香山寺》，北京古籍出版社 1983 年版，第 229—230 页。

⑤ （明）沈榜：《宛署杂记》卷 19《香山永安寺》，北京古籍出版社 1983 年版，第 226 页。

至在两京皆捐建梵刹。明代南京著名的佛寺承恩寺便是安南大珰王瑾舍宅而建，景泰二年（1451）九月司礼监太监陈祥等人所立《乞恩改寺题奏板》载："有已故太监王瑾，原在南京在城三山街住房一所，与旧内相并，其余官员不敢居住。见有原供养佛像一堂，臣等各备钱物，欲将本房修改为寺，朝夕焚修，未敢擅便。如蒙准题，伏望圣恩怜悯，将本房一所，改为寺院，乞赐额名。"① 王瑾旧宅所在的三山街是明代南京最为繁华的街市。因王瑾去世后其他官员不敢居住，司礼太监陈祥等人便请求将此宅改为寺院并乞赐寺额。景泰七年（1456）户部尚书陈循撰写的《敕赐承恩禅寺碑文铭》中进一步载有：

> 御用监太监王公瑾，……原有宣宗章皇帝所赐南京旧内之侧居第一所，而知友司礼监太监陈公祥等，具以闻上，上悯其忠义辅国之诚，乃以其宅，敕赐改为承恩禅寺，以追悼之。着前西天佛子大智法王手度弟子、南京僧录司右觉义、牛首山弘觉寺住持福宽，兼主之。爰寺经始于景泰辛未，落成于丙子……公之名瑾，字润德，号肃慎翁，盖章宗皇帝所赐，世为南服大家。②

王瑾景泰年去世前官至御用监太监，代宗"悯其忠义辅国之诚"批准了其生前好友陈祥等人的请求，改宅为寺，"以追悼之"。而据《明史》王瑾"初名陈芜。宣宗为皇太孙时，朝夕给事。及即位，赐姓名，从征汉王高煦还，参预四方兵事，赏赉累巨万，数赐银记曰'忠肝义胆'，曰'金貂贵客'，曰'忠诚自励'，曰'心迹双清'。又赐以两宫人，官其养子王椿，其受宠眷，（金）英、（范）弘莫逮也。"③ 王瑾为永乐时入宫的安南人，因有保抱皇孙之功，宣宗即位后对其宠眷又非金英、范弘可比，自然财富也无人能及，王瑾在北京安定门附近的永安庄亦有别业，宣宗皇帝车驾时巡每经是庄，"深见嘉悦，辄命息而幸焉，徘徊顾临"，王瑾"每追惟恩德，未尝不深为之感激"，于是"以其地构前后左右殿……肖玄天真武之像于中……经始于正统八年之春落成于十一年之冬，事闻敕赐名真武庙"，④ 王瑾为表达不忘宣宗此恩，舍庄建真武庙，碑阴中跟随捐助的皆为

---

① （清）释鹰巢编：《承恩寺缘起碑板录》，南京出版社 2011 年版，第 6 页。
② （清）释鹰巢编：《承恩寺缘起碑板录》，南京出版社 2011 年版，第 9 页。
③ （清）张廷玉等：《明史》卷 304《宦官一》，第 7771 页。
④ 正统十二年（1447）闰四月十三日刻，《真武庙碑》，载于北京图书馆金石组编《北京图书馆藏中国历代石刻拓本汇编》第 51 册，第 148 页。

王振、金英等大珰。直到景泰年间王瑾去世前，皇帝仍"命太医官八人络绎赍御药往视，中官遗金帛饮馔问安否不绝于道，既卒官其奴与其从者十二人，赐祭赐帛赐钞五十万缗谓内臣恩宠鲜有出其右者"①。去世后，坟寺于北京"西山有弘教寺，并护坟麦庄、板桥等庄三处"②。王瑾所建的寺庙尚不止以上几处，其财力可想而知。王瑾自永乐入宫直至景泰去世，荣宠已极，兴安、金英、范弘亦不落其后，而后世往往因土木之变将王振视为权宦的开始，忽略了有财力和实力捐建出明前期京师这许多数一数二的寺庙的安南大珰，他们自宣德朝始似已形成一股势力群体。

从安南宦官在明朝两京的大举修庙建寺的活动可以看出，他们同样笃信佛教，并且没有因为来自藩属小国而受不平等的待遇。其中王瑾、兴安等大太监财力雄厚并且捐资修建的寺庙都能得到皇帝的敕御守护，死后亦将坟茔建在所修建的寺院附近。

二 朝鲜宦官的助缘修寺

宣德五年（1430），朝鲜宦官尹凤回原籍出使，言："本国信儒者之说，不好佛事。中国自太祖皇帝以来，皆好佛事，洪熙最好，亲设水陆佛氏之来尚矣。"国王表示质疑"中国岂无儒者"？朝鲜大臣成达生、徐选等人印证"亲见好佛之事"。③ 朝鲜君臣看起来比明朝皇帝更维护儒家传统，根源于李成桂用儒家政治理论并倚仗儒臣支持推翻崇信佛教的高丽王朝，又以礼义典章作为治国基础以缘饰其政权的正常性或合法性。因此，自诩为礼仪之邦的朝鲜与中国交往务必在形式上谨守礼制名分，故屡屡强调"至诚""事大以诚""诚心事大"，视进献物为"事大之礼"，笃实履行小邦义务。④

明初宫廷中外籍朝鲜与安南大珰是可以势均力敌的。但安南宦官显然更热衷于佛事，因而北京城的佛寺名刹中很多可见安南大珰的名字。朝鲜宦官即便在其本国李朝时期不佞于佛事，但入明廷后也与其他宦官无异，有钱得势后捐修佛寺邀宠固位，营建坟寺延续香火。

---

① （明）叶盛：《水东日记》卷34《太监陈芜恩宠》，中华书局1997年版，第331页。

② （明）张学颜等：《万历会计录》卷23，北京图书馆古籍珍本丛刊第53册，书目文献出版社1987年版。

③ 《朝鲜李朝世宗实录》卷50，世宗十二年十一月己酉，第271页。

④ 陈学霖：《海寿——永乐朝一位朝鲜籍宦官》，载于陈学霖《明代人物与史料》，香港中文大学出版社2001年版，第128页。

乾隆有诗《弘光寺》云："九曲松穷见耆窟，入门屏息礼金身。去年此日有何异，色相空如底是真。慧草阶前亦生意，德山户外自佳邻。穹窿圆殿图金碧，创制犹传高丽人。"说的便是成化年间朝鲜大珰郑同所营建的洪光寺。

位于京西香山公园的洪光寺，目前已仅存遗址并不对外开放，只有导引标识上介绍："始建于明成化年间，清乾隆十一年（1746）建香山静宜园时改建，由观音殿、毗卢圆殿、香岩室等建筑组成，香岩室被列为静宜园二十八景之一。1860年被英法联军焚毁，仅存遗址。民国时期曾改建为私人别墅。"然而，明清时却是颇具规模和特色的京西名刹。"寺建自郑长侍同。长侍生高丽，其国王李祹，遣入中国，得侍宣宗。后复使高丽，至金刚山见千佛绕毗卢之式，归结圆殿，供毗卢，表里千佛，面背相向也。自为碑文，自书之"①。洪光寺为郑同模仿金刚山的建筑修建而成，虽具体的营建时间不可考，但朝鲜关于郑同的出使记录可以发现模仿金刚山的记录。景泰六年（1455）郑同作为副使与正使宦官高黼第一次出使原籍朝鲜，临走时向朝鲜求得了金刚山的图纸。"都承旨申叔舟问安于高辅等，因使画员安贵生示金刚山图于郑通曰：'大人前日请于首阳君，故殿下命画工作图而来。'通赞叹不已。辅曰：'吾亦曾请于首阳君，何独赠于副使乎？我欲进献此图十余幅，宜备画四时之景。'答曰：'无圣旨，不可进献。大人若欲见之，吾当启殿下矣'"②。此次出使可以看出作为副使的郑同地位并不在正使之下，恐怕与他和韩氏桂兰的政治结盟不无关系，朝鲜亦不敢小觑。由此推断，郑同应该是此次拿到金刚山的图纸，回明朝之后筹谋建寺。

而郑同所以仿金刚山之式恐怕与明朝皇帝信奉佛教，认为金刚山是灵山有关。成化四年（1468），先于郑同出使朝鲜的宦官姜玉、金辅，就曾替明宪宗在朝鲜金刚山挂幡。《朝鲜世祖实录》载：

> 姜玉等出迎于中门，扣头再拜谢，赐衣服等物，上答拜。使朴元亨语玉等曰："闻大人等，欲见金刚山，两大人皆去乎？"玉等曰："皆去。"上曰："率头目几人？"玉曰："我则留六人。"金辅曰："我则留四人，余皆率去。"上曰："头目等亦欲见之，则尽率何妨？"玉等喜。又使语玉等曰："以元亨为远接使，卢思慎为支待使。"玉等又

---

① （明）刘侗、于奕正：《帝京景物略》卷6《洪光寺》，北京古籍出版社1983年版，第257页。
② 《朝鲜李朝端宗实录》卷14，端宗三年闰六月丁未，第42页。

大喜曰："皇帝出金段四匹,使我等亲到金刚山挂幡,今欲见于殿下。"上曰:"今日饮酒食肉,不应开见献佛之物。"玉等曰:"是。"上又使语玉等曰:"金刚山真是灵山,然皇帝何以知之?"玉等曰:"老太监等奏达。"①

这便可以理解郑同一回国便目标明确地要来金刚山的图纸,并将设计融入自己斥巨资修建的佛寺中。

洪光寺殿内本有郑同自撰的碑文立于内,但从乾隆的诗文可见那时碑已不存在了。正德年间大学士李东阳应当见过此碑,故在其文集《李东阳集》中说道:"至洪光寺。地益峻,上有碑,称成化间太监郑同所建,凡费银七十万两。因询知香山为正统间太监范弘所建,视此尤倍,其费当益多。"②碑文自述建于成化年间,费银七十万两,足见郑同的财力之雄厚。

除斥巨资营建洪光寺,当得知附近的香山寺即永安寺为正统间太监范弘所建,郑同也对其进行修葺,倾力不计其费。并且于成化五年(1469)请宪宗"敕谕禁护"永安寺,防止寺产被毁坏,还以僧录司右觉义住持寺院。

此外,京城以西香山乡的永寿寺,亦为天顺三年(1459)尚膳监太监金兴所建,成化七年(1471)宪宗赐额。碑文记载:"公宣德中来自朝鲜之清州,入侍清禁,受知列圣,累官尚膳左少监。今天子成化初升太监,五十年来小心慎密,未尝有过。"③金兴自朝鲜入明廷五十年,历侍五朝,对恩赏所得除日用所需,"不亵用,不妄费",用来修建寺庙,以报答上恩。言词中可以看出其小心侍上的谨慎态度。《明实录》和《朝鲜王朝实录》都是自景泰年间开始出现金兴的记录,被派遣回原籍对朝鲜王室进行册封或赏赐,这对孤悬海外、背井离乡的宦官来说是莫大的体恤和荣耀。推测代宗登位后,金兴不仅得到重用的,更屡次被派回朝鲜出使。然而,英宗复辟后没有其出使记录,直至成化改元再行出使。那么,天顺三年(1459)金兴捐修永寿寺,很可能是因英宗复位后失宠,便试图通过助缘修庙的佛事活动向皇帝表达忠心邀宠固位。

朝鲜宦官也与明朝本土的宦官一样,组成养老义会,并在坟茔所在之地捐修佛寺守护坟茔、供奉香火。成化年入宫的朝鲜宦官韩锡墓志中记载

---

① 《朝鲜李朝世祖实录》卷46,世祖十四年四月庚子,第178页。

② (明)李东阳撰,周寅宾、钱振民校点:《李东阳集》文后稿卷7《山行记》,岳麓书社2008年版,第1025页。

③ (明)叶盛:《泾东小稿》卷5《永寿禅寺记》,《续修四库全书》,集部第1329册,上海古籍出版社2002年版,第66页。

其"墓在南城弘法禅林，乃公之义会地也。"[1] 顺天府宛平县宣武关外白纸坊弘法寺，此地应为宦官们的寿藏义会之所。除嘉靖二十七年（1548）葬于此地的韩锡之外，嘉靖十七年（1538）三月，内官监太监孙彬死，"卜地于宣武关外弘法寺之原"[2]；嘉靖二十三年（1544）十一月，萧平"扶枢出宣武关外白纸坊，窀穸于弘法寺本官萧公之侧"[3]，嘉靖二十五年（1546）寿终正寝的司礼太监宋兴"葬宣武关西弘法寺之左预营寿藏"[4]，都葬于弘法寺义会之地。而最初预买此地建弘法寺作为寿藏的是从天顺到嘉靖历侍六朝的大太监萧敬。萧敬于嘉靖七年（1528）寿终于私第，礼部尚书翟銮为其撰写的墓志记载："公柩葬都城南弘法寺之原。初公与赠司礼监太监魏公俊交好，因与盟曰：'生同志没当同归。'迺买地弘法豫为寿藏。魏先往，公病亟戒其孙曰：'必葬我弘法从魏公也'，可谓久要不忘矣。"[5] 萧敬因生前与太监魏俊交好，与之相约没当同葬，因而豫买此地为寿藏。而韩锡七岁入宫"就养萧公，每以孝闻"，因而萧敬去世后为其处理丧葬事宜。韩锡自己死后也附葬于此，如同样葬于此地的孙彬墓志中即标明为"已故掌司礼监太监萧公名下"。尚膳监太监萧平嘉靖二十三年（1544）卒，亦"窀穸于弘法寺本官萧公之侧"[6]。显然，附葬于弘法寺义会的都是萧敬名下，或与之交好的宦官。清朝太监回忆道："太监养老义会由明代至今，由来久矣。凡为太监者，无贵贱皆苦人，所以有养老义会之设。"一般太监中有志者联合同类多人，创建自主庙观，开山传派，延长本门香烟，结宗传代。[7] 韩锡虽为朝鲜人，亦加入义会参与修建佛寺供奉香山，种种行为俨然与本土宦官无异。

① 《明故内官太监韩公墓志铭》，载于中国文物研究所、北京石刻艺术博物馆编《新中国出土墓志·北京卷》，第 162 页。

② 《明故内官监太监孙公墓志铭》，载于中国文物研究所、北京石刻艺术博物馆编《新中国出土墓志·北京卷》，第 168 页。

③ 《明故尚膳监太监萧公墓志铭》，载于中国文物研究所、北京石刻艺术博物馆编《新中国出土墓志·北京卷》，第 179 页。

④ 《大明故东厂总督前司礼内官监太监宋公墓志铭》，载于中国文物研究所、北京石刻艺术博物馆编《新中国出土墓志·北京卷》，第 173 页。

⑤ 《皇明故司礼监萧公墓志铭》，载于中国文物研究所、北京石刻艺术博物馆编《新中国出土墓志·北京卷》，第 118 页。

⑥ 《明故尚膳监太监萧公墓志铭》，载于中国文物研究所、北京石刻艺术博物馆编《新中国出土墓志·北京卷》，第 179 页。

⑦ 信修明：《老太监的回忆》，北京燕山出版社 1992 年版，第 140 页。

第二节 宦官群体内部的几种关系类型

明代宦官作为活跃于紫禁城的一个特殊群体，除了与皇帝、后妃等宫内人员发生联系外，也会走出宫廷，与士大夫或民间百姓、僧人等多种群体发生勾连。但重要的是这一群体内部所构成的错综复杂的关系网络，是以往研究中的盲点却能影响着国家的政治生活。概而言之，诸如地缘、师生、同年、血缘、同僚等，大抵构成了明代宦官关系的主要网络。

本管与名下宦官之间的关系。这种关系一如士大夫之间的师生甚至父子，往往能形成比较稳固的派系。正德年间，尚膳监太监傅锦的墓志铭文中交代了其幼年入宫后"给与尚膳监太监张公辉名下抚育"①，而为其持办葬礼的又是傅锦名下抚育的御用监右少监苏章。可见，小内侍初入宫总会隶属于某位大珰来抚育，其规制如太监刘若愚所云："中官规矩：本管者，视甲科之大主考；照管老叔者，视房考；同官者，视同门；本管之于名下，照管之于侄子，犹座师之视门生，亦若父子焉。"② 入宫内侍，不仅要派拨与一位资深的太监为"名下"，这位太监即小内侍的"本管"；同时，也会另派一位太监为其"照管"，小内侍称之为"照管老叔"，本管、照管老叔与初入宫的小内侍情若座主门生的关系和父子的关系。正如成化年间大珰樊坚临死前，对其门下内侍张福所说："我自幼鞠汝，汝曹于我有子道焉。众中惟汝长且贤。我死，以形骸累汝。汝其尽。"③ 樊坚死将骸骨托付给张福，因自幼抚养他而与之情同父子。本管与照管太监对其名下的小黄门不仅抚育督责，并且会尽力提携，从而形成自己一派的权位接替的特殊关系。而小黄门也视本管太监为父，追随其以获得升迁机会。

正德年间御马监太监王钦是一直伴随本管太监身边从而不断获得升迁机会的典型。王钦曾在弘治年间"事故司礼监太监黄公中为明府"，也就是曾侍太子于东宫，正德改元后，黄中奉命出守，王钦仍"疏名请随之"。④ 而后，黄中因东宫的旧劳，被升任于宦官机构的最高衙门司礼监，

---

① 《明故尚膳监太监傅公墓志铭》，载于中国文物研究所、北京石刻艺术博物馆编《新中国出土墓志·北京卷》，第 155 页。

② （明）刘若愚：《酌中志》卷 14《客魏始末纪略》，北京古籍出版社 1994 年版，第 68 页。

③ 《明故司设监太监樊公墓志铭》，载于北京图书馆金石组编《北京图书馆藏中国历代石刻拓本汇编》第 52 册，第 170 页。

④ 《明故御马监太监王公（钦）墓志铭》，载于中国文物研究所、北京石刻艺术博物馆编《新中国出土墓志·北京卷》，第 173 页。

王钦也随之加升为左监丞，很快升为右少监、太监，这都与其本管太监黄中高升后的提携密不可分。

从太监王钦的经历中，不仅可以看到本管与名下太监的纵向关系，同时也有他与同门的横向联系。王钦"尝与同门署惜薪司事司设监太监张公环辈，于都城西宛平县香山乡广源闸悯贤祠左择□一区，治一墙垣、树株，以为归藏之所。意以大期之来，万岁千秋，图与黄公密迩。"王钦与同在黄中名下的太监张环等人一起在黄中的祠旁修寿藏，图与黄公"密迩"。这种死后同葬的方式亦如正常家庭般的模式。本管太监为父，而名下内侍间如兄弟，以本管太监为核心形成类似于中国传统的家庭血缘结构，正如陈玉女所认为的"采取主干分枝的繁衍方式扩大其组织系统。因此，宦官同派组织，视同宦官家庭组织一般，而大珰如同家庭的大家长，与其名下情同父子的关系，则充分展现在这样的组织结构里。"[1] 太监王钦的例子较为典型，他具备多方面的人际网络关系，除以本管太监为核心的这支派系外，王钦的宗弟王玺也同为中贵，虽然可能还资历尚浅，但这些关系都为其以黄中为核心的这支组织的扩大变强增加砝码。由于这一问题并非本文主旨，因而不加赘述，但仍有继续挖掘的空间。

总体来看，基于这种关系类型而结成的派系还是较为稳固的。大珰对其名下的小内侍付出抚育教养的辛苦，并待其长大后又多加提携推荐，因而获得长大后的小内侍如奉养父亲般的对待，也已成为这种宦官同支派组织中的人理伦常。处理本管太监去世后的丧葬事宜，是其名下内侍理所应当的义务，连对王安曾恩将仇报并且被视为造成明末宦祸的魏忠贤亦不忘其本管，得势后仍然"诣西山碧云寺祭本管孙暹，即及照管老叔刘吉祥墓"[2]，以尽其孝。

此外，当小内侍成年得势之后，也会尽可能反过头来提携其本管太监或者为在派系斗争中不得善终的本管太监平反，万历至天启年间的太监王安即如此。

王安于"万历六年选入皇城内书堂读书。拨司礼监，为掌印冯太监保名下，已故秉笔曾任承天监守备太监杜茂照管。杜茂，陕西人，耿介好学。监少之时读书习做，多玩嬉，不勤苦。杜（茂）将监坐于凳上，用绳缚监股于桌之两脚，或书做不中程，即以夏楚从事，其严督如此。及冯籍没后，监以年幼未经退斥，盖张宏辈卵翼庇护之也"。

---

① 陈玉女：《明代二十四衙门宦官与北京佛教》，如闻出版社 1990 年版，第 213 页。

② （明）刘若愚：《酌中志》卷 14《客魏始末纪略》，北京古籍出版社 1994 年版，第 73 页。

王安初入宫即被派与大珰冯保名下，同时被守备太监杜茂照管，上述介绍是照管老叔杜茂对其严厉栽培的生动写照。待冯保势力被剔除后，王安由于年幼而被他人庇护得以保存，直到"神庙二十年后……御点为皇长子伴读"。这期间"杜（茂）任承天守备，叔侄曾失和，先监（陈矩）每调剂之。"杜茂对王安向来管教颇严，直到王安作了伴读两人还曾失和，即便如此，"及监侍先帝，奏荐杜某旧人多学，升秉笔。"[1] 光宗即位，曾东宫伴读的王安自然显赫一时，不忘马上推荐自己的照管老叔杜茂荣升秉笔。这也正是八十高龄历侍四朝的杜茂能于光宗嗣登大宝之时始"晋公于乾清宫近侍、司礼监秉笔太监"的原因[2]。并且，王安也曾计划改葬冯保的骸骨，无奈未果而罹祸。

上述内容体现了因此关系而结成的同支派系组织内，宦官对本管太监的忠诚与孝道，这种关系类型可以看作是宦官内部派系传承的一个重要稳固的方式。如前文所述，成化年间，自朝鲜入明的宦官韩锡，养于萧敬名下，"每以孝闻"，并且萧敬去世后，韩锡会如子嗣般尽孝道，懂葬事。同为朝鲜宦官的金辅也有明朝本土的宦官养子，嘉靖二十五年（1546），明朝使臣来到朝鲜，向国王请求道："鲍太监，乃贵国太监金辅养子也，俺之来也，面请金辅族亲授职事，国王若从此请，则他日还朝，当传报鲍太监，岂不有光乎？"[3] 金辅去世，其养子鲍太监在成为权宦大珰后亦不忘请人为金辅在朝鲜的族亲请求授官，可谓十分孝顺了。由此可以看出，入华的外籍宦官之间，除因地缘而结成同乡关系，也与明朝本土的宦官之间形成如父子、师徒般的亲缘关系。

同僚关系。隶属同一衙门或有共同服务对象的同事关系。中国台湾学者陈玉女以北京城内西大街北的弘慈广济寺的兴建维护为例，认为从成化年绵延发展至万历年间，广济寺一直深受宦官衙门尚衣监、兵仗局等关系系统下的人脉力量的庇护，而"这样的势力，势必要建立在浓厚的同派情谊之上，始能长期维持广济寺香火于不坠，"来证明其之前的设想，即"同衙门的宦官之间，其同派关系的可能性，应该较异衙门间的关系更密切。"[4] 陈玉女是从宦官衙门机构与寺庙关系的角度来讲宦官之间的同僚关系。其实，这种同衙门或同事宦官结成派系联盟的关系在宦官的政治活动

---

① （明）刘若愚：《酌中志》卷 9《正监蒙难纪略》，北京古籍出版社 1994 年版，第 46—48 页。

② 《明故司礼监秉笔太监管监事瑞菴杜公墓志铭》，载于中国文物研究所、北京石刻艺术博物馆编《新中国出土墓志·北京卷》，第 288 页。

③ 《朝鲜李朝明宗实录》卷 3，明宗元年二月庚戌，第 394 页。

④ 陈玉女：《明代二十四衙门宦官与北京佛教》，如闻出版社 1990 年版，第 207 页。

中更为常见，比如正德年间，刘瑾、张永、谷大用等"八虎"，正因弘治年间曾同侍武宗于东宫的同事关系，进而结成派系相互帮衬。

还有较正面的例证，如万历年间皆被士大夫称贤的先后任司礼监掌印太监的田义和陈矩。田义继张诚之后，于万历"丙申（二十四年），掌司礼监印"，"乙巳（三十三年）秋八月癸亥，司礼监太监田公以疾卒于直庐"。① 而陈矩于万历"癸巳（二十一年），钦检乾清宫近侍、司礼监秉笔"，"戊戌（二十六年），命提督东厂官校"，"乙巳（三十三年），命掌司礼监"。②

田义于万历二十四年（1596）掌司礼监印之时，陈矩时为司礼监秉笔，二十六年（1598）陈矩提督东厂，直到三十三年（1605），田义病逝后，陈矩继任掌印，二人合作将近十年。这十年，正是万历朝国本争端比较激烈的时期，二人通力合作，田义"凡典礼政务，与先监矩开诚协济，裁酌施行"③，二人皆保全朝臣，同时获得皇帝信任，在处理政事上的立场观点一致，进而结成十分稳固的同僚关系。

刘若愚曾回忆二人旧事：

> 二十四年三月两宫灾，其夏偶与先监深夜坐语，仰天太息，先监会其意，诘朝乃携两奏稿往见。田看毕称好，即署名同密谏神庙。其一疏略曰："臣义等窃见近日以来，外廷章疏留中不报者，多以致部院屡行催发，间有疑惑议论，左右朦胧隐蔽，不行进奏。伏乞万岁爷简览批云云。"其二疏略云："臣义等窃见御前执事宫人、内官，或干圣怒责处发遣，络绎不绝，每致重伤兼患时疾而死亡者。殆无虚日……云云。"④

田义仰天太息，陈矩便马上"会其意"，拟出两份奏稿，分别是催促神宗批阅外廷章奏和减少对宫人、内官的责罚。由于他两人的默契合作，使"神庙嘉纳之"，从而取得极好的效果。

由此可见，同僚之间相互合作帮衬，同样可以形成一种类型的关系，但较之于本管名下之间更具温情色彩的关系，这种建立于共同利益之中的

---

① 《乾清宫近侍司礼监掌印兼掌酒醋面局印总督礼仪房司礼监太监渭川田公墓表碑铭》，载于北京图书馆金石组编《北京图书馆藏中国历代石刻拓本汇编》第57册，第111页。

② 梁绍杰：《明代宦官碑传录》，香港大学中文系1997年版，第202页。

③ （明）刘若愚：《酌中志》卷5《三朝典礼之臣纪略》，北京古籍出版社1994年版，第29页。

④ （明）刘若愚：《酌中志》卷5《三朝典礼之臣纪略》，北京古籍出版社1994年版，第30页。

同僚关系在遇到利益冲突时更容易破裂。

同年关系，即同时入宫的内侍。正如科举考试中同一年及第的士大夫之间的同榜关系可称为同年关系，宦官群体中的同年关系则是指同一年选入宫廷的同批内侍。宦官群体内部的派系分流本就较少被关注，其同年关系对政治等问题的影响则更间接而不易被察觉。同年关系虽不若同支派系组织下的同官那般密切，但相较于初出茅庐未得势之前，反而少了派系内部的利益纷争，而成为以本管与名下宦官的纵向派系组织的横向扩展，使相对稳固的同派本管名下的父子关系结构组织更加扩大外延，当然也使宦官内部人事关系因更加盘根错节而更具复杂性。如刘若愚对王安与金忠关系的回忆①，"（王）监白皙，两目炯炯，素与文书房金太监忠契厚，金所刊《御世仁风》列监名焉。逆贤擅政之日，此书人皆不敢蓄。后金亦蒙今上眷注，升秉笔御用监印。金性宽缓，而监性卞急，然同年契爱，无逾两人者。"文书房的金忠"北直固安县人，万历六年选入，历升文书房，博学能书善琴"，而王安"直隶保定府雄县人，万历六年选入皇城内书堂读书……学问优博，性孤介"。二人同年选入，皆博学具才华，大概正因此，性格的强烈对比分歧亦不影响他们的交情，加之同乡关系而更加亲近。入宫后王安拨司礼监大珰冯保名下，而金忠则是史宾的"照管姪也"，二人分属不同的太监名下，并未产生政治分歧。天启年间，王安为魏忠贤所害，金忠虽未被连累，但"金所刊《御世仁风》列监名焉。逆贤擅政之日，此书人皆不敢蓄"。直到魏忠贤倒台，金忠马上"蒙今上眷注，升秉笔御用监印"。从这段曲折的经历可以看出金忠与王安的同年、同乡关系虽未被强调，二者却因此而同气连枝。

同时，万历十年（1582）之后，冯保倒台，从王安的照管老叔杜茂的墓志经历来看②，这一时期的经历被省略了，直到"万历壬辰（二十年，1592），擢文书房"以后其经历才被继写，可见，杜茂在这段时期并不得志，大概与冯保的倒台相关。前面已提到，还是因王安的关系，杜茂才在八十高龄再登显位。因而，冯保倒台，杜茂不得志，年幼时的王安失去了可供倚靠的本管太监派系的保护，幸得张宏等人庇护，又因陈矩的密荐得以充任光宗未册立之前的东宫伴读。陈矩与王安的关系算得上情同父子，在当时的大珰陈矩提携下发展的王安自然是其派系网络下的成员。再说回

① （明）刘若愚：《酌中志》卷9《正监蒙难纪略》，北京古籍出版社1994年版，第48页；卷22《见闻琐事杂记》，第193页。

② 《明故司礼监秉笔太监管监事瑞菴杜公墓志铭》，载于中国文物研究所、北京石刻艺术博物馆编《新中国出土墓志·北京卷》，第288页。

到金忠，陈矩与王安情如父子，而金忠又与王安极契厚，金忠的照管老叔史宾"先监最器之，历升文书房"，史宾为陈矩所器重大概与其名下金忠与陈矩派系的亲近大有关系。同时，也正是金忠与王安因同年而结成的牢固关系，陈矩在世时，希望金忠执政柄之日可以照顾其名下内侍刘若愚，"先监在时，曾向金曰：'公后来秉政时，我名下中惟刘官人堪用。公善视之'"。陈矩死后，金忠的确履行诺言，对刘若愚"时存恤之"。而作为陈矩的掌家与刘若愚处同支派系网络内的常云却因某种原因而将同官的刘若愚"诖误墩锁"，从这点来看，同年关系某种情况下要比同官更为牢靠。

然而这种同年关系不仅如王安、金忠般因彼此皆具才华而更为亲近，也会使某些宦官因"臭味相投"而沆瀣一气结成同盟。

徐应元，所谓的魏忠贤的"阉党"一派。不仅与之同年，以兄事贤，且同官，同为孙暹名下。魏忠贤不识字，徐应元也"不识字，幼无行"，"逆贤日与应元、赵进教为嫖友，呼卢饮博閧论昼夜"①。后魏忠贤得势，涂文辅也因"为徐应元照管之侄"，而被魏忠贤重用，并被视为"客氏之私人"。

可见，起于患难的同年之谊是宦官内部派系之间横向扩大关系网络的重要纽带。

同乡关系。这种关系通常以地缘来划分，俗话说："亲不亲，家乡人"，在我国古代安土重迁的农业社会中，地域、乡里观念极为浓厚。这种观念不仅存在于官员之间、官员与宦官之间，在背井离乡，"樊笼久困"②的宦官之间同乡关系则更显温暖可亲。同时这种带有底层色彩和自发生成特性的同乡关系也是帮助宦官自己营造个人势力，编织关系网络以达到政治目的的重要纽带。

万历初年大珰冯保在后宫算得上一人独大。但为巩固已有的宦官势力，万历六年（1578）又大规模选用了三千五百零七名内侍，以致乾隆帝认为其欲"使党类复致蔓延"。而这种力量的培养事实证明并非徒劳。王安便是当时选入宫的幼阉之一，后冯保虽被铲除，但王安长大得势之后却时刻想着为其平反，足见罗织个人派系网络对其势力得以长久保存的意义。

天启年间，赌博好色，大字不识的魏忠贤登上了皇宫宦官权力的顶

---

① （明）刘若愚：《酌中志》卷14《客魏始末纪略》，北京古籍出版社1994年版，第68页；卷15《逆贤羽翼纪略》，第85页。

② （明）刘若愚：《酌中志》卷22《见闻琐事杂记》，北京古籍出版社1994年版，第198页。宦官王翱所作《咏笼雀》诗云："曾入皇家大网罗，樊笼久困奈愁何？徒于禁苑随花柳，无复郊原伴黍禾。秋暮每惊归梦远，春深空送好音多。圣恩未遂衔坏报，羽翮牛米渐折磨。"

峰，并且形成阉党，独揽朝廷内外的大权。魏忠贤一非内书馆的"正途出身"，二没有朝臣作后盾，三没有大力提携他的本管太监，单凭皇帝的个人宠信必然难以站稳，于是，我们在他周围所形成的一派党羽中发现一个共同点，即多数为其直隶同乡。譬如与其同年的徐应元、侍贤最久的刘应坤，亦其心腹的纪用等等。由此可见，地缘同乡关系是宦官罗织个人派系网络、强化个人势力以实现其势力长久保存的重要联结手段。

以血缘为纽带的家族关系以及宦官义会组织。除了以上几种宦官内部后天罗织的关系类型，在明代的宫廷之内还存在着真正以血缘为纽带的宦官家族关系。这种血脉相连的宦官家族并不具备纵向的传承，却横向与各种宦官派系交织在一起，从而增强了宫内这一姓宦官的实力，而可能形成有力的派系组织。并且这种同姓真正以血缘为联结纽带的宦官往往能一荣俱荣。

最有代表性的就是成化年间钱福、钱喜、钱能、钱义，一家四太监。《万历野获编》有载："太监钱能，女直人，兄弟四人俱有宠于成化间，曰喜、曰福者，俱用事先死，能号三钱，出镇云南，其怙宠骄蹇，贪淫侈虐，尤为古所未有。"① 钱能镇守云南，以贪恣之恶名流传千古，而其弟钱义厚结妖人李孜省，以方术逢迎明宪宗，在正史中同样留有恶名。

成化八年（1472），钱能与其兄钱福在顺天府通州安德乡其母坟旁捐赀修建最胜寺，并且请到内阁大学士商辂撰写碑文。商辂在撰文中写道："兄弟联名，贵禄日盛，宠眷有加"。② 指出了钱氏兄弟正基于其血亲兄弟的家族关系，立场一致，方能一宠俱宠。

明代不若唐代那样流行通过娶妻养子建立家庭，繁衍绵延其个人派系的权势，但笔者却在梳理百余通宦官墓志经历中，发现有数位宦官与其有血缘关系的亲人同在宫内任职，并且这种真实的家族关系非常具有凝聚力，上文提到的钱能一门便是俱得宠信的宦官家族之一。关于宦官的家族情况对其仕途与政治的影响，以往的研究中关注不够，当然这与史料的局限性有关。宦官墓志铭文的利用恰恰可以弥补文本史料过于关注政治而忽略一般宦官家族生活的方面。

宦官离乡背井到宫廷，虽有本管太监派系下的庇护，同乡、同年这些关系网络的交织帮衬，但与之真正具有血亲的族人关系则高于这一切。家族中位高者在全力提携亲友的同时也壮大了自己的派系势力，并且表现出

---

① （明）沈德符：《万历野获编》，补遗《镇滇二内臣》，中华书局 2004 年版，第 818 页。
② 北京图书馆金石组编：《北京图书馆藏中国历代石刻拓本汇编》第 52 册，第 90 页。

一定的纵向传承,这种传承不仅体现于政治地位上,也反映于其自发组成的义会组织中,而显示出家族派系的势力。如万历年间御马监太监商经颖与其叔祖嘉靖年间御马监太监商尚质家族。

根据商经颖的墓志铭①:"明御马监太监绍渠商公","少而颖异,长而明敏。有叔祖御马监太监商公爱而奇之,抚养教育,视之犹子"。

商经颖入宫后,直接为其本家叔祖御马监太监商公抚育,而没有隶属于其他的本管大珰名下,血亲加照管的关系,使商公对其侄商经颖犹如父子而倍加提携,嘉靖四十一年(1562),商经颖"进裕府而奉御",于东宫服侍太子是很有前途的职位,必然也与其叔祖的推荐有关。大理寺卿洪声远为其所撰志文中有云:"虽草栏商公所汲引之恩,实我公历事思勤之致"。虽肯定了商经颖的个人能力,却也不能否认其叔祖的"汲引之恩"。

都城广宁门以南有千佛寺,是嘉靖时御马监太监商尚质于万历初年欲在此创置庄园和茔所,掘地而得寺基,知道此地原是古寺后投资重建。

据万历六年(1578)所刻《重建古刹千佛寺碑记》云:"不意翁有恙,工务未备,托翁之长孙太监绍渠公经代之。翁临终遗语,续增千佛殿、廊庑、方丈僧舍,聘其同官同众僚友义会,偕入寿茔。朋合资财,协济工费。"②

千佛寺还未建成,商尚质便病故,于是将继续筹建的任务交托给了其长孙太监绍渠公,由此与前面商经颖墓志的对照,我们找到了其志文中所提到的叔祖即为筹建千佛寺的商尚质。从千寺佛寺的另一通碑中③可知重建工作于万历二十二年(1594)完成。在建寺过程中,包括同"同官、同众、僚友"各种关系的义会组织成员皆被邀百年后"偕入寿茔",而出资财,以助修寺建坟。

"义会",主要指宦官间以治葬为目的而自发组成的互济组织。"凡内臣稍富厚者,预先捐资摆酒,立老衣会、棺木会、寿地会,念经殡葬,以为身后眼目之荣"④。而寿地会,往往指于同一处所构筑坟寺,已有建造、修葺及维护皆由会众共同承担责任。

义会成员共捐得"银贰百伍拾,交会绍渠公给散族人商仲清等盘费支用,园地、寺所概归会中。千佛寺承业管理耕种,逐年租课出产,以备春

---

① 北京图书馆金石组编:《北京图书馆藏中国历代石刻拓本汇编》第58册,第60页。
② 北京图书馆金石组编:《北京图书馆藏中国历代石刻拓本汇编》第57册,第63页。
③ 北京图书馆金石组编:《北京图书馆藏中国历代石刻拓本汇编》第58册,第53页。
④ (明)刘若愚:《酌中志》卷16《内府衙门职掌》,北京古籍出版社1994年版,第123页。

秋祭享及修理佛殿墙垣，养瞻僧众过活"。并且"其寺宇茔所地亩，卖主并会中亲族人等，供无相干"。

从这通碑也反映了明代宦官义会组织的成员构成、资产运作等问题。由一位大珰牵头的义会组织，成员可能由大珰同衙门内的同僚、同本管太监名下的同官、亲族内侍等组成。这通碑里的宦官义会指的应该是寿地会，大家通过集资的方式来购买、修建共同的坟地以及护茔寺院，寺院、寺田皆归义会公有。而寺院耕种的园地则专用来春秋祭享、维护寺院以及养瞻寺僧，有些专款专用的意味。并且，义会组织会有专人管理和支持，从千佛寺碑来看，最先发起修寺的商尚质应该是此义会组织的管事人，这点从义会成员的积极支持可以看出。而商公死后将修寺大事托付其长孙太监商经颖，商经颖又将会费交由其商姓族人商仲清支用，在这项宦官自发组成的义会统一修建千佛寺的活动中，我们仍然可以看到宦官家族内部的权力交替与传承。

除此外，明代宫廷内还存在着隶属同一衙门或有共同服务对象的同事关系，还因共同的义会组织行为产生交集或其他的多种类型关系，这样的例子也很多，因非本书主旨所在，不加赘述。但因这些关系而结成的势力都可能对宫廷政治施加影响。然因利益而发生的派系关系内的人事争斗、重大的事件影响或者皇帝的个人好恶作用，也可能使这些基本关系发生变更，成员各自可能见风转舵投靠新的势力以寻求庇护，破坏原有的关系而重新组合。

万历初年的权宦冯保得势，煊赫一时，凡"保所不悦者，斥退殆尽"①。冯保得势之时不仅尽退与其不和者，并且积极培植壮大自己的势力，扩充宦官队伍。万历六年（1578）七月壬申："以内府乏人应役，着司礼监差官会同礼部，拣选堪用的三千五百七十名应用。"② 乾隆帝认为万历年间这次大规模选用宦官，是手握大权的太监冯保为扩充自己势力而促成的，"嘉靖时秕政甚多，独其裁抑中官，颇得制驭近习之道，故涓人奉法，不敢恣肆者几数十年。神宗承其遗制，正当申严禁令，何以复广加遴选，竟至三千五百人之多！盖由冯保居中用事，吹嘘引进，使党类复致蔓延"③。而这种力量的培养事实证明并非徒劳。王安当时便是这次万历六年（1578）选入宫的幼阉之一，冯保后虽被铲除，但王安长大得势之后却时

① （清）张廷玉：《明史》卷305《宦官二》，第7802页。
② 《明神宗实录》卷77，万历六年七月壬申，第1663页。
③ （清）夏燮：《明通鉴》卷67，万历六年七月，中华书局2009年版，第3375页。

刻想着为其平反,足见罗织个人派系网络对其势力的长久保存的意义。

在中国没有根基的外籍宦官群体进入明廷之后,同籍地缘和同年关系使这一群体形成派系势力成为可能。

第三节 朝鲜宦官与后宫女性的政治结合

一 高丽入元宦官、后妃结盟的传统

由于高丽向元朝贡阉、贡女已然形成制度,因而入元的朝鲜宦官与后妃女性自然抱团取暖,结成相互依附、互相助援的政治团体,甚至影响元朝政局。《元史·宦者传》开篇有载:"盖自太祖选贵臣子弟给事内廷,凡饮食、冠服、书记,上所常御者,各以其职典之,而命四大功臣世为之长,号四怯薛。故天子前后左右,皆世家大臣及其子孙之生而贵者,而宦官之擅权窃政者不得有为于其间。虽或有之,然不旋踵而遂败。"元朝实行贵臣子弟给事内廷的四怯薛制,也没有设置完整的宦官机构和制度,分化了如唐明时期宦官执掌内廷可能造成的专权窃政的局面,故没有出现宦官长期参与或把持朝政的情况,载入《元史》的宦官也仅有两位。但二者之一的朴不花便来自高丽,《元史·朴不花传》载:"朴不花,高丽人,亦曰王不花。皇后奇氏微时,与不花同乡里,相为依倚。及选为宫人,有宠,遂为第二皇后,居兴圣宫,生皇太子爱猷识理达腊。于是不花以阉人入事皇后者有年,皇后爱幸之,情意甚胶固,累迁官至荣禄大夫、资正院使。"① 朴不花任职于元末顺帝时期,与西宫皇后奇氏在高丽时便是同乡。待奇氏选为元朝宫人获宠,生太子成为第二皇后,朴不花也官至荣禄大夫、资正院使。朴不花显然是因为与皇后奇氏的同乡关系,"因缘柄用",方有机会干涉朝政,成为入元的高丽宦官、后妃政治结合的典型。

《元史》中突显了朴不花因与高丽出身的奇皇后的同乡关系得到重用升迁逐渐步入元末政治舞台,而奇氏也在宫廷斗争中充分利用同籍的朴不花等宦官、贡女巩固自己的后宫地位。然而,皇后奇氏完者忽都出身低微,以贡女身份入元为宫女,没有可依赖的家族势力,幸得同乡高丽大珰高龙普举荐,才得到元顺帝的宠幸,最终登上后位。因而奇氏掌握后宫后尤其注重联合高丽宦官并任用其作为自己的嫡系,借此巩固在元朝的地位。

---

① (明)宋濂等:《元史》卷204《宦者·朴不花传》,中华书局1976年版,第4551页。

元末明初士人权衡《庚申外史》有载：元统元年，"徽政院使宦者高丽人秃满迭儿者，首荐高丽女子祁氏于帝。祁氏性黠慧，有宠于帝。"①《元史·完者忽都传》亦载："初，徽政院使秃满迭儿进为宫女，主供茗饮，以事顺帝。后性颖黠，日见宠幸。"② 而据《元史》："徽政院。元统元年十二月，依太皇太后故事，为皇太后置徽政院，设立官属三百六十有六员。资正院。至元六年十二月，中书省奉旨为完者忽都皇后置资正院，正二品。院使六员，同知、佥院、同佥、院判各二员。首领官：经历、都事各二员，管勾、照磨各一员。将昭功万户府司属，除已罢缮工司外，集庆路钱粮并入，有司每年验数，拨付资正院。其余司属，并付资正院领之。自后正宫皇后崩，册立完者忽都为皇后，改置崇政院。"③

元统元年，始在皇太后宫中置徽政院。奇皇后完者忽都改徽正院为资正院，掌管钱粮，品级为正二品。可见无论是之前的徽政院还是后置的资正院使，都是在后宫掌管财物的重要官职，能当此任者必为权宦大珰。

秃满迭儿是高丽宦官高龙普的蒙古名。从其经历可见，元统改元，高龙普即任后宫中掌握实权的徽正院使，将出身低微的奇氏举荐到皇帝身边。而奇氏聪明且有政治头脑，很快获得顺帝宠信，成为第二皇后。因正宫皇后伯颜忽都"性节俭，不妒忌，动以礼法自持。第二皇后奇氏有宠，居兴圣西宫"④。奇皇后得宠，其西宫宦官亦掌宫中实权。《高丽史》中高龙普有传，记载其："入元有宠，拜资政院使……在帝侧用事，天下疾之。御史台奏曰：'龙普，高丽煤场人。席宠怙势，作威作福。亲王、丞相，望风趋拜。招纳货贿，金帛山积，权倾天下。'"⑤

随着奇氏的得势，举荐她的宦官高龙普也成为后宫事务的实际管理者，权倾天下，作威作福。位于北京房山区的灵鹫禅寺，至今仍保存完好，元代时香火最盛称灵岩禅寺，正是由高龙普捐资修建，明代重新修缮才改为灵鹫禅寺。碑文载："臣所以安居暇食，致位华显，休美无极者，皆吾圣天子、皇后、太子，乾坤之仁、海岳之大，是庇是覆是熙是煦之所致也。臣龙普将何以仰报万分之一，惟□弃教，广作利益。□可上祝三宫衍圣子神孙亿万斯年无疆之福。臣不胜至显，乃至正六年夏五月出己帑，庀事戒工画作，夜惟凡黯暗者新之，腐拆者易之。"至正五年（1339年），

<hr />

① （明）权衡：《庚申外史》卷上，己卯至元五年，冬。
② （明）宋濂等：《元史》卷114，《后妃·完者忽都传》，中华书局1976年版，第2880页。
③ （明）宋濂等：《元史》卷92，《百官八·徽政院》，中华书局1976年版，第2330—2331页。
④ （明）宋濂等：《元史》卷114，《后妃·伯颜忽都传》，中华书局1976年版，第2879页。
⑤ ［朝］郑麟趾等著，孙晓主编：《高丽史》卷122，列传第35《宦者》，第9册，第3715页。

奇氏生皇子爱猷识理答腊①，于第二年至元六年（1340）被封为第二皇后。同时徽政院改为资政院。② 至正七年（1347），高龙普身居资政院使，权势正当如日中天之时，为感谢皇帝、皇后的重用恩遇使其能位高华显，遂捐资修建灵岩寺，并且祝福帝、后及太子福寿无疆，以表忠心。

据喜蕾的考证，"奇氏专权时期的元朝政坛上先后出现了两个权势显赫的高丽籍宦官，前期为资政院使高龙普（即高龙凤，蒙古名秃满迭儿、秃满满夕儿），后期为朴不花（蒙古名朴帖木儿不花）"③。高龙普被《元史·宦者传》忽略，却在《高丽史》中立传，且记载了大量高龙普代表奇氏出使回高丽的事迹。

如至正二年（1342）己未，元遣高龙普、帖木儿不花（朴不花）等来迎奇皇后母李氏，王迎龙普等于郊。④ 高龙普和朴不花作为奇皇后心腹宦官，被派回高丽迎接其母亲入元朝，高龙普居于正使的主导位置。

至正三年（1343），十月壬戌，"元遣资政院使高龙普、太监朴帖木儿不花赐王衣酒，王出迎。……十一月壬午，元遣乃住等八人来，称索鞍轿。甲申，托以告郊颁赦，遣大卿朵赤、郎中别失哥等六人来。王欲托疾不迎，龙普曰：'帝常谓王不敬，若不出迎，帝疑滋甚。'王率百官朝服郊迎，听诏于征东省。朵赤、乃住等蹴王缚之。王急呼高院使，龙普叱之，使者皆拔刃执侍从群小，百官皆走匿。左右司郎中金永煦……等中槊，持平卢俊卿及勇士二人被杀，中刀槊者甚多。辛裔伏兵御外以助之，朵赤等即掖王，载一马驰去。王请小留，朵赤等拔刃协之。王闷甚，索酒，有一妪献之。万户权谦、罗英杰为押领官，龙普与朴帖木儿不花及诸军万户李中敏……等执弓剑搜索势家。……龙普遣人捕王之侍从群小朴良衍……等十余人，囚之。宋明理……等素与龙普善，故免。龙普与辙、彬、蔡河中等封内帑。……己丑，高龙普还"⑤。至正三年（1343），高龙普再度出使回国，协助元朝派人诱捕废黜了高丽忠惠王，并且徇私处理了当时相关人等，已激起本国人对其仇恨。《高丽史·宦者传》载："忠烈之世，已有封君者。忠宣久留于元，数出入三宫，此辈因与相狎，多有请谒。王择其尤近倖者，皆封君赐爵。余皆拜检校、佥议、密直。由是旧典尽坏，而熏腐

---

① （明）权衡：《庚申外史》卷上，己卯至元五年，冬。

② （明）宋濂等：《元史》卷114《后妃·完者忽都传》，中华书局1976年版，第2880页。"伯颜罢相，沙剌班遂请立为第二皇后，居兴圣宫，改徽政院为资正院。"

③ 喜蕾：《元代高丽贡宦制度与高丽宦官势力》，《内蒙古社会科学》2002年第3期。

④ ［朝］郑麟趾等著，孙晓主编：《高丽史》卷36，世家第36《忠惠王》，第3册，第1148页。

⑤ ［朝］郑麟趾等著，孙晓主编：《高丽史》卷36，世家第36《忠惠王》，第3册，第1154页。

未燦者亦轻视本国。如伯颜秃古思、方臣祐、李大顺、禹山节、李三真、高龙普等，皆反吠其主，谗请构祸。"① 评价高龙普作为高丽人到元朝之后反而构祸本国，完全没有对本国的尊重与忠诚。因而，最终在高丽被恭愍王遣御史中丞郑之祥斩杀。"世传忠惠之执，龙普为内应，故有是刑"②。

朴不花的情况与高龙普相反，作为元末最为奇氏宠信的权宦，扮演的主要角色均与元朝政治舞台息息相关，《高丽史》中事迹了了，并且都是跟随高龙普出现。由此可以看出，奇氏主要利用高龙普处理高丽本国的事务，而后起之秀朴不花帮助处理元廷宫内事务，并"累迁官至荣禄大夫，资正院使"，实际上到元顺帝末期朴不花也彻底取代了高龙普的地位成为奇氏后期最信任的政治同盟。

《元史·朴不花传》有载，至正十八年（1358），京师周遭发生大饥疫，朴不花发起救济，"出玉带一、金带一、银二锭、米三十四斛、麦六斛、青貂银鼠裘各一袭以为费"，并且向皇帝、后妃们求赐金银捐助，"帝赐钞七千锭，中宫及兴圣、隆福两宫，皇太子、皇太子妃，赐金银及他物有差，省院施者无算"，择地埋葬尸体。在万安寿庆寺建无遮斋会，大悲寺修水陆大会，"居民病者予之药，不能丧者给之棺。翰林学士承旨张翥为文颂其事"。《元史》评价朴不花此举"欲要誉一时"。③ 宦官宫人发起的救灾活动，可以发动皇帝为首的宫中所有重要人物的支持和捐助，显然背后有奇皇后的授意和支持。推测此后，朴不花在宫中的声誉较隆，已经取代了高龙普的位置，成为高丽皇后奇氏的重要同乡盟友。

附录 《灵严禅寺碑》④

位于房山区青龙湖镇北车营村灵鹫禅寺谷积山院。立于元至正七年（1347 年）。碑为汉白玉石质。碑通高 290 厘米，宽 93 厘米，厚 24 厘米。碑文为楷书，从右至大本营 29 行，满行 55 字。

> 碑阳：大元敕赐上万谷积山灵严禅寺碑
> 翰林侍讲学士中奉大夫知制诰同修国史臣李好文奉敕撰
> 翰林学士承旨荣禄大夫知制诰兼修国史知经筵事臣许有壬奉敕书
> 翰林学士承旨荣禄大夫知制诰兼修国史张起严奉敕篆额

---

① ［朝］郑麟趾等著，孙晓主编：《高丽史》卷 122，列传第 35《宦者》，第 9 册，第 3706 页。
② ［朝］郑麟趾等著，孙晓主编：《高丽史》卷 122，列传第 35《宦者》，第 9 册，第 3716 页。
③ （明）宋濂等：《元史》卷 204，《宦者·朴不花传》，中华书局 1976 年版，第 4552 页。
④ 北京辽金城垣博物馆编：《北京元代史迹图志》，北京燕山出版社 2009 年版，第 89—91 页。

恒山之北二百里礧硌嶙峥，郁然而直上者，是为涿之房山，去夷躅险可半舍许。山益危、景益胜。石或断而平、若离若合、若斗若怒。林麓回汉庆可为基构者。周十余里埃境迥绝，人迹罕至。顾惟逃□茹若之士尝往而留焉。其居为八兰，若中为灵严禅寺。寺初为谷积山院，有石刻辽大康中读藏经记迹。其始五代唐天成中，已不知所起。历金迄我朝元统至元，又二百有余岁，栋宇存者十不三四，支柱旁倚，诵呗阒然。有张□者中贵人也，自言梦至兹山，见诸佛像悉委草莽，旦往视之，果与梦协。为之怆然，白其事荣禄大夫资正院高龙普，龙普曰：嘻信如是耶！吾其为大檀越乎。即驰往相攸，手额以祝曰：蝼蚁臣龙普。臣所以安居暇食，致位华显，休美无极者，皆吾圣天子、皇后、太子，乾坤之仁、海岳之大，是庇是覆是熙是煦之所致也。臣龙普将何以仰报万分之一，惟□弃教，广作利益。□可上祝三宫衍圣子神孙亿万斯年无疆之福。臣不胜至显，乃至正六年夏五月，出己帑，庀事戒工画作，夜惟凡黯暗者新之，腐拆者易之。其加旧者曰昆庐殿，曰罗汉殿，曰禅室，曰宾次，曰钟阁，曰斋厨，并一鑿石深百有五尺，于是云飞山涌，金碧晃耀，非昔日之灵严矣。明年春三月十五日寺成，设华严大会。燃灯十万，饭僧千人。以落之初，寺惟僧一人守之，至是集者殆满百数。天子闻之，制以高丽僧天湛为海印圆明通教妙德长老大师，以统其众。师容仪清朗执行修洁学者咸尊礼之中书，右丞朵耳直班传旨，命翰林臣记其事。臣好文再拜稽首而言曰：昔者先王以道德为教使人服仁怀义，向善背恶以养父母，以事君上，随所识知以献其力，虽其趣尚不同，其为忠孝无以异也。佛以清净为宗，精进为业，其说盖亦本于孝敬化人，以善解去迷暗授以至乐，此震旦之所以风从有生之所以雷动也。共惟我国家圣祖神宗光宅中土，继继承承垂亿万祀，措天下于磐石之安，跻生民于仁寿之城，未始不以生物为心、爱人为德，故于不□之教尤所敬信，是以祇园梵刹缔构相望，舆金辇馲不劝而至，其教之感人者如此，抑臣闻之，夫人能舍所欲而至于无欲以其道胜而惑已也。道胜则理明，惑三则知义，有重于欲也。知所重则其舍者虽灭，其身而不斩也，况外物乎。彼攮人之有以自封殖爱欲如山，而不能自校者，其智愚之相去为如何哉？为之铭，曰：

人之蚩蚩成□眇徼摘埴索暗颠倒冥施湍汰塞驶西东南北刑狴莫禁而事口舌紧大雄教妙示空无以我大智发彼群愚如海之广方川前

趋如水之润投物必濡迷津既厉梦亦大觉始识善缘□佛之造乃求幽

报作大利益万构排空丹腹耀日紫金白毫垂珠樱旒八十种好庄严

其周峨峨大房上万之里有宇在山千百维祀昔者丘夷今则峰峙茸者谁臣职近侍载瞻载依贻我福祉福匪百私归之

天子

天子仁圣一视同城用敷黎庶永作尔拯

至正七年三月吉日立石

大府监太卿朱完者帖木儿监造

二 朝鲜入明宦官、后宫女性的彼此助援

入明的高丽、朝鲜宦官继承了元朝的传统，仍难免与入明的后宫女性结合成政治同盟。明朝初期的永乐至仁、宣皇帝，皆继承元朝向朝鲜半岛索贡处女和火者的旧习，充实宫廷满足享乐。但有别于元朝的制度化，明初则采取较为秘密的方式进行，入宫的外籍女子和宦官，数量有限且没有根基，作用自然无法彰显，但亦如先朝因同籍关系形成政治团体，以便在中原王朝立足、固宠。

明初洪武朝建立之初，高丽便遣使来朝贡，两国建立起传统的封贡往来关系。然而，此时期朝鲜半岛的高丽王朝本身也面临混乱的政治局面，并且与北遁的北元蒙古政权也保持秘密交往，对初建的明政权缺乏忠诚。洪武二十五年（1392），李成桂推翻高丽政权，建国李氏朝鲜，向明朝求封并发展正常的宗藩关系。然而，两国交往中发生表笺问题，以及明朝派往朝鲜出使的孙太监死于其地等影响两国关系的事件，因而，洪武时期在与李朝的交往中亦彼此缺乏信任，两国间没有发展较为稳定的宗藩关系。

"贡女""贡阉"通常被认为是前近代东亚地区封贡国之间正常贡品以外的"别贡"，给朝贡国带来沉重负担，给宗主国和属国之间的关系带来恶劣影响。[①] 然而，如前文所述，在朱元璋看来，向朝鲜索纳处女和火者，以及派遣其本国宦官回国出使处理两国事务，是对朝鲜表达信任和宽厚的表现。高丽内政混乱君臣名分不定之时，朱元璋不肯接受其朝贡之礼，令其所贡"童子不必赴京"，"又命勿送处女"。李氏朝鲜时期则认为其"无诚心相合之意"，亦会将在明廷的朝鲜阉宦发还本国。《朝鲜太祖实录》有载：

---

① 刁书仁：《明前期明朝向朝鲜索征的"别贡"》，《东北师大学报》（哲学社会科学版）2009年第 3 期。

遣金乙祥赴京，奏闻曰：洪武二十七年十一月十九日，亲男回自京师，钦奉宣谕圣旨节该："尔国火者有一个柳条，卷过来放在髻髻上，打开看里头，有个纸捻紧紧的卷着，不知什么字，又有几封书缝在衣领上，又那厮我根底奏道：'本国王赏给四个银子。'既系王赏，呵就与他父母亲眷的是。他将来的意思，是尔那里教他将来，这个都是小道儿。我骂也不曾骂他一个，自家跳井死了。"钦此，卑职实甚惶愧间，洪武二十八年四月二十五日，辽东都司抄蒙礼部批文："为差百户姚忠，伴送本国阉人张夫介等二十六名，到来义州，交付还国。"准此窃详，上项阉人张夫介等，节次钦奉圣旨，起取赴京，职当小心谨慎，给事官中，不期张夫介等奸顽不肖，干犯法令。钦蒙圣慈，不即与罪，发遣本国，卑职委实惊惧，措身无地。为此随即委官，究问各人所犯情由。据委官郑浑等状启，取问到张夫介等各各供说词因，理合论罪，为缘夫介等曾侍天朝，未敢擅便处断。除夫介、辛兴奇、金希裕、李原义、金和、崔渊、金贵千等监收听候外，今将各人所供词因，逐一开坐，差判典仪寺事金乙祥，收领前去。[①]

朱元璋将之前朝鲜所贡的火者张夫介等二十六人遣返回国，并且同时说到前一年从朝鲜返回明朝的宦官行为鬼祟，缺乏忠诚，使朝鲜方面惊惧，措身无地。因而，洪武朝不见向朝鲜索取贡女的记录，与两国此时期不稳定的关系是分不开的。

成祖朱棣发动靖难之役，实际上成为明鲜两国宗藩关系走向正常发展的契机。建文帝从两国的实际利益考虑为笼络朝鲜，正式册封李芳远为朝鲜国王，此前朝鲜半岛从高丽到李朝的国王都没有得到明朝的正式承认和册封。直到成祖朱棣靖难成功，夺取皇位，李芳远迅速出使致贺表示对新政权的认同，使两国关系打下信任的基础，此后明鲜宗藩关系稳定发展。永乐直至宣德朝承袭元朝的做法继续遣使去朝鲜索取火者和贡女，《罪惟录》评价成祖"而或坚信内竖，作法简俭，而尚远搜玩好"。[②]

永乐五年（1407）征安南获胜，将军张辅将胡朝诸叛犯俘送至南京，包括被阉割的三千幼童。[③]然而成祖对于张辅带来的阉童却并不满意，"朕

---

① 《朝鲜李朝太祖实录》卷8，太祖四年七月己亥，第80页。
② （清）查继佐：《罪惟录》卷3《太宗纪》，浙江古籍出版社1986年版，第96页。
③ ［越］吴士连等著，陈荆和合校：《大越史记全书》卷9，汉苍开大五年五月，上册，第495—496页。

取安南火者三千，皆昏愚无用，惟朝鲜火者明敏，可备任使"①。显然，成祖更喜欢任用聪明灵敏的朝鲜火者，留下了大量向朝鲜索取火者的记录，如永乐元年（1403），"朝廷使臣韩帖木儿，与还乡宦官朱允端来。有宣谕，选年少无臭气火者六十名以遣"②。永乐三年（1405），遣朝鲜宦官郑昇、金角、金甫回国颁旨，要求"有精细中用的火者，多选几名来；患病的内史金甫，医药治得，好时还送他来"。③ 永乐五年（1407），征安南得火者三千，成祖认为不如朝鲜好用，仍然派内使去朝鲜索火者"不下三四百"。朝鲜国王为难道："此物无种，岂可多得？"④ 最后带回"火者金安等二十九人"。⑤ 特意求取火者之后，也在求索贡女的同时带回陪侍的火者。

如永乐六年（1408）四月十六日，宦官黄俨出使朝鲜征索处女，传朱棣谕旨："恁去朝鲜国，和国王说，有生得好的女子，选拣几名将来。"于是，朝鲜在各道府州郡县，选文武军民家女子五名，其父职籍贯分别是：嘉善大夫工曹典书权执中之女，十八岁；通训大夫仁宁府左司尹任添年之女，十七岁；通德郎恭安府判官李文命之女，十七岁；宣略将军忠佐侍卫司中领护军吕贵真之女，十六岁；中军副司正崔得霏之女，十四岁。并且同时带回明朝的还有女侍者十六名，火者十二名。值得注意的是明朝永乐时期向朝鲜索取处女，已不像元朝形成制度公然索纳，而是隐讳地将所献处女称为"纯白厚纸"，"上不欲名言奏进处女，故使文和若斋进纸札然"，以此避免外朝争议。⑥

此次入宫的五位处女中权执中之女权氏《明史》有传，载："恭献贤妃权氏，朝鲜人。永乐时，朝鲜贡女充掖庭，妃与焉。姿质秾农粹，善吹玉箫。帝爱怜之。七年封贤妃，命其父永均为光禄卿。明年十月侍帝北征。凯还，薨于临城，葬峄县。"⑦ 权氏入宫第二年即被成祖封为贤妃，最为得宠，但永乐八年（1410）十月在陪侍成祖北征的归途中死于临城。

权妃虽死，但成祖朱棣对其极为宠爱、怀念。其死因亦牵涉一起宫廷秘案。《朝鲜世宗实录》记载，朱棣宫中有一商贾出身的吕氏，诬告朝鲜宫人吕氏曾给权妃茶中点毒药，毒死了权妃，"帝怒，诛吕氏及宫人宦官

① 《朝鲜李朝太宗实录》卷14，太宗七年八月丁亥，第409页。
② 《朝鲜李朝太宗实录》卷6，太宗三年十一月乙亥朔，第282页。
③ 《朝鲜李朝太宗实录》卷9，太宗五年夏四月辛未，第323页。
④ 《朝鲜李朝太宗实录》卷14，太宗七年八月辛亥，第409页。
⑤ 《朝鲜李朝太宗实录》卷14，太宗七年冬十月丁亥，第417页。
⑥ 《朝鲜李朝太宗实录》卷16，太宗八年十一月丙辰，第463页。
⑦ （清）张廷玉等：《明史》卷113《列传第一·后妃》，第3511页。《明史》有误，其中提到的权永均为权氏的哥哥，朝鲜史书中权妃父亲为权执中。

数百余人"。而后，又发现商贾出身的吕氏与宦官鱼氏私通，事情败露二人自缢，审问吕氏侍婢发现她诬告了朝鲜宫人吕氏，确认是冤案后皇帝又处理连坐了二千八百人。[①] 此宫廷秘辛明史阙载，是由入明的宦官尹凤和被放归回国的朝鲜乳母金黑回国转述的。并且尹凤也说到"吕氏毒杀权氏，而被凌迟之刑，然非其罪也，（黄）俨诉之也"。黄俨死后，被斩棺之罪，妻与奴婢没入为公贱。[②] 因只有朝鲜一方的记载，事件真假已不可辨，然而，权氏和吕氏都是黄俨出使朝鲜索取来华的，并且黄俨侍奉太宗皇帝之时，"专主宫壶"，诬陷吕氏不无可能，尹凤身为朝鲜人回国转述显然知晓内情并且牵扯其中，这些由宦官选取的朝鲜贡女，入明后又同处宫中，难免互相结合，关系复杂又会产生内部纷争。

宣宗也仿效成祖，留下向朝鲜索取贡女和火者的记录。因宦官昌盛、尹凤上奏永乐朝鲜宠妃韩氏之妹貌美，宣德二年（1427），二人被派回朝鲜采女，《朝鲜世宗实录》关于韩妃之妹被选有三段记载："处女韩氏，永矴之季女也。长女选入太宗皇帝宫，及帝崩殉焉。昌盛、尹凤又奏季女貌美，故来采之。及有疾，兄确馈药，韩氏不服曰：'卖一妹，富贵已极，何用药为？'以刀裂其寝席，尽散臧获家财于亲戚。寝席，将嫁时所备也。"[③] "使臣等往处女韩氏第，韩氏会被选，以疾未行，故往见之。"[④] "三使臣陪韩氏，率火者郑善、金安命，赍海青一连、石灯盏石十箇回还，上饯于慕华楼。进献使总制赵从生、韩氏亲兄光禄寺少卿韩确偕行。都人士女望韩氏之行，叹息曰：'其兄韩氏为永乐宫人，竟殉葬，已可惜也，今又往焉。'至有垂泣者，时人以为生送葬。"[⑤]

可见，光禄寺少卿韩确在永乐朝时曾将大妹韩氏送入明廷，韩氏不负所望成为成祖宠妃，韩确也因此富贵之极，此次欲将小妹再送给宣宗。因明朝英宗以前列帝皆有后宫殉葬的陋习，小妹韩氏表现得极为抗拒，但还是于宣德三年（1428）被带至中国。此次，随韩氏入宫的火者有郑善、金安命等人，还有成化年间的大宦官郑同，日后成为韩氏在明朝宫廷内的政治伙伴。

信川人郑同（？—1483）是此次被尹凤等使臣选中随韩氏入明的火者，《朝鲜世宗实录》有载："火者金城人金儒、广州人廉龙、信川人郑

①　《朝鲜李朝世宗实录》卷 26，世宗六年冬十月戊午，第 631 页。
②　《朝鲜李朝世宗实录》卷 38，世宗九年冬十月甲申，第 100 页。
③　《朝鲜李朝世宗实录》卷 36，世宗九年五月戊子，第 71 页。
④　《朝鲜李朝世宗实录》卷 41，世宗十年秋七月辛未，第 138 页。
⑤　《朝鲜李朝世宗实录》卷 42，世宗十年冬十月壬午，第 147 页。

同、保宁人朴根先发行赴京，使臣所选也。"① 郑同生年已不可考，但在明朝历侍宣宗、英宗、代宗、宪宗四朝，直到成化十九年（1483）第六次出使病逝于朝鲜，在明廷服务五十五年。② 估测郑同入明的年纪大概二十岁，逝世在七十多岁。③

作为孤立无援的外籍宦官，郑同来到明廷历侍四朝出使六次，并且如前所述斥银七十余万营建了北京香山洪光寺，可见其权势、财力皆是当朝大珰。他的得势也必然不可能是孤军奋战，同入明廷后宫的朝鲜贡女和火者势必会彼此团结，互相借援，形成政治团体，以巩固自身的权势。朝鲜史家的评论证实了这一点："（韩）确妹，选入朝，为宣宗皇帝后宫，以阿保功，有宠于成化皇帝。与宦官郑相结，劝帝屡使郑同于本国。"④

另有明宪宗朝吏部尚书万安所撰韩氏墓表补充了她入明后的经历，"夫人韩氏，姓韩，讳桂兰，世为朝鲜国宰相族。考讳永矴，妣金氏。以永乐庚寅四月九日生夫人。宣德丁（酉）〔未〕国王姓讳，选进内庭，迄今五十七载，历事四朝，始终敬慎如一日。忽遘疾，上遣左右往视，且命内医疗之，不效而卒，时成化癸卯五月十八日也……上闻悼惜再四，遣太监王琚谕祭……内官监太监牛迪、谷清，总理丧事。皇太后、中宫、安喜宫、东宫，俱有赙……夫人性柔淑，言不妄发，动有常规，于内仪，一一能识记之，诸执事咸尊信为姆师。凡阴礼之行，必诣取质，庶不差忒，结缕之工，必求指示，斯至精致。或累朝内令有遗忘，来请明者，辄告曰：'如斯为宣庙之令，如斯为英庙之令。'以故嫔御以下，咸称曰：'老老'……"。户部尚书刘珝亦为其撰写墓志。⑤

韩桂兰于明宣宗二年（1427）入内廷到明宪宗十九年（1483）病逝，享年七十三岁。韩桂兰在内廷恭谨守礼，恪守累朝内令，被尊称"女师"或"老老"。并且因对宪宗有阿保之功，地位更加尊崇。她与同年病逝于

---

① 《朝鲜李朝世宗实录》卷42，世宗十年冬十月辛巳，第147页。

② 《朝鲜李朝成宗实录》卷159，成宗十四年十月辛未，第530页。伴送使权攒驰启："上使郑同，本月初十日，到生阳馆而卒。"

③ 《朝鲜李朝世宗实录》卷21，世宗五年九月丁亥，第555页。永乐二十一年（1423），朝鲜宦官使者海寿带回的火者年龄分别是："赵枝、金守命年二十一，林贵奉年十九，金宥、林得生、安敬、金众等年十八，朴义、河吾大、李群松等年十七，李善、郑隆、郑立等年十六，崔义山、李忠进、金高城等年十五，朴秀民、朴田命等年十四，金禄、崔存者、姜众、李田今、申得名等年十三，李追年十一。"《朝鲜李朝成宗实录》卷159，成宗十四年庚申，第527页。国王宴请副使金兴的对话中，金兴说到自己已经七十八，国王说到正使郑同"容貌甚瘦，我国医药，不良而然乎？"金兴回答"医药非不好，但老郑自病甚耳。"

④ 《朝鲜李朝成宗实录》卷106，成宗十年七月戊午，第31页。

⑤ 《朝鲜李朝成宗实录》卷162，成宗十五年正月壬辰，第556页。

朝鲜的郑同在明廷中相伴五十七载，彼此协持、助援，不仅稳固彼此地位，也将权力空间扩展到家乡朝鲜的亲族。

朝鲜韩氏家族因送两贡女至明廷，富贵已极，屡屡有朝臣弹劾："因郑同之请，奉使朝廷，而皇上特降带犀之命，殿下又置参赞之位者，于致亨则荣矣，其于物论何？近年以来，以韩氏之请，族亲之往来中国者，优荷帝赉，赏赐巨万。韩家之资产，则日益富，吾民之膏血，则日益瘠，一国臣民，莫不痛心，此则殿下之所知也。"① 韩桂兰因在宪宗为太子时有保抱皇子之功，劝说皇帝派郑同出使原籍，而郑同借助往来明鲜之间的便利穿针引线让韩氏家族的人奉使来明，封赏不断，既维护韩氏家族在朝鲜的显赫地位，同时也通过向朝鲜索取别贡向明朝皇帝邀宠固位。

韩氏有保抱皇子之功，因而宪宗改元在宫中得势地位很高。而同随其入宫的朝鲜宦官郑善去世较早，朝鲜成化四年（1467）的史料中记载："先是，入朝火者太监郑善卒，皇帝命归葬本国。至是，柩至辽东。"② 可能也因此没有留下相互交结的记录。

自元朝开始，朝鲜向中国进贡女子和阉宦成为定制，阉宦因是男子，可以从事的职能和活动的范围要大于宫内的贡女群体。这批借助元朝"上国"特权力量凌驾于高丽本国传统政治势力之上的特殊人群，得以持续进入元朝上层，又凭借与元最高统治者建立起来的亲近关系，赢得元朝皇帝及后妃的信任，从掌握帝王后妃的宫廷生活开始逐渐被委以重任，加以高官，成为元朝政坛上的新贵，并与元上层社会的各个政治团体尤其是高丽贡女集团形成千丝万缕的联系，最终在元朝以及高丽国的上层社会各自形成了一股强大的政治势力即由高丽宦官组成的特殊权力集团。③

随着元朝蒙古政权覆灭，皇帝北遁，后宫自然解体，少数留用的朝鲜、安南等域外宦官进入明朝宫廷，加之明初向朝鲜索贡的阉人和女子，在明朝宫廷仍然难免因同乡关系结合成政治团体。然而，这种结合跟元朝高丽宦官、后妃结合对元末政局产生的影响力，已不可相提并论。明朝宫廷内朝鲜等域外人士的结合，与本土因地缘关系而结成的群体，已没有太大差别，虽仍旧彼此相交发挥隐性的助力，但已没有影响朝局之势。

---

① 《朝鲜李朝成宗实录》卷136，成宗十二年十二月戊辰，第284页。
② 《朝鲜李朝世祖实录》卷45，世祖十四年二月乙卯，第164页。
③ 喜蕾：《元代高丽贡女制度研究》，民族出版社2003年版，第95页。

附韩桂兰墓表、墓志①

诰命：

朕惟有善必褒，有劳必酬，此国家之典也。尔韩氏自入宫闱，夙夜供事，恪勤慎密，始终不渝，年岁滋深，享有寿祉。忽焉遘疾，竟至云亡，追念往劳，可无褒恤？今特赠尔为恭慎夫人，尔灵如在，尚克钦承。

祭文：

皇帝遣司设监太监王琚，赐祭于恭慎夫人韩氏。曰：惟尔温柔敬慎，令善足称。给事宫闱，久着劳勋。寿考惟宁，宜享祺福。一疾而逝，闻讣悼嗟。兹特赠为恭慎夫人，遣官谕祭，乃敕有司，为营葬事。呜呼！生而贤淑，没荷荣名。人生如此，可无憾矣。尔其享之。

墓表：

夫人韩氏，姓韩，讳桂兰，世为朝鲜国宰相族。考讳永矴，妣金氏。以永乐庚寅（八年 1410）四月九日生夫人。宣德丁酉，国王姓讳，选进内庭，迄今五十七载，历事四朝，始终敬慎如一日。忽遘疾，上遣左右往视，且命内医疗之，不效而卒，时成化癸卯（十九年 1483）五月十八日也。上闻悼惜再四，遣太监王琚谕祭。赐白金百万、彩段四表里。谥曰："恭慎"，以昭往行。又命内官监太监孙振，营葬域，司设监太监王琚、内官监太监牛迪、谷清，总理丧事。皇太后、中宫、安喜宫、东宫，俱有赙。葬以是岁六月二十一日，墓在都城西香山之原。琚等以："朝廷宠终，恩礼若此稠叠，不可无文"，记诸墓上之石，用传大德于永久，乃具状，属笔于安。按状，夫人性柔淑，言不妄发，动有常规，于内仪，一一能识记之，诸执事咸尊信为姆师。凡阴礼之行，必诣取质，庶不差忒，结缕之工，必求指示，斯至精致。或累朝内令有遗忘，来请明者，辄告曰："如斯为宣庙之令，如斯为英庙之令。"以故嫔御以下，咸称曰："老老"，而不名云。累朝锡予，不可殚记，逮上锡赉，比之前，尤加厚。而夫人往往受之，愈益谦谨兢惕，若不敢当者。宜其生则与享皇家之禄，没则重荷邮恩之颁。而谕祭文，有温柔敬慎，令善足称。诰封词，有恪勤慎密，始终不渝之句之褒，岂溢美耶？夫人其贤矣乎！稽之曩古，先王德教之盛，内自闺门，以及四海、万国，虽妇人、女子，罔不沾被，我祖宗教化之隆，与往古立驱。比如春风和气，所在生耀。夫人自海东，久于中禁，自少至长，熏蒸而灸之益多，所以粹有行能，推重侪辈，知

---

① 《朝鲜李朝成宗实录》卷162，成宗十五年正月壬辰，第556页。

闻朝廷，而存、没冒蒙洪恩大德也，岂偶然哉？表以及之，我朝教化旁达，亦于斯焉见。是为表。吏部尚书万安撰也。

墓志铭：

成化癸卯五月十八日，夫人韩氏卒。先是，夫人病力，上数遣左右往视，兼疗以药，无何就木。上悼惜至再，遣司设监太监王琚谕祭文，有温柔敬慎，令善足称之句；赐白金百万、彩段四表里；谥恭慎，命太监孙振营葬域，太监王琚、牛迪、少监谷清，总理丧事，皇太后、中宫、安喜宫、东宫，俱有厚赙。卜是岁六月二十一日，葬都城西香山之原，夫人荣矣。其生永乐庚寅四月九日，得寿七十有四。琚以状授玒为志铭，纳诸幽，乃志曰："夫人讳桂兰，代为朝鲜国清州相族。考讳永矿，姚金氏。宣德丁未国王姓讳，选进内庭，暨今五十七载。历奉四朝，始终敬慎如一，言不妄发，动止有恒，且性淑善能睦众，肆嫔御之属，雅信不疑。或遇阴礼之行，必默取质，夫人曰：'某可行，某不可行。'或有剪纽之制，必默求教，夫人曰：'某可制，某不可制。'又或旧内令之失记者，必默请明，夫人曰：'我犹记，宣圣之令如此，英圣之令如此。'嫔御以下，咸拟曰：'女师。'今皇上恩同天地，凡普天率土，一夫一妇，皆被其泽，况夫人供事官闱之旧者？是以不时锡赉愈厚于前，夫人愈加小心，若不敢当。自少至老，与享天家之禄，迄没后，恩典罔替。噫！夫人旧国，有大家巨族也，有亿姓兆民也。内获一到中原，睹楼台、殿阁、衣冠、文物之盛，必归而庆曰：'吾获睹上国之光。'今夫人不但身到中原，而又历事四朝，居处禁内，见中原所未见者，一生荣贵，名书简策，岂如是而尚有憾乎？乃铭曰：'生乎东国，进乎中原。恭事天府，埋玉香山。夫人之赠，美谥之颂。邮恩惟腆，懿魄永安。勒铭墓石，传播人寰。'户部尚书刘玒撰也。"

第四节　秀峰寺的故事
——安南宦官、僧人与朝臣

越南自古迄今与中国有着密不可分的亲缘关系，尤其是明清时期东亚地区建立了比较制度化的以中国为核心的封贡关系，周边的越南与朝鲜、琉球同为典型的朝贡国。越南作为中国藩属国的历史近千年，明朝建立之初，朱元璋在《皇明祖训》中把安南国列为十五不征之国的前列，开始与之建立封贡关系。至永乐时期，安南黎季犛（即胡季犛）篡陈朝之位，劫杀被明朝送回安南的陈天平，成祖兴师征讨安南，永乐四年（1406），"遣大将军朱能、副将军张辅、沐晟等率兵伐胡汉苍。"① 永乐五年（1407），征安南国得胜，在其地设置明朝的交阯郡，对其直接管治二十余年。

明军得胜而归，张辅、沐晟将胡朝诸叛犯俘送至南京，包括胡季犛及其子汉苍、澄等胡氏子孙。② 另外，成祖敕征安南总兵官张辅等人，将安南"怀才抱德、山林隐逸、明经能文、博学有才、贤良方正、孝弟力田、聪明正直、廉能干济、练达吏事、精通书算、明习兵法、武艺智谋、容貌魁伟、语言便利、膂力勇敢、阴阳术数、医药方脉之人"，悉心访求，以礼遣送，赴京擢用。③ 对于凶逆之家，其幼稚男子皆不可杀，或为民或为奴。④

将军张辅将大批安南降人，包括胡朝王室将领、各色工匠人才及凶逆之子带回明朝中国。其中幼童多被阉割入宫，朝鲜方面有记载所谓"取安南火者三千"，充实明廷。⑤ 明朝历史上，大部分安南人由此入宫，必然对明代政治生活产生影响。但作为域外人士，官私文献对其记载零星琐碎，因而以往研究多集中于人物的个案考证，难以深入到这一群体间的交结往来以及由此可能对明代政治生活产生的影响。⑥

安南宦官在明廷之中，既然孤立无援，势必要彼此团结，互相借援，形成一个政治团体，从而巩固自身的权势。但由于宦官的史料保存下来的十分稀少，很难找到相关的证据，能够证明这一点。幸运的是，明代宦官势张，其中不乏安南大珰在南京和北京两都城大举修庙建墓，越来越多的安南人形象借助碑刻等田野资料浮出水面。北京市海淀区苏家坨镇鹫峰山下的秀峰寺便是由安南僧人、宦官协力营建的京西名刹，寺内所立的《敕赐秀峰寺碑》，展现出一个囊括了僧人、宦官、朝臣不同群体的安南人的

---

① 阮朝国史馆纂修：《钦定越史通鉴纲目》正编卷 12，汉苍开大四年秋九月，第 12 页。越南国家图书馆藏。

② ［越］吴士连等著，陈荆和合校：《大越史记全书》卷 9，汉苍开大五年五月，上册，第 494—495 页。

③ 《明太宗实录》卷 68，永乐五年六月癸卯，第 962—963 页。

④ 《明太宗实录》卷 73，永乐五年十一月癸酉，第 1014 页。

⑤ 《朝鲜李朝太宗实录》卷 14，太宗七年八月丁亥，第 409 页。

⑥ 对于在明代的安南人研究仅限于人物个案考证。如张秀民《明代交阯人在中国内地之贡献》《明代交阯人移入中国内地考》，《明太监交阯人阮安营建北京考》，载于张秀民《中越关系史论文集》，文史哲出版社 1992 年版；陈学霖《明代安南籍宦官史事考述——金英、兴安》，载于陈学霖《明代人物与史料》，香港中文大学出版社 2001 年版；陈玉女《明代中叶以前宦官、僧人与廷臣的联结关系——透过对"坟寺"与"地缘"问题的探讨》，《成大历史学报》1996 年第 22 期，注意到安南宦官之间的地缘关系，但将问题指向了与僧人的同乡情谊是明代宦官佛教信仰的原因。于向东、王丽敏《明初中越关系史值得研究的一位人物——黎澄》，《东南亚研究》2012 年第 3 期。

故事，为我们提供了相关佐证。该碑刻于正统八年（1443）四月八日，碑文的撰写者是："正议大夫资治尹工部左侍郎交南黎澄"。①

　　碑文如下：

　　正议大夫资治尹工部左侍郎　　交南黎澄撰

　　将仕郎鸿胪寺序班　　括郡季淳书

　　文林郎大理寺右寺右评事　　清源庄琛篆额

　　京都之西去城六十余里，有寺曰秀峰，乃太监高公让与住持僧智深之所创也。深，交南名僧，姓吴氏，自幼出家，刻苦参学，以宣德戊申（三年，1428）来至北京。偶遇大国师吾公亲、僧录司讲经月公律、帖公定、觉义乌公显、捴公胜、纳公理、禅公忍、三公善，有同乡之谊，得礼灌顶广善西天佛子大国师，遂授心印，驻锡于旸台山大觉寺，日常遍阅大藏，久不下山，戒行精严，人多钦仰。

　　一日，散策寺北可三里余，至于秀峰山麓，见其景致清胜，龙虎蟠旋，石壁巉岩，环拥于其后，左右双涧，交流于其前，草木蓊蔚，花果茂盛，意非凡地。乃询于野老，曰：耆耇相传，此古宝刹之地也。深悲喜交并，誓以恢复圣境。高公闻而喜之，乃勇猛发心，倾竭财力为功德主。及与太监陈公昂、中贵黄公雄、阮福深、范觉寿、裴喜、金刚、阮觉省、郑智广、周普明、张福山等，同舍己赀，助师建立道场，以上祝圣躬万岁，天下太平。师乃运用心匠，布置规模，亲自服勤，以先徒侣，丰其佣食，以来众工。粤自宣德癸丑（八年，1433）春起造，至正统丁巳（二年，1437）冬毕工，不五六年。

　　而山门卓荦，殿宇巍峨，丹雘晶荧，金碧焕烂，垣墙缭绕，廊庑翚飞，凡常住之攸司各有其所。太监陈公昂、阮公宗，又捐家资，印造大藏经文，庄严柜匣，留于本寺，以永其传。师皆往反阅读，励众效勤。钟鼓香灯，晨昏赞诵，以保护国土，普济群生。

　　至正统六年三月二十一日，太监高公让以实具奏，钦蒙圣恩，敕赐名额曰秀峰寺。

　　林麓生光，僧俗改观，智深焚香稽首，言曰："幸遇海内清平，人民富足。又因诸公同发善心，助成佛刹，致蒙恩赐万代垂光，可不刻石，以示永远。"

　　乃命其徒谒予徵文。予曰：深师勤劳以成佛事，诸公作福以报上

---

① 北京图书馆金石组编：《北京图书馆藏中国历代石刻拓本汇编》第 51 册，第 109 页。

恩，观其用心，同开至善，是宜铭。铭曰：

神州兑野，山挺秀峰。蟠龙踞虎，翕景藏风。函弘爽朗，秀气所钟。洞泉冷冽，草木丰茸。蔼然福地，俨若梵宫。梵宫伊何，有规有制。殿宇巍峨，山门壮丽。像设尊严，龙天翊卫。创者伊谁，智深住持。爰经爰始，载构载基。大善檀越，助以成之。上祝圣寿，下佑生民。福田广大，幽显沾恩。寺既成立，名亦正止。赐额金书，宠光炜炜。惟我深师，福慧兼备。第一开山，流传后裔。垂范将来，述事继志。百世于兹，有隆无替。寺以永存，铭同带励。

大明正统八年岁次癸亥孟夏佛诞日，开山住持沙门智深立石。

锦衣舍人朱兴镌

秀峰寺是宦官高让和住持僧智深所创建，高让是否为安南人不得而知，但撰写碑文的工部左侍郎黎澄确与名僧智深同为安南人。并且黎澄写道：寺成后智深"命其徒谒予征文，予曰：'深师勤劳，以成佛事，诸公作福，以报上恩。'观其用心，同归至善，是宜铭。"从黎澄撰文的理由来看，一是因与智深的安南同乡之谊；二则是与创建或捐资修秀峰寺的宦官们有某些渊源。

智深因与"大国师吾公亲、僧录司讲经月公律、帖公定、觉义乌公显、秽公胜、纳公理、禅公忍、三公善"诸安南僧人的同乡之谊，得以结识驻锡附近阳台山大觉寺的名僧智光，并在寺中随其修习佛法。智深偶然散步至不远处的秀峰寺，得知此地原有古刹，便誓要恢复圣境。得到了太监高让、陈昂、宦官黄雄、阮福深、范觉寿等人的财力支持。寺成之后，太监高让奏请英宗赐名为秀峰寺，并请来安南籍高官黎澄撰写碑文。

创寺太监高让是否来自安南，不得而知。但大檀越陈昂很大可能是安南人。杨士奇《三朝圣谕录》记载，永乐七年（1409），有白鹊之瑞需进表庆贺，杨士奇所撰之表得太子朱高炽赞赏，恰逢其在太子府遇内厨进膳，太子"遂命内使陈昂撤以赐臣"。[①] 此时，东宫太子府的内臣陈昂与宣德八年（1433）开始捐修秀峰寺的太监陈昂，从时间上推测当为同一人。并且，明初陪侍仁、宣二帝于东宫的宦官大多安南出身，如王瑾、范弘等大太监。[②] 北京房山谷积山灵鹫禅寺附近的圆通殿前留有明天顺

① （明）杨士奇：《东里集》卷二《圣谕录》，文渊阁《四库全书》第 1239 卷，上海古籍出版社 1987 年版，第 611 页。

② 齐畅：《土木之变前后的安南宦官——从北京大隆福寺的兴建说起》，《东北师大学报》（哲学社会科学版）2016 年第 1 期。

元年（1457 年）刻的圣旨碑，碑阴刻有《助缘太监芳名》，同样由大量安南宦官捐资修建，除了兴安和一众阮姓宦官，陈昂也列于其中显要的位置。①

永乐初年，将军张辅征安南，"取安南火者三千"，但《明史·宦官传》只略提及："范弘，交阯人，初名安。永乐中，英国公张辅以交童之秀美者还，选为奄，弘及王瑾、阮安、阮浪等与焉。"② 其他大量《明史》中出现的阮姓宦官也多为安南人，加之阮、黎都是安南大姓，因而推测这所安南僧人创造的庙碑中出现的阮姓宦官亦是安南人。

显然，京西秀峰寺是一个聚集了安南僧人、朝臣、宦官的佛寺。尤其是撰写碑文的黎澄，曾是安南胡朝的王子，以降人身份留任明廷，官至二品工部尚书，这样特殊的身份，难免会与明初来华的安南人多有牵扯甚至成为安南人聚集的核心，然而正史中少有蛛丝马迹，也使得这通民间碑刻显得颇不寻常，透露出他与其他安南人的些许关联。同样服务于宫廷的朝臣和宦官，可能因这种隐藏于朝廷之外，不见于正史之中的同乡关系，互相回护，满足其在庙堂之上的政治利益和诉求。

一　从胡朝王子到大明朝臣

黎澄在越南的经历，中方史料阙录，主要见于越南史料，黎澄原名黎元澄，因入明后中方史料皆称其黎澄，故本文采用黎澄。黎澄生于越南陈朝末年，越南史书中关于他的最早记录是陈光泰七年（洪武二十七年，1394）十一月，"季犛长子元澄判上林寺。初置登闻检法院以勘闻天下狱讼，至是改为寺，以元澄判其事。"③ 其父黎季犛，以外戚身份把持朝政，长子黎澄被任命于上林寺判寺事，掌管刑狱大权。

明建文元年（1399）六月，黎季犛摄政，"自称国祖章皇……子汉苍称摄太传……元澄为司徒"。④ 以"其王年幼，语言不通"，政事皆为国相黎季犛"与其子澄所专"，明朝对其父子二人的评价是"狙诈百出"。⑤ 明建文二年（1400），黎季犛立其子汉苍为太子，逼帝禅位，"自为帝，建元

---

① 罗炤：《房山谷积山院的圣旨与助缘太监芳名碑》，《中国文物报》2013 年 12 月 4 日。

② （清）张廷玉等：《明史》卷 304《宦官一》，第 7771 页。

③ 阮朝国史馆纂修：《钦定越史通鉴纲目》正编卷 11，光泰七年冬十一月，第 21 页。越南国家图书馆藏。

④ ［越］吴士连等著，陈荆和合校：《大越史记全书》卷 8，建新二年六月，上册，第 476 页。

⑤ 《明太祖实录》卷 242，洪武二十八年十月癸卯，第 3521 页。

圣元，国号大虞，改姓胡"。①

在选立太子一事上，黎澄虽是长子且有丰富政治经验，然而其异母弟胡汉苍却被立为太子。源于汉苍母徽宁公主是陈明宗之女，初已嫁人，后被陈艺宗夺取转嫁给黎季犛，生汉苍。胡季犛选择汉苍为太子，"遣使如明，诈称陈氏已绝，（汉苍）以外甥权理国事"②。胡氏因篡陈氏政权，立与陈氏有亲缘关系的汉苍为太子，更容易得到宗主国明朝的认可。

1400 年（明建文二年），春正月，黎季犛立其子汉苍为太子，二月黎季犛自为帝，冬十二月"季犛以位与其子汉苍，自称太上皇，同听政"③。胡季犛在立其子汉苍为太子的同年让位，自称太上皇，仍掌实权。

黎澄作为长子虽未能承袭王位，却自成势力，可与汉苍相颉颃。因而，在册立汉苍为太子之前，黎季犛对黎澄是有顾虑的，曾假名硕为语曰："此一卷奇石，有时为云为雨，以润生民。"令长子澄作对，以观其志。澄对曰："这三寸小松，他日作栋作梁，以扶社稷。"④ 黎季犛方解除顾虑，立册立汉苍。

但直至胡汉苍登位后，兄弟二人仍不睦，胡季犛感叹"天地覆，地也载，兄弟二人如何不相爱"。明永乐三年（1405）春二月，因此内情被传出宫外，胡季犛还杀死了一批相关的传话人。即便如此，黎澄仍被实际掌权的父亲重用。⑤ 被明军捕获时，黎澄身居左相国掌管胡朝军事大权，地位显赫，职衔是"推诚守正翊赞弘化功臣、云屯镇兼归化嘉兴等诸军事节度大使、洮江管内观察处置等使、使持节云屯、归化、嘉兴等镇诸军事、领东路天长府路大都督府、特进开府仪同三司入内检校、左相国、平章军国事、赐金鱼袋、上柱国、卫国大王"⑥。

明安战争前夕的永乐三年（1405），黎汉苍招集各地方和在京官员商讨，与明朝是战是和的问题。时任左相国的黎澄表示："臣不怕战，但怕民心之从远耳。"坦露对战争可能失掉民心的隐忧，黎季犛对他的回答满意并"以槟榔金匣赐之"。越南后世史家亦给黎澄正面评价曰："天命在乎

① ［越］吴士连等著，陈荆和合校：《大越史记全书》卷 8，建新三年二月，上册，第 477 页。
② 阮朝国史馆纂修：《钦定越史通鉴纲目》正编卷 11，胡季犛圣元元年秋八月，第 39 页。越南国家图书馆藏。
③ ［越］吴士连等著，陈荆和合校：《大越史记全书》卷 8，建新三年冬十二月，上册，第 479 页。
④ ［越］吴士连等著，陈荆和合校：《大越史记全书》卷 8，建新三年正月，上册，第 477 页。
⑤ ［越］吴士连等著，陈荆和合校：《大越史记全书》卷 8，汉苍开大三年二月，上册，第 485 页。
⑥ 《明太宗实录》卷 71，永乐五年九月乙卯，第 990 页。

民心，澄之言，深得其要，不可以胡氏故，废澄之言。"①

　　明安交战中，永乐四年（1406），安南胡军左神翊军将阮瑰方"以女色自如，不为备，船烧殆尽，全军陷没，寂无战事，上下水军，莫有救者"。率领水军的阮瑰方沉迷女色，对明军的袭击毫无防备使水军全军陷没。"但遥请左相国澄，谁可代守"②。可见，黎澄具备一定的军事才能。

　　然而，安南颓势难返，永乐五年（1407）五月十一日，明人犯永宁卫军，王柴胡等七人获季犛于止止滩，交州右卫军李保等十人获左相国澄于奇罗海口。十二日，莫邃下头目阮如卿等，获汉苍及其太子芮于高望山中。而后，张辅、沐晟差都督金事柳升等人俘送季犛及其子汉苍、澄等胡氏子孙，至金陵以献。③ 至此，胡朝灭亡，黎澄安南王子的身份也正式结束，进入了大明臣子的角色转换。

　　黎季犛等胡朝子弟被俘送至京城金陵，《钦定越史通鉴纲目》载："明帝御殿受之，问季犛曰：'弑主篡国此人臣之道乎？'季犛不能对。乃悉下之狱。赦其子澄、孙芮。后季犛释自狱戍广西，澄以善兵器进枪法，赦用之。"④《罪惟录》言："下季犛、苍于狱，久之释戍广西，而澄、芮善枪法，诏令有司衣食之。"⑤

　　中越两方的记载都指明黎澄和黎芮是得到赦免的，并且在之后的明代史书中只出现了黎澄的名字。那么，作为曾经的胡朝王子，又曾掌握军权与明朝奋力对抗的黎澄，何以独得赦免，甚至日后升为明廷高官呢？以往研究中，涉及到黎澄多论及其在明代中国火药火器上的贡献，对其复杂身份一带而过。黎澄固然因善枪法被赦，但以俘虏身份，在明朝中国"授以官专督造兵仗局锐箭火药"，历侍四朝，最后以工部尚书终，却并不简单。⑥ 梳理明官方史书中黎澄的仕途生涯，他的贵人也浮出水面。

　　《明实录》中最早出现黎澄的记录是永乐五年（1407）被俘送至金陵，擒获"贼男黎澄"的军人升官受赏。⑦ 而前文提及，其他中越史料充实了

　　① ［越］吴士连等著，陈荆和合校：《大越史记全书》卷8，建新三年九月，上册，第487页。

　　② ［越］吴士连等著，陈荆和合校：《大越史记全书》卷8，汉苍开大四年十二月，上册，第489页。

　　③ ［越］吴士连等著，陈荆和合校：《大越史记全书》卷9，汉苍开大五年五月，上册，第494—495页。

　　④ 阮朝国史馆纂修：《钦定越史通鉴纲目》正编卷12，汉苍开大五年六月，第21页。越南国家图书馆藏。

　　⑤ （清）查继佐：《罪惟录》卷33《安南》，浙江古籍出版社1986年版，第2761页。

　　⑥ 《明宪宗实录》卷66，成化五年夏四月甲子，第1329页。

　　⑦ 《明太宗实录》卷71，永乐五年九月乙卯，第988—992页。

黎澄的经历，指出他因精于火器制造而被赦免。

接下来宣宗元年（1426）再次出现黎澄的记录，"辛亥，行在工部营缮清吏司主事黎澄考满，吏部劾奏澄历九载悉不赴部给由，今又历两考始给由，有违定制。上曰：'澄在安南罪重，皇祖特宥而用之，今所犯小罪可宥也'。"①

明制，"考满之法，三年给由，曰初考，六年曰再考，九年曰通考，依职掌事例考核升降"②。明代对文官的考核中，考满是一种比较普遍的方式，规定三年一考，六年再考，九年通考，最后对其进行的综合评定，分为称职、平常和不称职三等，以决定其去留。也就是官员每三年就要把自己任职以来的工作情况及自己的背景情况等以书面的形式交到吏部。吏部则以九年为一期对其工作成绩做综合评定。黎澄没有按章办事，因而被吏部劾奏，但宣宗以为小罪，并未追究。

并且第二年，黎澄由工部营缮清吏司郎中升为"本部右侍郎，食禄不视事"③。足见在前一年的京官考核中，黎澄的小过却并未影响其升迁。

宣德三年（1428）春正月，"乙酉，命行在工部右侍郎黎澄月俸支全米，澄前安南伪主黎苍之兄，俘获至京，太宗皇帝赦而用之。初授工部主事，上即位升郎中，内臣有言其贫者，遂升侍郎，至是复命月俸给全米云"④。

黎澄在宣宗即位后，两三年内由六品主事，迅速升至正五品郎中，再到正三品侍郎，其中一个关键信息是，因有"内臣言其贫，遂升侍郎"。内臣对宣宗的进言显然对黎澄的升迁起了决定作用，但此内臣为何人，《明实录》中并未交代。

正统元年（1436），黎澄九年考满，由工部右侍郎升为左侍郎，仍于内府供事。⑤ 宣德期间，黎澄仕途顺利，九年考满，至英宗改元顺利升迁。

至正统八年（1443）夏，"工部右侍郎黎澄年七十应致仕，上疏乞留用，上怜其交阯远人，从之"⑥。第二年正月，鸿胪寺序班双秉奏工部左侍郎黎澄衣绾酒器堕地，俱请治之。皇上也以"摭拾小过，不听"⑦。黎澄年七十，循制应致仕的年纪，仍被破例留用，并且偶有小过也能得到皇帝宽

---

① 《明宣宗实录》卷 15，宣德元年三月辛亥，第 408 页。
② （清）张廷玉：《明史》卷 71《选举志三》，第 1721 页。
③ 《明宣宗实录》卷 34，宣德二年十二月丁卯，第 864 页。
④ 《明宣宗实录》卷 35，宣德三年春正月乙酉，第 875 页。
⑤ 《明英宗实录》卷 22，正统元年九月丁酉，第 428 页。
⑥ 《明英宗实录》卷 103，正统八年夏四月乙未，第 2082 页。此处原文载"右侍郎"，但据前文，此时黎澄已升左侍郎，因而此处有误，应为左侍郎黎澄。
⑦ 《明英宗实录》卷 112，正统九年春正月丙辰，第 2248 页。

宥。甚至到正统十年（1445）还能继续得到升迁，"六月甲寅，升工部左侍郎黎澄为本部尚书，仍于内府供事，以九年秩满也"[①]。黎澄升至正二品工部尚书后，第二年即去世，正统十一年（1446）秋七月丙子"工部尚书黎澄卒，遣官致祭命有司营葬"[②]。终年七十三岁，明人军中凡祭兵器，并祭澄。[③] 至此，黎澄的故事结束了。

黎澄死后，其子黎叔林继承父业，仍在工部任职，景泰三年（1452），升为工部右侍郎，"仍理军器厂事"。[④] 至成化六年（1469）正月，黎叔林年七十，按例应致仕，但与其父黎澄一样，"以交阯远人，无家可归"，乞求仍任原职，"上许之"[⑤]。然而，同年五月己卯，黎叔林即死于工部右侍郎任上。[⑥]

实录中对于黎澄家族的记录一直到叔林之子，即黎澄之孙黎世荣。成化五年（1469），黎叔林"请官其子世荣于京便养，上念其远人，俯从之"[⑦]。黎叔林在去世前一年，为其子世荣求得中书舍人的从七品文职。至成化十六年（1480），已做了十年中书舍人的黎世荣作为副使，与西宁侯宋礼、武安侯郑英等人，持节册封辽世子恩鐕为辽王。[⑧]

安南人黎澄在明朝一生仕途安稳，其家族制造火器的专长亦惠及子孙。然而，宣宗时期的骤然升迁及至英宗时期老而善终，除了如其同僚好友胡濙所评价的"性资明敏，才学优长"，擅长制造火器之外。更因宣宗即位之初，有内臣"言其贫困"，方使黎澄两三年内由任职多年的六品主事升为五品郎中、再到三品侍郎，终宣宗一朝仕途顺畅。

如果安南远人没有家资，朝廷一般会给予经济上的照顾，如永乐年入明的安南人阮清，"以能制火铳短枪神箭，及缂丝衮龙袍服，收充军匠，月给米一石。后以例减五斗"。因阮清等人"自言夷人无家不赡，诏仍与一石"[⑨]。然而，同为安南远人的黎澄却因贫困接连升迁，为其进言的内臣身份，便显得颇耐人寻味。

---

① 《明英宗实录》卷130，正统十年六月甲寅，第2586页。
② 《明英宗实录》卷143，正统十一年秋七月丙子，第2827页。
③ （明）何乔远辑：《名山藏》卷106《王享记二》，第8册，江苏广陵古籍刻印社1993年版，第6356页。
④ 《明英宗实录》卷217，景泰三年六月乙亥，第4683页。
⑤ 《明宪宗实录》卷75，成化六年春正月庚子，第1447页。
⑥ 《明宪宗实录》卷79，成化六年五月己卯，第1529页。
⑦ 《明宪宗实录》卷66，成化五年夏四月甲子，第1329页。
⑧ 《明宪宗实录》卷207，成化十六年九月丙申，第3610页。
⑨ 《明孝宗实录》卷26，弘治二年五月申戌，第585页。

二 内臣的暗中助益

黎澄在明朝一生仕途安稳，其家族制造火器的专长亦惠及子孙。然而，宣宗时期的骤然升迁及至英宗时期老而善终，除了如其同僚好友胡濙所评价的"性资明敏，才学优长"①，且擅长制造火器之外，更因宣宗即位之初，有内臣言其贫困，而将黎澄由干了多年的六品主事升为五品郎中，再到三品侍郎，终宣宗一朝仕途顺畅。正如前文所言，宣宗时期安南宦官得势，黎澄为安南人且有内臣相助，难免让人对他们的交结产生联想。

明成祖对外族和外籍宦官较为重用，且能发挥所长，如女真、蒙古族宦官因善战而多立军功，"明敏"的朝鲜宦官多被派回原籍出使，② 安南宦官不够"明敏"但总体上表现出忠诚谨慎的特点，③ 因而被派至东宫，入东宫陪侍仁、宣二帝的范弘、王瑾正是安南宦官。

永乐时期，入侍东宫的机缘使安南宦官与仁、宣两任皇帝皆建立密切的关系。《明史》载："瑾，初名陈芜。宣宗为皇太孙时，朝夕给事。及即位，赐姓名。从征汉王高煦还，参预四方兵事，赏赉累巨万，数赐银记曰'忠肝义胆'，曰'金貂贵客'，曰'忠诚自励'，曰'心迹双清'。又赐以两宫人，官其养子王椿。其受宠眷，英、弘莫逮也。"④《水东日记》亦载："御用监太监陈芜，交阯人，永乐丁亥入内府。宣庙为皇太孙，芜在左右，既御极，即升太监，赐姓名曰王瑾，字润德，又赐'肃慎'图书，武定州还，赐玉带、金鞍、厩马、金帛、宝楮。陈庐陵循志云，东夷北虏西戎南蛮窃发，芜皆与征行，皆被重赐。"⑤

王瑾原名陈芜，宣宗即位后为之赐名，是时新帝即位之初面临藩王势大皇位不稳之忧，王瑾等宦官亲信亦随皇帝亲征参与平叛汉王朱高煦，随

① 孙进、郑克孟、陈益源主编：《越南汉文小说集成》第 16 册，上海古籍出版社 2000 年版，第 9 页。

② 见孙卫国《论明初的宦官外交》，《南开学报》1994 年第 2 期；刁书仁《明前期明朝向朝鲜索征的"别贡"》，《东北师大学报》（哲学社会科学版）2009 年第 3 期，等等。朝鲜宦官出使记录较多，当然与明鲜当时密切往来有关，也与其总体上较为机敏灵活的性格有关。

③ （明）王世贞：《弇山堂别集》卷 90《中官考一》，中华书局 1985 年版，第 1728 页。宣宗赐金英、范弘免死诏，诏文云："退不忍于欺蔽，进必务于忠诚。免尔死罪于将来，著朕至意于久远"；王瑾数次被赐题为"忠肝义胆"、"忠诚自励"的银记。

④ （清）张廷玉等：《明史》卷 304《宦官一》，第 7771 页。

⑤ （明）叶盛：《水东日记》卷 34《太监陈芜恩宠》，中华书局 2007 年版，第 330 页。

征的宦官虽多，但安南宦官王瑾却在同侪中最受宠眷,[①] 宣宗皇帝不仅将两名宫女赐其为妻，给其养子授官，且为王瑾做藏头诗，连获赐免死诏的同为安南宦官的金英、范弘都无法企及。

宣宗时受宠眷之极且在官史中留名的范弘、金英、王瑾等几位宦官都是安南人，他们多于永乐时期入宫，因"占对娴雅"等原因成为最早接受教育的宦官，而后入侍东宫，新帝即位后又历经磨砺表现出对皇帝的"忠肝义胆"，最终成为皇帝心腹亲信。

从前文的列举可以看出宣宗时最受皇帝信用的是安南太监，那么能为黎澄的升迁在皇帝面前起关键作用的，大有可能是其同乡宦官。然而官私文献中都难见黎澄与宦官之间的关联，当然这种问题并不只存在于黎澄身上，帝制时期大多文人士夫因避忌与阉人的关系，多刻意回避，但往往在民间社会史料中能捕获蛛丝马迹。

三　僧人成为宦官、廷臣之间关系的媒介

明代宦官多笃信佛教并且死后葬于佛寺附近，使僧人成为其死后的守坟者，因而宦官与僧人的关系自然密切。然而，除了宗教联结之外，利益是他们结盟的重要纽带。佛寺既为阉宦权势滋长的繁殖场，而宦官也常常成为佛寺、僧侣日益扩大其权势的重要媒介。陈玉女的研究中曾写道："佛寺既为阉宦滋长的繁殖场，而宦官则为佛侍、僧侣日益扩大其势的重要媒介。成化初年，南京给事中王徽有鉴于宦官权势的坐大，便上奏提议限制宦官的权限及其家业田产的规模。同时，还特别申明：'不许文武官员僧道人等与之私相交接。'[②] 毫无疑问的，随着宦官气焰的高涨，阿谀附势的僧人得以藉之扩张自己的声势。甚至，有的还出入宦官家门，自视为宦官门僧。"[③]

而同籍或同乡的关系则会使本已十分密切的宦官、僧人之间的联系更为紧密、稳固。并且宦官可能将其人际关系交往的圈层扩展至同乡的廷臣。

对于僧官充当朝臣与宦官之间关系的媒介，明代当世人已有认识，"京师巨刹大兴隆、大隆福二寺为朝廷香火院。余有赐额者，皆当道中官

---

① 《明宣宗实录》宣德元年八月己巳，第 529 页。"上将亲征，命阳武侯薛禄、清平伯吴成、太监刘顺等率兵二万为前锋。"随驾内官不在少数，女真族太监刘顺也还兵从征，且被厚赐，但仍难及安南王瑾之宠信。

② （明）陆容：《典故纪闻》卷 14，中华书局 1997 年版，第 246 页。

③ 陈玉女：《明代二十四衙门宦官与北京佛教》，如闻出版社 1990 年版，第 94 页。

所建。寺必有僧官主之。中官公出，必于其寺休憩。巧宦者率预结僧官，俟其出则往见之，有所请托结纳，皆僧官为之关节。近时大臣多与僧官交欢者，以此"①。

北京的大兴隆、大隆福二寺分别由正统和景泰年间最得势的两位大太监王振、兴安主持兴建，而宦官出宫，必到寺中休息，欲结纳大太监的朝臣官员则利用此机会，结交寺中僧人，以通过其建立与宦官的联系，僧人成为宦官、朝臣联结的纽带，寺庙衍生成为权力交换的场所。

明当世的一部作品《琅琊漫抄》里载有成化年间宦官、僧官和廷臣交结往来于佛寺中的一段史话：

> 成化间，太监王高执守自重，尝休沐居庆寿寺，时有兵部尚书者，不欲言其名，往谒之，与侍郎某先后出部，各给以他往。已而偕集门下，进退惶恐，而都御史王越、户部尚书陈钺亦至。高久不出，使主僧将命曰："请诸公拜佛。"众相顾不敢违，越笑而倡之，甫拜，而高公出曰："诸公今日富贵，皆前世所积，非佛力而何。"盖诮其非有德学所致也。既而，揖诸公坐，高曰："昔王振用事，六卿多通私谒，人以为擅权。今诸公见访，安知外人不议高耶？且诸公访高，不知以高为何如人？"兵部曰："公真圣人。"高惊讶作色曰："大而化之谓圣，孔子尚曰：则吾岂敢。高何人而敢谓圣人？"辨之叠叠将百言，众人惴惴不能出气。高既卒，诸公相次以事败。②

成化年间，司礼监太监王高在庆寿寺休息③，兵部尚书和侍郎先后前往寺中拜访。随后都御史和户部尚书也到访。四位朝廷重臣为拜访权珰在寺中不期而遇，寺庙成为朝廷之外，宦官，朝臣交往的重要场所。

四 安南宦官与朝臣

宦官借由修庙建寺拉近与佛寺和僧人之间的关系，但若更多一层同宗

---

① （明）陆容：《菽园杂记》卷5，中华书局1997年版，第59页。

② （明）吴郡文林撰，邓士龙辑，许大龄、王天有点校：《国朝典故》卷85，北京大学出版社1993年版，第1810页。

③ （清）张廷玉等：《明史》卷95《刑法三》记载："成化八年司礼监太监王高，少监宋文毅两京会审，而各省恤刑之差，亦以是岁而定"，知此时的宦官王高身任宦官司礼监太监之职。第2341页。

同族的血缘关系或者同乡同籍的地缘亲密关系后，双方的交结，就足以扩充相互之间的利益空间，取得更良好的合作关系。有关明代宦官籍贯的史料记载是相当缺乏的。但是，墓志、碑刻等田野史料可以弥补一般文献史料的不足。从各种搜寻而得的零散碑刻史料可知，来自安南的宦官、僧人、廷臣之间因地缘有着深厚的联结关系。

安南自永乐五年（1407）纳入中国版图后，于其地设置交阯承宣布政使司。而明初来自安南地区的宦官，有正史所载的："范弘、交阯人，初名安。永乐中，英国公张辅以交童之美者还，选为奄，弘及王瑾、阮安、阮浪等与焉。"① 与范弘同时入宫的，还有安南同乡的其他数位貌美阉童，像王瑾、阮安、阮浪等皆是，且颇受历代皇帝的宠信。如范弘即是宣德初年的司礼监太监，而王瑾更是备受宣宗宠爱，阮安则有巧匠之思，而阮浪因助英宗复辟有功，死后被追赠为太监。此外诸如像景泰、天顺年间内官监太监陈谨也是交南出生。②

如前文所言在明代中国这批安南宦官已结成势力，那么，他们与同是安南出生的僧人或朝臣是否有所助益或者推引之功呢？

明代宦官捐资修庙，多请朝中名臣撰写碑文，以求名垂千古。清人龚景瀚提到朝中大臣替宦官撰写寺院碑文时，说道：

> 夫彼（宦官）其使中朝之贵人为文，固若挟之以不得不作之势，而彼贵人者亦遂俛首下气承之，以不敢不作之心。天下未有不相知而可以挟之，使必然者，原其初必自中朝之贵人，而与宦寺有相知之旧。夫以中朝之贵人，而与宦寺有相知之旧，则彼其所以为贵人者，未必不出于宦寺之推引。自我得之而何畏乎？彼推引不出于宦寺而甚畏宦寺，则是惟恐宦寺之能祸福于我，此孔子之所谓患得患失也。为人臣而患得患失，则其归且将无所不至，且使患得而果可以得之，患失而果可以无失，吾亦安得而使其不患乃患得患失矣。而得失之权卒不可以操之自我，我自得其为我，而何必交欢于宦寺。③

按龚景瀚的说法，朝中大臣为宦官撰写碑文或惧于宦官天子近侍的身

---

① （清）张廷玉等：《明史》卷304《宦官传一》，第7770页。

② 北京图书馆金石组编：《北京图书馆藏中国历代石刻拓本汇编》第51册，第178页，胡滢撰《敕赐妙缘观》记载："知今内官监太监陈公谨好黄老，号松谷，生于交南，实陈氏之宗室。"

③ （清）万青黎、周家楣修：《光绪顺天府志》卷17《寺观二》，北京古籍出版社1987年版，第548—549页。

份，百般不情愿还是要交欢于宦官，力求自保，否则怕祸及自身。或者是因其与宦官有相知之旧，而与宦寺有旧情私交，必然是受其推引、得其提携，因而仰其鼻息、唯命是从。然而，宦官与朝臣之间的旧情，除龚景瀚所推测的双方之间因利而交往结合，恐怕也有情的因素，同乡同籍的地缘相惜之情亦是联结双方关系的一个重要因素。

例如正德年间翰林院侍讲、经筵讲官李时为祖籍河间的御马监太监姜林所撰写的墓志铭，写道"予与公同郡，未尝一接公颜；然乡缙绅数称其贤，闻之稔矣。比卒，（姜林的从子）学、举持光禄少卿贾君启之所为状，乞铭于予。锦衣千户魏君颐，予武举所取士也，雅与公善，又亟为之请。谊不可辞，迺为之铭"[1]。李时与姜林为同乡，可能是为了避嫌特意提及二人并未曾谋面过，但因同乡士绅们皆称姜林贤方熟识此人，所以为其撰写墓志。

另外，弘治年间翰林院侍讲学生、经筵讲官白钺为御马监太监黎义所撰写的墓碑中写道"遣司正杨玮、左司副赵宝、奉御陈德谕祭者三，仍命监护丧事……赵公与余同郡，故奉状来请铭。既不获辞，乃按状序之"[2]。白钺为黎义撰写墓碑文的原因是他与负责为黎义治理丧事的宦官左司副赵宝同郡，因而不好推辞，故为黎义撰文。

而正德时期作为宦官"八虎"之一的高凤去世，为其撰写墓志铭的是极负盛名的吏部尚书大学士李东阳，为其墓志书丹的礼部尚书田景贤是其河北涿州的同乡，李东阳虽不与其有同乡之谊，然而提及撰文的原因，写道"公之存，尝预嘱予为墓表，及诸学士大夫为碑及传"[3]。高凤已逝，李东阳不负其生前所托为其撰写墓表，显然二人的关系不能以一"利"简单概之，必然有情的成分。

这样因同乡地缘关系而出现在同一通碑铭中的例子还有很多，因而宦官与朝臣之间的相知之旧，除了公事上的利害关系，也有地缘上的同乡同籍之情，并且这种同乡之情会使彼此关系更为紧密，相互推引、提携也属常态。

回到秀峰寺的故事中，工部左侍郎黎澄为秀峰寺撰写碑文，其理由：

---

① 李时撰：《明故御马监太监姜公墓志铭》，载于梁绍杰《明代宦官碑传录》，香港大学中文系1997年版，第152页。

② 白钺撰：《大明御马监太监黎义墓碑铭》，载于梁绍杰《明代宦官碑传录》，香港大学中文系1997年版，第137页。

③ 李东阳撰：《大明故司礼监太监李公墓志铭》，载于梁绍杰《明代宦官碑传录》，香港大学中文系1997年版，第122页。

首先，显然是与创寺的住持僧智深是同乡关系。其次，据前文的推测寺碑中大量助资建寺的宦官都同是安南人，那么他们之间也必然有同乡之情。正如黎澄提及的撰文原因："深师勤劳，以成佛事，诸公作福，以报上恩。"无论是僧侣抑或诸公，皆是黎澄的安南同乡，因而他们之间的互相推引、提携，显然是以同乡同籍关系为基础的。前文中提及宣宗即位，黎澄几年内迅速由主事升至郎中再到侍郎是因有内臣向皇帝进言其贫困。贫困显然是推引、提携他的托词，那么进言的内臣就很大可能是与之有故交的安南同乡太监了。另外，正统元年（1436），黎澄九年考满，由工部右侍郎升为左侍郎，仍于内府供事。① 长期的内府供事，他也必然要与内臣有密切的合作交往，与其同乡宦官之间的交情更属人之常情。

通过安南人参与助修的寺庙可以看出，政治目的要大于信仰本身，他们比明朝内部其他民族的宦官更急于表达忠心。《明史》中将兴安修建大隆福寺简单归为兴安佞佛，实则省略掉了背后的政治内因。然而作为被俘入明的安南人，其民族属性必然促使其自觉不自觉在其本民族内部产生一种内聚性，这种内聚性跟明朝入朝为官的士大夫之间、宦官之间会形成同乡关系是一样的，作为被俘入明的曾是外国人的安南宦官有着更强烈的彼此照应构建关系网络的诉求，而共同助修的寺庙，是呈现这一群体内部网络的一个主要场所。明人陆容云："寺必有僧官主之，中官公出，必于其寺休憩。巧宦者率预结僧官，俟其出，则往见之，有所请托结纳，皆僧官为之关节。近时大臣多与僧官交欢者以此。"②

那么，安南宦官、僧人、朝臣之间的牵连皆展现在寺庙这个宫外场所，也通过民间社会的宗教场所，建立起彼此的关系网络又扩展了各自关系网络的圈层，进而在宫廷之内庙堂之上强化自身的权势和影响。

吴钩提出了"隐权力"的概念，③ 他认为在封建社会时期，官僚受君主专制统治，通过国家制度规定，获得国家认可的正式权力。因此，这种权力的大小可以通过品秩、官阶、职位等来综合衡量，权力从理论上说是稳定的。而"'隐权力'并非由官僚结构设定，而是由人情关系创造出来的。隐权力自成体系，有自己的隐秘来源，有自己的权力地盘，有自己的传递管道，与正式权力系统嵌接，又各自为政，共同规划着官场的权力空间"。当时宦官获得学习提升的机会，与外廷官员有了交结。宦权有了较

---

① 《明英宗实录》卷22，正统元年九月丁酉，第428页。
② （明）陆容：《菽园杂记》卷5，中华书局1997年版，第59页。
③ 吴钩：《隐权力：中国历史弈局的幕后推力》，云南人民出版社2010年版，第6—7页。

强的干政能力于是拉拢政府官员组建自己的权力网络，打击异己势力稳固自身权力，由此构建了该阶层人员的权力与关系网络，在政府中产生了自己的隐权力。

笔者以为明代的宦官群体，或者说本节的研究对象安南宦官群体，虽官修史书中涉及其事迹了了，然而从蛛丝马迹的线索中却时常可以看到他们隐藏于诸项大事件背后的影响力。这种政治力量无形中涉入经济、军事等多个领域。从实际说来，宦官本身的权力是有限的，尤其在明代是被圈定在制度规定的范围内，但是他们凭借与最高执政者的密切关系建立了庞大的人际关系网络。又凭借这个人际关系网络以壮大自己的实际权力，有时与朝臣官员相互联系、共同掌握政府，有时自己直接干预国家和外交大事或者隐于幕后支持依附其权力的官员直接代理。

第七章 结语

《明史·宦官传》载："金英者，宣宗朝司礼太监也，亲信用事。宣德七年赐英及范弘免死诏，辞极褒美。英宗立，与兴安并贵幸。及王振擅权，英不敢与抗。正统十四年夏旱，命英理刑部、都察院狱囚，筑坛大理寺。英张黄盖中坐，尚书以下左右列坐。自是六年一审录，制皆如此。其秋，英宗北狩，中外大震。郕王使英、安等召廷臣问计。侍读徐珵倡议南迁，安叱之，令扶珵出，大言曰：'敢言迁者斩！'遂入告太后，劝郕王任于谦治战守。或曰叱珵者，英也。也先入寇，至德胜门，景帝敕安与李永昌同于谦、石亨总理军务。永昌，亦司礼近侍也。景泰元年十一月，英犯赃罪，下狱论死。帝令禁锢之，终景帝世废不用，独任安。"[1]

明朝仁宣时期，在《明史》中有传的宦官都是安南人，金英更是位列第一。曾与范弘陪侍仁宗于东宫，又同被宣宗赐免死诏，明代有史可载的被赐免死诏的宦官只此二人。此外，还有初名陈芜的宦官王瑾，宣宗为皇太孙时，"朝夕给事"，其受宠眷的程度，"英、弘莫逮也"。可以想见仁宣时期的宫廷中安南宦官势力已达顶峰。及至英宗即位，曾陪侍英宗于东宫的王振"前越金英等人掌司礼监"，[2]"（金）英不敢与抗"。王振之前的宣宗时期，金英不仅是安南宦官群体，甚或整个宣宗时期宦官群体的核心。以金英、范弘等人为核心的安南宦官也会结成同乡的政治群体，虽在明代中国没有根基、却能与主政的内阁"三杨"密切合作，内外相维，保持一种政治上的平衡。英宗时期，王振等本土宦官势力崛起，执掌司礼监，此时安南宦官退让不敢与王振相抗，但仍保存着实力，从王振擅权仍会嫉妒安南宦官阮安即可以看出。《明史》中金英的经历起伏可以代表安南宦官群体在明朝的兴衰，永乐朝入宫积蓄力量，仁、宣时期成为宦官中最为得势的群体，英宗正统时期退让于王振等本土宦官势力，但仍保存实力，

---

[1] （清）张廷玉等：《明史》卷304《宦官一》，第7769—7770页。

[2] （清）张廷玉等：《明史》卷304《宦官一》，第7772页。

土木之变后郕王继位，再度重用安南宦官，直至英宗复辟的天顺年间，以兴安为首的代宗的安南宦官亲信们被清算，同时永乐五年（1407）入宫曾经得势的安南宦官们至此时已经死去或老去，逐渐退出了宦官政治舞台的核心。

因永乐五年（1407），安南已归明朝治内所属成为交阯郡，相应地，此时期入宫的安南宦官也实现了由外籍火者到本国内臣的转变。同时他们又具有明朝本土宦官不具备的优势，即入宫时年纪小、没有亲人，多为安南贵族出身，有着"占对娴雅""有巧思"等出色的自身条件，又在明朝没有根基，可以忠实于皇帝一个人。即便宣宗三年（1428），明朝放弃交阯郡，承认安南为独立国家，并与之重新建立宗藩关系，却并没有再纳入火者的记录。但此时在明朝已形成势力的安南宦官群体并不受明朝与安南国之间政治变动的影响，因为他们早已汉化成为明宣宗的心腹，甚至宣宗做出放弃安南的决定也可能与之相关。即便安南宦官群体之间仍保存着政治同盟的关系，也与其他本土的同乡宦官间的相互提携照应无异，并且明中期史料中出现的阮姓宦官仍很大可能是安南人，但随着王瑾、范弘、阮安、金英、兴安等安南几位核心大珰的去世，安南人宦官已不再呈现出独特的政治角色。

来自朝鲜半岛的宦官，自元朝以"贡阉"的身份进入中国，一直充任斡旋甚至影响两国关系的媒介。纵向比较中国自唐宋到元明清与朝鲜半岛的关系，元朝对高丽带有一种凌驾于两国朝贡关系之上的单方面的支配和高压政策，这就使高丽始终谨慎地采取各种措施保证自身的独立地位，包括与元朝的政治联姻及贡女、贡阉。高丽宦者方臣祐，随安平公主入元，侍奉裕圣皇后得到宠信，在元朝欲将高丽设省时，方臣祐因帮助化解这次危机有功，被高丽赐"推诚敦信亮节功臣"号。[①] 明朝建立初期，统治者对朝鲜宦官仍以开放的姿态大胆信用，借助其懂语言且了解本国国情的优势往返于两国间出使册封、赏赐、索贡，其间自然也承担着为明朝搜集情报的任务。并且与安南宦官不同的是，朝鲜火者多作为"别贡"抑或陪侍朝鲜贡女陆续进入明廷。明英宗继位时年幼，张太后与"三杨主政"，中断了宣宗以及之前几朝向朝鲜索贡女的旧习，并且将部分朝鲜妇女释放回国，《万历野获编》有载："宣德十年，英宗即位……凡释教坊乐工三千八百余人。又朝鲜国妇女自宣德初年取来，上悯其有乡土父母之思，命中官

---

① ［朝］郑麟趾等著，孙晓主编：《高丽史》卷122，列传第35《宦者》，第9册，第3713页。

遣回金黑等五十三人还其国，令国王遣还家，勿令失所。"① 《朝鲜世宗实录》中记录了尹凤的书信提到："执馔婢子之来，太皇太后厚慰遣之。今使臣回，太后怜恤本国之意，开说何如？大抵宫禁之事，秘密国贵，今出来婢子等，不无轻说。若漏泄，则言者问者，竝皆科罪何如……韩氏婢金黑，予甚怜之，欲赐苎麻布与緜布等物，当赐几匹？"也印证了遣返朝鲜妇女回国是张太后的主张。

明英宗时期王振等本土宦官势力的崛起，加之英宗亦没有向朝鲜索取贡女的喜好，自然也不会需要火者跟随进宫侍奉，便鲜有朝鲜阉人入宫的记录。正统十四年（1449），土木之变英宗被俘，统治危机，边疆政策收紧，一度派出文臣倪谦出使朝鲜表达友好和笼络，以稳定辽东。景泰年间，被俘的英宗被放回，北边边疆危机暂时解除，重新起用没有根基的外籍宦官往来于明鲜之间。虽然成化四年（1468）言官对朝鲜宦官出使原籍的弊端提出质疑，然而实际上并没有影响这个传统的持续。从成化朝的郑同到弘治朝的金辅，不仅可见朝鲜宦官在明廷以及明鲜关系中的重要影响，也显现出明朝皇帝对于外籍宦官有意图任用的特点。然而，自郑同和韩氏桂兰相继去世后，这一群体已失去可以聚拢、内外相维的凝聚力，突显其民族共性和特性的使命亦逐渐淡化。到嘉靖朝，明廷中能叫出名字的朝鲜宦官只剩张钦、卜亨和韩锡等几人。有朝鲜贡使到明朝打听其本国宦官还有几人，答曰："张钦为司礼监，卜亨为天寿山直，韩锡为御马监大监，余皆不知矣。"并且听闻"张钦，居家极富，我国使臣赴京，一不遣问"②。是时在明的朝鲜人宦官中地位最高的司礼监太监张钦，并不与其本国朝鲜贡使往来，足见其个人早已不再局限于同籍、同乡的交往窠臼，且随着自身地位的提升，和交往圈层逐渐扩大，渐与明朝本土宦官无异。并且嘉靖朝裁撤国内各地外派的镇守太监，对外派宦官的收紧，必然连带影响宦官出使。同时，明朝宦官得势，到明中期私阉现象屡禁不止，本土宦官已经饱和，也无须再纳入外籍宦官。

---

① （明）沈德符：《万历野获编》卷1《列传·释乐工夷妇》，中华书局2004年版，第15页。
② 《朝鲜李朝中宗实录》卷77，中宗二十九年四月庚申，第514页。

附　录

附录一　阁臣、宦官与万历朝国本之争
——以京师《东岳庙碑记》为中心

争国本事件是明万历年间围绕着皇位继承展开的争论。神宗王皇后无子，王恭妃于万历十年（1582）八月生子常洛，是为皇长子。郑妃于万历十四年（1586）正月生子常洵，为神宗第三子。神宗宠爱郑妃，不但晋其为皇贵妃，并且拖延不立皇长子常洛为太子，于是朝廷内外纷传神宗将废长而立爱。二月，辅臣申时行请求册立东宫，神宗以元子尚弱加以推辞；户科给事中姜应麟再起抗争，主张"册立元嗣为东宫，以定天下之本"，由此被贬。此后朝臣请立元子为东宫的章奏年年月月纷至沓来，万历十八年（1590）正月，神宗召辅臣申时行、许国、王锡爵、王家屏讨论立储之事。① 万历二十年（1592）正月，众多科道言官因请定东宫事而被处罚②；万历二十一年（1593）正月，万历皇帝欲"三王并封"，等待皇后生嫡方立太子③，诏旨甫下，朝臣大哗，连章抗议，神宗迫于众议收回前诏。万历二十九年（1601）十月，朱常洛被立为皇太子之后，此事仍未完结，继而出现了妖书等案，直至万历四十三年（1615），福王常洵至其封国，三案结束，朝廷的众议方止。

国本争端中外廷党争以及皇帝与朝臣之间的对峙，是以往研究中关注的焦点。而对于国本之争中重要的参与力量——宦官势力，除万历年间长子伴读太监王安、妖书案的主审宦官陈矩、梃击案中的庞保等几位宦官

---

① 《明神宗实录》卷 219，万历十八年正月甲辰，第 4097 页。
② 《明神宗实录》卷 244，万历二十年正月壬午，第 4553 页。
③ 《明神宗实录》卷 256，万历二十一年正月丁丑，第 4759 页。

外，其他宦官们扮演着怎样的角色？史籍未载。难得的是，至今立于北京朝阳门外东岳庙内的一通万历二十年（1592）三月所立的名为《东岳庙碑记》的石碑①，其碑文内容和碑阴题名透露出郑妃一派宦官的信息，为我们进一步探讨阁臣与宦官在国本争端中的活动和相互影响提供了契机。值得注意的是，立碑之时国本未定，而碑文中却堂而皇之地出现了"皇三太子"的称谓，撰写碑文者还是当时与国本争端大有干系的礼部尚书、大学士王锡爵，按学界以往的认识，王锡爵被诟病是在万历二十一年（1593）正月奉诏拟旨提出"三王并封"之后②，而此前所立的这通东岳庙碑中出现"皇三太子"的称谓明显是一种僭越，到底是镌刻时的失误、王锡爵的笔误，抑或是暗含玄机？本文拟藉此对阁臣、宦官在万历国本之争中的角色与活动再加探讨。

一　庙碑中的"皇三太子"

明朝正德年间编定的国家行政法典《大明会典》，对国家政府祭祀的正神曾作过较为系统而具体的规定，其中东岳泰山之神便是国家正祀之神。③ 万历二十年（1592）《东岳庙碑记》所在的北京朝阳门外东岳庙建于元时，为正一派玄教大宗师张留孙兴建④，是国家正祀之所在。在明代，凡国家大事，如祈丰、求雨、祈子、征战、嗣承大统或元子诞生，皆祭告泰山。据统计，有明一代祭告泰山多达40余次，甚至泰山的灾异被视为国家治乱兴亡的晴雨表。明宪宗时期，曾欲易太子，恰逢泰山地震，举国震惧，宪宗召人占卜，谓"应在东宫"。⑤ 宪宗闻言立即放弃了易储，孝宗的太子之位才得以保全。从五行学上来看，五岳对应五方，泰山主生，属震位，在东方，东方属木，于色为青。太子之宫称"东宫""春宫""青宫"，且有"帝出乎震"之说。故泰山可主东宫之立。

东岳庙碑记载了"大明皇贵妃郑氏暨皇三太子集诸宫眷、中官"等人，在东岳庙敬神祈福之事。碑文由"赐进士及第光禄大夫武英殿大学士太子太保礼部尚书太仓王锡爵"应宦官刘坤等人之请而撰写。王锡爵言"中官刘坤、刘朝、孙进预以状来，□时在告将行"。据《明实录》所载，

---

① 赵世瑜辑录：《北京东岳庙与北京泰山信仰碑刻辑录》，中国书店出版社2004年版，第32页。
② （清）张廷玉等：《明史》卷218《王锡爵传》，第5752页。
③ （明）李东阳等纂，申时行等重修：《大明会典》卷85，新文丰出版有限公司1976年版。
④ （清）于敏中：《日下旧闻考》卷88《郊坰》，北京古籍出版社1983年版，第289页。
⑤ （清）张廷玉等：《明史》卷113《万贵妃传》，第3525页。

万历十九年（1591）六月，"大学士王锡爵准假三个月驰驿归省"①，但王锡爵因母病并未按时回京，"以辅臣王锡爵假限已满，差官敦趣奉母驰驿来京"②。因而直到万历二十年（1592）九月"元辅王锡爵给假经年"，③万历二十一年（1593）正月，才"见朝谢恩"④。此碑立于万历二十年（1592）三月，为王锡爵以母病为由归省太仓老家之前所撰。而这阶段正是围绕立储问题而展开的国本之争的敏感时期，郑贵妃率德妃许氏、荣嫔李氏等一干宫中亲信，在东岳庙敬神祈福，又派宦官刘坤等人特意赶在这位储位之争中的关键人物归省回老家之前，撰写这篇碑文，其争立国本的政治目的昭然若揭。

再来看王锡爵的撰文，他对郑贵妃的请求是颇为敏感的，或许也是深谙其意。他在文中自称曾坚决拒绝，并询问来请撰文的宦官说："贵妃、皇子富贵极天下，福泽无复可加。兹举也，岂求福耶？或以修来世耶？抑又有出于一身之外，而大有所祈报也？"刘坤等人的解释是："贵妃、皇子所为齐心礼岱者，不为一身计，不过为主上祝厘，为苍生答贶。"于是，王锡爵发挥了一番，认为此祭"一举而三善备，虽垂之久远，天下后世即议其迹，不敢尽非其心；即指其渎，不得不嘉其意"。

这样，王锡爵不仅为自己受命撰写这篇碑文的背景做出说明，以避免敏感时期落下口实，亦将郑贵妃此时对东岳庙的拜祭标榜得冠冕堂皇。但不知是出于有心还是无意，在碑文中竟出现了"皇三太子"的称谓。如果说从这通碑文中，我们只是对王锡爵笔下出现"皇三太子"的称谓心存疑窦，那么出现于远在泰山三阳观郑贵妃修醮的碑文则证实了这一僭越的称谓并非笔误也不是孤证。

在泰山三阳观，郑贵妃曾分别于万历十七年（1589）、二十二年（1594）、二十四年（1596）派乾清宫太监立了三通醮记碑文⑤，其中万历二十二年（1594）《皇醮记碑》有："上祝皇帝万岁，享圣寿于无疆；贵妃遐龄，衍天年于不替。四海澄清，太子纳千祥之吉庆。"万历二十四年（1596）《皇醮记碑》内容与之如出一辙。两通醮记皆出现"太子"的称号，而此时东宫未立，对照万历二十年（1592）的北京《东岳庙碑》已称其"皇三太

---

① 《明神宗实录》卷237，万历十九年六月辛亥，第4396页。
② 《明神宗实录》卷240，万历十九年九月癸未，第4472页。
③ 《明神宗实录》卷252，万历二十年九月甲子，第4690页。
④ 《明神宗实录》卷256，万历二十一年正月辛未，第4754页。
⑤ 周郢：《明代万历"国本案"的新史证》，载于《周郢文史论文集》，山东文艺出版社1997年版，第200—204页。

子"，显然"太子"所指为朱常洵，另有万历二十三年（1595）《太上老君常清静经》的碑石，碑阴题刻："万历乙未八月吉旦，大明皇三太子发生刊板永远舍施。差官曹奉。"[①] 直称朱常洵为"皇三太子"。只有万历十七年（1589）郑贵妃的第一通醮文，当时还称其子为"皇子"，未有"太子"之说。

以上几通碑文中频现"太子""皇三太子"的称号，使北京东岳庙这通碑不再是孤证，并且到目前可看到的东岳泰山与国本案相关的碑刻中，万历二十年（1592）王锡爵所撰的《东岳庙碑》是最早出现"皇三太子"称号的碑，这也是最早称朱常洵为"太子"的历史记录。

郑贵妃与神宗在国本之争的敏感时期，祭告象征正统的东岳泰山，并称其子朱常洵为"太子"或"皇三太子"，其欲借助泰山的超自然的力量，争立国本的政治目的昭然若揭。另外，对于泰山有诸多祠庙，为何郑贵妃会选择规模影响并不大的三阳观修醮，周郢认为是神宗一派在斗争中缺乏外廷支持，不敢将其内心所属的太子人选公诸于世，所以选择将真实意图隐含在幽僻的三阳观短碣中。而田承军则从三阳观的命名上解释郑贵妃所以选择此观的因由，认为泰山的三阳观，从字面来看便有"三阳交泰"即好运即降之意，因而希望其子登上太子之位，才是她选择至三阳观修醮的本意。[②]

在明代，正是泰山这样一个官方色彩浓重的国家正祀之所在，吸引了内廷、外朝显贵的参与和支持，明朝宫廷内部的权力关系难免在这个特殊的场所有所展现。

二　王锡爵与"三王并封"

神宗欲立皇三子朱常洵的意图，从万历十四年（1586）便初见端倪。而经过与廷臣的诸番争斗，万历帝最终还是屈服了，于万历二十九年（1601）立皇长子常洛为太子、立皇三子常洵为福王。过程中的这十几年里，从万历二十年（1592）北京东岳庙这通碑中第一次称皇三子为"太子"，之后这种称谓频现于东岳泰山。这也证明了神宗支持郑贵妃立皇三子为储的意图并未因"三王并封"的失败而放弃，神宗也并非如学者通常

---

①　赵卫东：《泰山三阳观及其与明万历宫廷之关系》，《道家文化研究》第 23 辑，2008 年 4 月。

②　田承军：《明国本案与泰山三阳观新考》，《历史档案》2005 年第 4 期。

所说的通过拖延的方式被动立长，他与郑氏一派其实是在积极寻找机会将皇三子推向太子宝座。王锡爵在撰写《东岳庙碑》的第三年正月，即万历二十一年（1593）正月，被神宗从老家召回，出任内阁首辅。王锡爵一归朝马上写了一道请神宗早定立储大计，平息朝野争论的密揭。神宗看完后也密发了一道手谕给王锡爵：

> 卿公清正直，朕素所倚赖……今早览卿密奏揭帖，悉见卿忠君为国之诚。朕虽去岁有旨今春行册立之典。且朕昨读《皇明祖训》内一条"立嫡不立庶"之训。况今皇后年尚少，傥后有出，册东宫乎？封王乎？欲封王，是背违祖训，欲册东宫，是二东宫也。故朕迟疑未决。既卿奏来，朕今欲将三皇子俱暂一并封王。少待数年皇后无出，再行册立。是庶上不违背祖训，下与事体两便。卿可与朕作一谕旨来行。①

王锡爵接到手谕后，为皇上草拟了两道谕旨，即提供了两个方案：一是皇长子拜皇后为嫡母，再行册立；二是皇长子、皇三子、皇五子，"三王并封"。② 第一个方案仍主张立皇长子，不违公论，试图避免朝臣的反弹，第二个方案可以切合圣意，让皇帝二选一。神宗毫无悬念地选择了"三王并封"，并立即向礼部出此谕旨。圣旨一出，迎来的是朝臣们压倒性的反对浪潮。作为首辅的王锡爵，首当其冲成为了廷臣攻击的目标，备受责难并接连不断受到弹劾，王锡爵在舆论压力下向皇帝表示"三王并封"实属错误，而后接连上疏请求早日册立长子，"三王并封"之议得不到朝臣支持只能作罢。

以往多认为"三王之议"的计划是发生在王锡爵还朝之后，将王锡爵同意神宗"三王并封"之议认为是一种偶然或王锡爵的一时糊涂，认为其平素也是站在众臣一边倾心护立皇长子的，只是中了郑贵妃一方的暗算。③然而，从最早廷臣们提出册立皇子开始，王锡爵当时曾以辅臣身份和其他人一起上疏请求册立，但不久他便以母病为由请辞归省以躲避风波，实在体现不出积极立长的态度。而在王锡爵归省临行前夕，从郑贵妃派出亲信太监向他请求撰碑文来看，此时神宗与郑妃等皇三子一派可能已酝酿设法

---

① 《明神宗实录》卷256，万历二十一年正月丁丑，第4758—4759页。
② 《明神宗实录》卷256，万历二十一年正月丁丑，第4760页。
③ 樊树志：《晚明史》，复旦大学出版社2005年版，第504页；温功义：《明代的宦官和宫廷》，重庆出版社2000年版，第334页。

立皇三子为太子并且私下达成共识，于是有了"皇三太子"的称谓，只待有威望的大臣提议并在朝廷上通过颁布，否则王锡爵不可能在寺庙这一公共空间中留下"皇三太子"这一明显僭越的称谓。

而此时内阁四位阁臣中，首辅申时行已因东宫之争遭到群臣非议，引疾辞职；次辅许国乞休，王锡爵之前便以母病为由请假归故里。只剩下王家屏主事，而王家屏又是与群臣同气坚决支持立长的，不被神宗所倚重，同时对于群臣与皇帝的矛盾同样无可奈何，于万历二十年（1592）三月请辞致仕。此时神宗正需要一位朝臣来稳定朝局，并与自己同谋徐图册立皇三子之策，而王锡爵这篇出现"皇三太子"的撰文便是发生在王家屏离任之时。不得不让人怀疑王锡爵作为阁臣已与万历皇帝和郑贵妃达成了某种默契。于是，待第二年王锡爵一回京即发生了"三王并封"之事，"三王并封"的提议是神宗、郑氏一派为皇三子谋求储位的一步计划，王锡爵无论是将"三王并立"提供给万历皇帝作为两个备选方案之一，抑或碑文中留下讳莫如深的"皇三太子"称谓，都明显看出他其实是迎合帝意支持册立皇三子的。王锡爵的三十年清誉亦因此毁于一旦。"三王并封"之议破产之后，万历二十一年（1593）十一月皇太后寿辰，王锡爵被神宗单独召见。随后，王锡爵给皇上写了一道密揭：

> 皇上独与臣谋，今日暖阁召见又皇上独对臣言，皇上分明对众使之侧目于臣，若寂无影响，天下之责皆归于臣……入仕三十余年颇猎清名，乃独为今春册立一事未定，外廷有目者笑臣，有口者詈臣。[①]

此后顾宪成等积极的立长派朝臣软硬兼施，不断游说王锡爵劝说皇帝收回此议，迫于压力王锡爵日后不断上疏劝说皇上早日立长，不敢再给外廷落下任何口实。即便如此，言官们的弹劾仍未停止，最终导致王锡爵下台。

可见，正因为朝臣士大夫们身上背负着种种道德评价的束缚，舆论压力下，言语行事颇为谨慎圆滑。这使得后世学者在研读这段历史的史料时，看到的是朝野上下对册立皇长子为太子一片更强有力的、压倒性的支持。相对于士大夫朝臣的阴持两端，宦官们在国本之争中则显得坚决而更具执行效力。

---

① 《明神宗实录》卷266，万历二十一年十一月辛卯，第4951—4952页。

三　碑文中的宦官们

万历二十年（1592）的《东岳庙碑记》攸关国本，在这通碑记中可以看出郑贵妃的祈愿、朝臣王锡爵不言自明的倾向，和郑妃一系列重要宦官的最为直接的支持，因为他们的名字清楚地刻在了碑阴资助者名单中的重要位置。碑阴镌刻了参与的宦官及妃嫔等一干郑贵妃的亲信，刻于碑阴正上方第一排的两个宦官是"乾清宫管事御药房总提督掌尚膳监印太监张明、乾清等宫近侍御马监等衙门金书太监等官□□宫□侍内□运库掌印御马监太监孙顺。"列于张明、孙顺名字之下的乾清宫近侍樊腾、李奉，还分别出现在万历十七年（1589）和万历二十二年（1594）的皇醮记文之中，他们的事迹泯于正史。碑文正文中提及的请求王锡爵撰写碑文的刘坤、刘朝与孙进也在名单中，这三人充任香会的会首。上述宦官中，太监张明与孙顺是郑贵妃的亲信，是宫中位高权重的大太监，也是国本之争的重要人物。与之同时期的宦官刘若愚在其所撰《酌中志》中留下了一段关于张明的记载：

> 神庙时，御药房提督张太监明精于医药，最蒙宠，升秉笔掌内官监、内府供用库印。明素不识字，只挂虚衔，不该正，不批文书。凡不识字而秉笔者，穆庙时孟冲，神庙时张明，先帝时魏忠贤、王朝辅，止四人耳。万历二十八年夏，明病故，京师人皆快之曰："张打鹤死了。"先是，神庙往朝慈圣老娘娘，明执藤条，在前清道，值慈宁宫丹陛上设有古铜仙鹤，高五六尺，明误以为人也，遂打而骂之曰：圣驾来还不躲开。随侍诸臣哂之，所以有此绰号也。其掌家周臣，亦升乾清宫管事，掌兵杖局印，而一家照旧不许分散，专造上用酒，造办金玉铜锡木铁雕漆器物，名曰御览。周臣病故，张宣伊进朝继之，至泰昌元年八月始散。而逆贤掌家王朝用及伊进朝池守爵，皆明管上房之官人也。[1]

神庙贵妃李娘娘有疾，郑娘娘名下太监张明，医治不效薨逝。神庙极为悲悼，丧礼从厚。所生两皇子，派与中宫王老娘娘为慈母，共育咸福

---

[1]　（明）刘若愚：《酌中志》卷 22《见闻琐事杂记》，北京古籍出版社 1994 年版，第 202 页。

宫。彼时积言有如淳如衍之事，自此郑娘娘无有与分宠者矣。①

从上面资料中可以得到的信息是，张明是郑贵妃名下的太监，精于医药，并且神宗另一位宠爱的贵妃李娘娘是在他的医治无效下死亡的。

史料中关于这位李贵妃的记录十分有限，但其死后"神庙极为悲悼，丧礼从厚"，可以看得出后宫中除了著名的宠妃郑娘娘以后，还有这样一位可与之分宠的李姓贵妃，《明史》中载："神宗八子。王太后生光宗。郑贵妃生福王常洵、沅王常治。周端妃生瑞王常浩。李贵妃生惠王常润、桂王常瀛。"②

生皇五子朱常浩的"端妃周娘娘不甚有宠"③，因而生了两个儿子并同是贵妃的李娘娘，不仅在争夺皇上的宠爱上，甚至在储位之争中都可能成为郑贵妃的潜在敌人，因而其被医死于郑贵妃属下"精于医药"的张太监手中，其死后"自此郑娘娘无有与分宠者矣"，令人怀疑张明或许是在帮助郑贵妃扫除障碍。

另一位太监孙顺，如果搜罗其活动线索，同样可以看到他在助郑氏争立国本的争斗中的活动轨迹。万历二十一年（1593）十一月，首辅王锡爵因"三王并封"之议被弹劾，神宗也被迫向朝臣作出让步，同意皇长子在册立之前先出阁讲学。④"时内承运库太监孙顺开出阁该用器皿金珠等项叶金不等，约计价银三万六千四百余两，时碌宝石不等，约计价银一十二万九千二百余两，珊瑚琥珀等，约计价银一万八千七百余两，龙涎香等计价二万五千二百余两，总计不下数十万两。"户部、礼部认为开支过大，这又给神宗提供了拖延下去的借口，"若发该部科言其过费，出讲少俟二三年，册立一并举行，庶可省费"⑤。虽然最终皇长子仍如期出阁讲学，但太监孙顺开出的巨额预算却险些使出阁之礼被搁置。樊树志认为"孙顺摸透了皇上的心思，深知皇上并不太乐意为皇长子办出阁礼，阿附帝意，开出一张令人瞠目结舌的账单"⑥，点明了孙顺此举为阻碍出阁礼以迎合帝意。孙顺在争国本问题中的立场不言自明。孙顺等太监在幕后极尽人谋的同时，更乞求神灵的庇佑。因而，在其后的泰山皇醮记文中，出现了万历二十二年（1594）太监曹奉、李奉承旨于泰山遍礼诸神，为皇帝、贵妃、

---

① （明）刘若愚：《酌中志》卷22《见闻琐事杂记》，北京古籍出版社1994年版，第191页。

② （清）张廷玉等：《明史》卷120《神宗诸子列传》，第3649页。

③ （明）刘若愚：《酌中志》卷22《见闻琐事杂记》，北京古籍出版社1994年版，第203页。

④ 《明神宗实录》卷276，万历二十一年闰十一月辛巳，第4965页。

⑤ 《万历邸钞》万历二十一年十一月"谕停皇长子出阁寻复谕出阁"条，江苏广陵古籍刻印社1991年版，第801页。

⑥ 樊树志：《晚明史》上卷，复旦大学出版社2005年版，第514页。

"太子"纳福的记录。这与王锡爵后来最早放弃了立场转而支持立长的态度形成了鲜明的对比。

四 结语

从东岳庙的故事可以看出，王锡爵提出"三王并封"并非如通常所认为的是一时糊涂或是中了郑贵妃一方的暗算，他本有曲从皇帝支持郑氏立幼之意，但"三王并封"之议一出，招致满朝批判，王锡爵为明哲保身，毅然退出继而又在群臣的压力下上疏支持立长以挽回声望。对于国本之争中，外廷文官的纷争、与阁臣的张力、与皇帝的对峙抑或曲从，明人吴应箕概括为："国家养士数百年，未尝不收其用，然有二尽。嘉靖时尽于议礼，万历时尽于国本，非议礼、国本尽之，而为留中永锢者尽之也。"[1]

由于缺乏权力的刚性赋予，明代阁臣行事往往容易畸变为在皇权与外廷文官队伍之间的纵横捭阖、折冲樽俎，而明代宦官除了在宫中的人谋争取，亦常常出入于那些政治色彩浓郁的宫外寺庙，宦官的影响往往有意无意在组织、参与寺庙活动中体现出来，因此，我们"在行善积功的思想与实践背后，可以找到比虔诚的信仰更为复杂的历史轨迹。"[2] 寺庙成为宫廷内部权力关系的另一个展现场所，正如李世瑜所说："宗教往往与妇女、宦官及薄弱政治相关。"[3] 阁臣与宦官在国本之争中的表现即是明代阁臣与宦官参与政治权力运转及政治斗争的一个鲜活的个案。

原载于《社会科学辑刊》2015 年第 4 期

---

① （明）吴应箕：《东林本末》下卷《三王并封》，上海书店 1982 年版，第 16 页。

② 赵世瑜：《一般的思想及其背后：庙会中的行善积功》，《北京师范大学学报》2003 年第 2 期。

③ Li shiyu, Hanshurui, "The Baoming Temple: Religion and the Throne in Ming and Qing China", *Harvard Journal of Asiatic studies*, Vol. 7, No. 1 (June 1988), p. 58.

附录二　万历朝鲜战争初期袁黄朝鲜行迹新考

袁黄，字坤仪，号了凡，浙江嘉善人。明隆庆四年（1570）举人，万历十四年（1586）进士，万历十六年（1588）授北直隶通州府宝坻知县，万历二十年调任兵部职方主事，适逢日军侵朝，明朝作为宗主国以"兴灭继绝"为责，派兵东征援朝，袁黄因经略宋应昌举荐作为军前赞画赴朝鲜，不逾年而罢官归国家居，闭户著书，鲜少提及东征经历。家居十余年，万历三十四年（1606）去世，明熹宗天启朝追叙征倭功绩，被赠"尚宝司少卿"。

袁黄一生著述颇多，作为中国最具代表性的善书《了凡四训》的作者，以名儒形象为后人所知，年逾五旬方开始仕途，且仕宦时期颇短。以往对袁黄入仕后的研究多集中于任河北宝坻知县期间的作为，以兵部主事任军前赞画的在朝经历鲜有涉及，只有张金奎《万历援朝战争初期的内部纷争——以赞画袁黄为中心的考察》和刁书仁《袁黄万历援朝战争史事钩沉》主要讨论了袁黄在壬辰战争中的角色，以及万历二十一年（1593）明朝京察派系党争使本应援朝有功的袁黄被弹劾离职。[①]

万历朝鲜战争是涉及明、日、朝，影响明代东亚格局的重要事件，战争分为1592年的壬辰倭乱和1597年丁酉再乱两个阶段。袁黄于1593年初平壤大捷之前渡江赴朝，以兵部主事随军作为经略宋应昌的谋臣，主要负责文书的起草、代表宋应昌与朝方进行信息的沟通、催促粮草供应等工作，尤其是初期宋应昌身在辽东，袁黄是宋应昌在朝鲜的重要代表，承担着与提督李如松和朝鲜方的沟通工作，是宋应昌与李如松矛盾的缓冲，最终也成为各种矛盾激化的弃卒；战争之外，袁黄与其朝鲜接伴使金宇颙的惺惺相惜；袁黄、宋应昌因在朝鲜试图推行阳明学与崇尚朱子学的朝鲜士人的分歧，造成朝鲜的官私记录中多将袁黄的罢官归国附会为其学术邪僻，"左道惑众革职"。

这些在以往的研究中都没有引起重视，明清史料抑或其个人文集对其在朝经历亦语焉不详。本文以朝鲜官书、文集史料为线索，通过对中朝史料的比勘，挖掘袁黄在朝期间的行迹，建构更完整的袁黄形象，并为复原这场战争的原貌提供一些细节。

---

① 张金奎：《万历援朝战争初期的内部纷争——以赞画袁黄为中心的考察》，《求是学刊》2016年第5期；刁书仁：《袁黄万历援朝战争史事钩沉》，《社会科学辑刊》2019年第6期。

一 作为宋应昌的代表先行赴朝

万历二十年（1592），袁黄升任兵部主事，恰逢日本侵朝。兵部侍郎宋应昌被派往朝鲜担任经略，举荐时任职方司主事的袁黄、武库司主事刘黄裳，以其"文武具备，谋略优长，乞命二臣随臣赞画"[①]。并且"若宋所带赞画二主事，亦特赐四品服以示重。然俱潦倒迟暮，未几论罢"[②]。

到朝鲜建功对于年逾五旬，"潦倒迟暮"的袁黄来说，是建功立业的契机，所谓"海外之功诚倍于宁夏"[③]。然而袁黄能得此良机纵然是宋应昌的举荐，但万历二十年（1592）王锡爵以母病为由回太仓老家尽孝，朝鲜战争爆发后，王锡爵被万历皇帝急召回，[④] 在太仓回京师的途中已与皇帝和当时的首辅赵志皋等人通过书信对战事发表意见，并且被任命为首辅。王锡爵既是袁黄的同乡亦是师生，袁黄的任命必然也有王锡爵的关照。这在王锡爵给袁黄的书信中可见一二："适与经略书，欲暂留公白衣挥尘谈兵，不识肯否？册立一事已被诸公搅烂如糟……"[⑤] 任命下达后，万历二十一年（1593）十二月，提督李如松率李如柏、张世爵等武将先期渡江抵朝，袁黄随经略宋应昌暂住辽东。柳成龙在论及朝鲜向明请兵有载："十二月，天朝发大兵。以兵部右侍郎宋应昌为经略，兵部员外郎黄裳、主事袁黄为赞画住辽东。提督李如松为大将，率三营将李如柏、张世爵、杨元，及南将骆尚志、吴惟忠、王必迪渡江。骆尤勇力善斗，以多力故。"[⑥]

宋应昌正月初五日给袁黄的私信，言"门下勤劳王事，冲寒远涉，不佞心殊悬切，昨接手书如睹颜面，欣慰特甚。承谕事举属紧要机宜，仰藉

---

① （明）宋应昌：《经略复国要编》卷 1《初奉经略请敕疏》，华文书局印行 1968 年版，第 21 页。

② （明）沈德符：《万历野获编》卷 22《督抚·经略大臣设罢》，中华书局 2004 年版，第 563 页。

③ （明）王锡爵：《王文肃公文集》卷 24《宋桐冈经略》，《四库禁毁书丛刊》，集部第 7 册，北京出版社 1997 年版，第 526 页。

④ 《明神宗实录》卷 248，万历二十年五月丁卯，第 4615 页。"大学士今给假省亲，王锡爵四恳收回召命以终一日之养。上曰：卿疏终养，屡 旨慰 留，原为边鄙未宁，特资匡济，今叛贼勾虏拔猖，奈何坐视？且闻卿母已痊，何不为朕一出。"

⑤ （明）王锡爵：《王文肃公文集》卷 24《袁了凡主事》，《四库禁毁书丛刊》，集部第 7 册，北京出版社 1997 年版，第 527 页。

⑥ ［朝］柳成龙：《西厓先生文集》卷 16《杂著》，《记壬辰以后请兵事》，影印标点《韩国文集丛刊》第 52 册，景仁文化社 1995 年版，第 307 页。

留神为荷。弟今日事势有难一一尽如吾辈意者，各兵老弱未经练习，且马多于步，不佞尝窃忧之。但中国目下可恃者，惟倭性畏寒……故不得不乘时决意进剿……李提督昆玉偕行，志存报国鼓气而来，身先士卒亦人所难能者，门下幸委曲遇之"①。

从宋的回信可见，正月初五也就是平壤之战前夕，袁黄先于宋应昌渡江到朝鲜，随即手书向宋应昌汇报明军在朝鲜的情况，袁黄的文集中没能找到这封手书，但从宋应昌的回复来看袁黄手书对于李如松三天后的进剿平壤认为准备不足，而宋应昌对此时进攻平壤的决策是支持的，但安抚袁黄"门下幸委曲遇之"，则隐见宋应昌、袁黄与李如松的合作中张力的一面。《明史》亦有云："如松新立功，气益骄，与经略宋应昌不相下。"②袁黄作为经略宋应昌的代表和心腹，到朝鲜与提督李如松进行沟通协作，是袁黄的职责之一。

从当时朝鲜兵部官员金宇颙年谱中可知，袁黄到朝鲜的具体时间是正月初三，"二十一年癸巳，正月三日。差天朝赞画使袁黄接伴使，赴西京。时李提督如松复西京，袁公在提督营中"③。袁黄到朝鲜当天，与李如松会合，发布了劝谕文："尔国臣民，能乘时纠众，共立大功。既可以复本朝之社稷，又可以徼天朝之厚赏。以衰国之遗黎，为起家之始祖，岂不畅哉……或协力挫其势，或徼其惰归，或断其饷道。诸所机宜，皆听自便。"④ 动员朝鲜军民配合作战，筹集粮饷，亦是袁黄的重要职责。

正月初七，袁黄见到了朝鲜国王李昖，关心的主要问题仍然是朝鲜的粮草供给是否能跟上，担心"安定绝粮退军则奈何⑤？

正月初八，明军开始大规模攻城，"克复平壤城"⑥。经略宋应昌一直住在辽阳凤凰城，正月二十日他给李如松的信中写道："不佞所以暂憩辽阳者，因兵马、火器、粮饷等事，非不佞亲促之，未免濡迟……不日即渡江矣。"⑦

① （明）宋应昌：《经略复国要编》卷5《与袁赞画书》，华文书局印行1968年版，第362页。

② （清）张廷玉等：《明史》卷238《李成梁传·子如松传》，第6193页。

③ ［朝］金宇颙：《东冈先生文集》，附录卷之4《年谱》，影印标点《韩国文集丛刊》第50册，首尔：景仁文化社1995年版，第506页。

④ ［朝］申炅编：《再造藩邦志》卷2，中国社会科学院历史研究所文化史研究室编：《域外所见中国古代研究资料汇编·朝鲜汉籍篇》第3册，人民出版社2013年版，第256页。

⑤ 《朝鲜李朝宣祖实录》卷34，宣祖二十六年正月辛酉，第596页。

⑥ ［朝］郑琢：《药圃先生文集》（二）卷5《避难行录下》，《韩国历代文集丛书》第795册，景仁文化社2018年版，第69页。

⑦ （明）宋应昌：《经略复国要编》卷5《与平倭李提督书（二十日）》，华文书局印行1968年版，第413页。

而后又跟石星报告其所以未渡江赴朝"因平壤战后军中火具殆尽，陈璘、刘綖应兵未至，故住辽阳凤凰城，一面制造，一面催督。今略有次第，已于二月廿六日赴开城亲督将兵攻取也"①。

直到正月二十四日，宋应昌渡江到朝鲜。② 正月甲申，朝鲜宣祖李昖对礼部官员说："今见尹斗寿书状，则宋侍郎留住义州而不来定州云，若不来，则似不可不略率侍臣往见于义州……予乃近在数日之程，而不为迎谒宁能免怠慢之责乎？预为议定以待。"③

由此可见，从平壤大捷开战前直到正月二十四日碧蹄馆失败后，袁黄和刘黄裳一直作为宋应昌的代表，沟通与李如松及朝鲜国王之间的关系，承担文书起草、粮饷筹集、战前参与谋划之责。

二 袁黄与金宇颙的君子之交

袁黄虽作为赞画随军赴朝，亦是医学世家、进士出身的名儒，"赞画军谋，军旅之外，旁及讲学之事"④，对朝鲜的文化有着了解和交流的兴趣，主要体现在跟其接伴使金宇颙沟通欲借阅朝鲜的《经国大典》，以及与领议政崔兴源等朝鲜儒臣论学。

正月二十三日，袁黄面见国王李昖，二十四日，兵曹参判金宇颙被任命为袁黄的接伴使，当日宿云兴馆，⑤ 次日向林畔出发，传给金宇颙咨文一道，系是袁主事求看朝鲜国朝《大典》，即《经国大典》。⑥

朝鲜成宗二年（1471 年），据《周官》《大明会典》而成的《经国大典》完成，由政府颁行，成为李朝四百余年的治国典制大法。分吏、户、礼、兵、刑、工六典，规定了朝鲜王朝各项统治制度。⑦ "盖《（明）会

---

① （明）宋应昌：《经略复国要编》卷 5《报石司马书（二十三日）》，华文书局印行 1968 年版，第 519 页。

② 孙卫国：《万历援朝战争初期明经略宋应昌之东征及其对东征历史的书写》，《史学月刊》2016 年第 2 期。

③ 《朝鲜李朝宣祖实录》卷 34，宣祖二十六年正月甲申，第 618 页。

④ ［朝］成浑：《牛溪先生文集》卷 6《杂著》，《答皇明兵部主事袁黄书》，《韩国历代文集丛书》第 120 册，景仁文化社 2018 年版，第 88 页。

⑤ ［朝］郑琢：《药圃先生文集》（二）卷 5《避难行录下》，《韩国历代文集丛书》第 795 册，景仁文化社 2018 年版，第 75 页。

⑥ ［朝］金宇颙：《东冈先生遗稿》卷 10《请许袁主事黄求书籍启》，《韩国历代文集丛书》第 424 册，景仁文化社 2018 年版，第 554 页。

⑦ 杨鸿烈：《中国法律对东亚诸国之影响》，中国政法大学出版社 1999 年版。该书细致对比了朝鲜《经国大典》与《大明律》之间的异同。

典》之书，如我国之《经国大典》，天子与宰相、学士纂成者也"①。其权威性堪比明代中国的《会典》。

袁黄发咨文请求借阅这部朝鲜王朝的治国大典，但国王李昖认为这部大典中的内容涉及郑梦周的死因，"不欲使中朝人知之"。而金宇颙却对袁黄表示理解，认为主事无非想了解朝鲜的国史，知海外风俗，广博见识，没什么恶意。如果过于忌讳则"似欠诚实，恐非所以待王人之道也"②。

郑梦周是高丽后期的理学名臣，曾多次奉使来明朝，被明太祖朱元璋接见，与明朝关系友好，但被李成桂派人暗杀，引起明朝的关注。李成桂建立朝鲜王朝之后，派使臣欲求得明朝的正式册封，并且对与明朝关系良好的郑梦周之死做出解释，然而明朝对郑梦周因对国君谗言乱政，终被谋害的说法是存疑的，认为"高丽限山隔海，僻处东夷，非我中国所治。且其间事有隐屈，岂可遍信尔"③。

金宇颙作为同样浸淫儒学的朝鲜士人，崇尚忠孝节义，郑梦周尽忠前朝而死，无须隐讳。言："自古国家兴亡之际，必有伏节死义之臣，此乃人纪之所以立。若无此等人，乃是无人纪之国耳。梦周之尽忠前朝及我朝之褒崇节义，两得其道，正是邦家之光，何必固讳于上国乎。"④ 劝服国王李昖同意将《经国大典》借给袁黄。而袁黄在拿到《经国大典》之后，亦没有纠缠郑梦周一事，却在咨文中盛赞金宇颙"贤才可超格用之"，却被金宇颙推让再三才作罢。⑤ 不禁让人感叹几百年前，中朝儒臣之间坦荡荡的君子之交。

三　"左道惑众革职"——袁黄在朝鲜的形象书写

《朝鲜宣祖实录》中有一段李朝君臣关于袁黄其人的评论，可以代表朝鲜对袁黄形象的一种官方认知。"斗寿曰：'袁主事非朱子之学而宗阳明，尝贻书论学答以微辞，而主事通书于其友曰我来朝鲜论学，人有感悟涕泣云云。甚可哂也。'上曰：'此亦予所未闻之事也。'李好闵曰：'在定

① 《朝鲜李朝显宗改修实录》卷26，显宗十四年二月癸丑，第138页。
② ［朝］金宇颙：《东冈先生文集》附录卷4《年谱》，影印标点《韩国文集丛刊》第50册，景仁文化社1995年版，第506页。
③ 《明太祖实录》卷221，洪武二十五年九月庚寅，第3235页。
④ ［朝］金宇颙：《东冈先生遗稿》卷10《请许袁主事黄求书籍启》，《韩国历代文集丛书》第424册，景仁文化社2018年版，第555页。
⑤ ［朝］金宇颙：《东冈先生遗稿》附录卷3《谥状》李玄锡状，《韩国历代文集丛书》第425册，景仁文化社2018年版，第607页。

州时所往复答辞，实玩弄也。'忠谦曰：'其答辞云我国蒙皇朝之恩，只知有四书五经而干戈之际旧业沦亡云云，意不露而中含讥讽矣。'上曰：'其人非寻常底人，观给事中弹文可知其人也。'李恒福曰：'平时则不得志而有才智，故受任以来也。'上曰：'著书亦多，分明非庸人也。渠之为人心术不明而然也，今所谓感泣云者，全未闻也。渠之学术虽如此，成事则可，而其人主和误我国事矣'"①。

尹斗寿、沈忠谦等朝鲜文臣对袁黄的最大非议是袁黄"非朱子之学而宗阳明"，导致国王李昖亦评价袁黄虽有颇多著述非平常之人，但心术不明，而且对战事主和误其国。

高丽王朝（918—1391）受唐文化影响以佛教立国，随着高丽朝的衰落，佛教失去了意识形态领域中的统治地位，丽末鲜初，程朱理学被引入朝鲜用以对抗佛教，重整社会、民心。朝鲜建国后，朱子学迅速上升为国家主流意识形态，成为官方哲学，出现了以李滉、李珥等为代表的朝鲜朱子学家，并构筑了朝鲜的性理学思想体系。十六世纪性理学在朝鲜达到了顶峰，万历朝鲜战争时期，朝鲜廷臣多为李滉等性理学大师的弟子，名臣柳成龙有云："于朱子之论，一向笃信，不敢有疑云。"②

平壤之战后，袁黄来定州，朝鲜官员崔兴源欲与之论学，袁黄欲借机推行阳明之学，言："中国昔时皆宗朱元晦，近来渐不宗朱矣。"且拿出《阐明学术事》一书，自述程朱之说，称孔孟之道"不复明于天下……惜汝国僻在一隅，未得流布，乃亲传奥旨"③，将朱熹《四书集注》十余条，"逐节非毁之"④。

对此，信奉程朱之学的朝鲜文臣反应是极为激烈的，认为"中朝之学如此，极为寒心，天下岂能久安耶"？行朝诸公欲力辩之，又担心激怒天朝官员，"有违于讨贼"⑤。

因而，朝鲜派出曾"手抄朱子语录为学之方"的知名性理学家成浑，号牛溪，应对袁黄的学说，表示：明朝曾颁赐《五经四书大全》，朝鲜将

---

① 《朝鲜李朝宣祖实录》卷36，宣祖二十六年三月丙子，第669页。

② ［朝］柳成龙：《西厓先生文集》卷15《象山学与佛一样》，《记壬辰以后请兵事》，影印标点《韩国文集丛刊》第52册，景仁文化社1995年版，第294页。

③ ［朝］成浑：《牛溪先生文集》年谱卷1，二十一年癸巳正月，《答皇朝兵部主事袁黄书》，影印标点《韩国文集丛刊》第43册，景仁文化社1989年版，第272页。

④ ［朝］申钦：《象村稿》卷39，《天朝诏使将臣先后去来姓名记》自壬辰至庚子，影印标点《韩国文集丛刊》第72册，景仁文化社1995年版，第270页。

⑤ ［朝］林宗七编：《屯坞集》卷8《杂识》，《宣庙壬辰倭乱》，影印标点《韩国文集丛刊》续第117册，景仁文化社2011年版，第143页。

之"列于学官，班行天下……无不诵习而行"，其国人只诵行本就从天朝传来的朱子之说，除此外"无他道理也"。希望袁赞画怜其国家垂亡之际，"讲学之事，请俟他日"。① 成牛溪给袁黄的这篇回复中，态度谦卑却立场清晰，让袁黄碰了一个软钉子，后者"默然"无语。

在李朝此时期以朱子学为官方意识形态的土壤里，随明军而来的文官宋应昌、袁黄却是阳明心学的信奉者，并试图传播扩大阳明学在朝鲜的影响，必然引起朝鲜文官的反弹。万历二十一年春，宋应昌亦在朝鲜定州邀朝鲜儒臣，试与之论学推广陆王之学，李廷龟、黄慎等人应选至宋应昌幕下辩论，"宋主陆学，而以大学讲义，公（李廷龟）推演朱子说，着数十篇"，结果也只能"各尊所闻"。②

宋应昌、袁黄在朝鲜除履行文官的职责，两位阳明心学的名儒在军旅之外，又纷纷将讲学论学作为自觉，然而在崇尚朱子学的朝鲜士人看来是"左道"，因而无论是官方的《朝鲜王朝实录》抑或士人的私人著述，对明军的随军文官的不满，一方面缘由明朝文官挟制武将的制度性，宋袁等文官被认为对日主和，另一方面与宋袁在朝鲜试图推行阳明学与崇尚朱子学的朝鲜士人的分歧分不开。朝鲜的官私记录中多将袁黄的罢官归国附会为其学术邪僻，"左道惑众革职"③。

四　袁黄与李如松的矛盾及其黯然归国

朝鲜君臣作为壬辰倭乱历史现场的亲历者，更能体会到明军内部文武官员之间的矛盾，李如松曾对朝鲜通译洪纯彦言："武官受制于人，而不能自擅，故累请于经略。"④ 朝鲜廷臣亦转述了总兵杨元对文臣的不满，言："中朝文官但为弄笔，如刘员外、袁主事、宋经略，不见一倭之面，而束缚武将太甚，使不得措手，甚为痛愤。"⑤ 明朝文臣、武将彼此相制若犬牙，俯首听治的制度，使两者之间必然产生张力。经略宋应昌是朝鲜战场中明军的最高指挥官，但战前冲锋陷阵的却是提督李如松，两者的合作

---

① ［朝］成浑：《牛溪先生文集》卷6《杂著》，《答皇明兵部主事袁黄书》，《韩国历代文集丛书》第120册，景仁文化社2018年版，第88—89页。

② ［朝］李廷龟：《月沙先生文集》卷6，附录卷4《墓志》，《韩国历代文集丛书》第240册，景仁文化社2018年版，第203页。

③ ［朝］申钦：《象村稿》卷39，《天朝诏使将臣先后去来姓名记》自壬辰至庚子，影印标点《韩国文集丛刊》第72册，景仁文化社1995年版，第270页。

④ 《朝鲜李朝宣祖实录》卷36，宣祖二十六年三月己卯，第672页。

⑤ 《朝鲜李朝宣祖实录》卷88，宣祖二十年五月乙巳，第223页。

与相互掣肘，孙卫国在关于宋应昌的文章中有专门讨论，在此不赘言。①

袁黄作为宋应昌所挑选的军前赞画，在宋应昌渡江到朝鲜之前，一直作为宋应昌的代表与李如松和朝鲜方面沟通，他的立场和态度与宋应昌总体是保持一致的。与李如松的不睦，亦是显而易见。一则是平壤大捷后，袁黄核实李如松北兵之功绩，一则是袁黄手下冯仲缨等人杀倭人献首级之事，二人互讼。

平壤大捷后，关于南北兵的叙功是宋应昌、袁黄等文臣与李如松一派武将之间矛盾激发的一个焦点。宋应昌、袁黄，或者更远可牵涉到朝中的阁臣王锡爵，都是江南士人，而朝鲜战场的南兵主体亦为浙兵，宋应昌与南兵主将更推心置腹，而北兵则受命于李如松。平壤大捷，李如松处事不公，向朝廷报功将北兵居上，南兵居次，北兵将领张世爵被报首功。朝鲜方亦置疑因"张世爵与提督同乡人耶？谓有功则可矣，至录于首功，则未可也"②。而后，又有传闻北兵中的蒙古兵斩朝鲜人冒充倭人首级领军功之事，袁黄曾对传闻之事问于李如松，致使李如松怒而出恶言曰："可恶老和尚，何处得闻此语？"袁黄回答："此是公论。"虽然事后双方和解，但李袁二人显然已撕破脸面，袁黄是在宋应昌的授意下核对军功，③ 背后又牵扯到诸多势力，李如松亦是借袁黄发泄其对宋应昌一系文臣的不满。

碧蹄馆战败后，李如松大兵退守开城，而宋应昌此时驻定州，有谍报加藤清正在咸镜道扼守鸭绿江截明军退路，两方相持众人无措之际，袁黄幕客山阴人冯仲缨主动请缨，偕吴县人金相，利用加藤清正与小西行长内部的矛盾，以离间之计智劝加藤清正退兵。功成后，顾忌到作为袁黄所派之人立功，恐惹刘黄裳嫉妒发难，恐其加罪冯仲缨通倭，因而斩杀日本散兵九十余人，回来后刘黄裳果然发难，冯仲缨将斩获的首级"分遗其幕客"，方解决了袁黄与刘黄裳这场内部矛盾。④ 冯仲缨以"卖倭"获罪，袁黄亦被李如松上书弹劾，不久后因京察拾遗而罢官归国。⑤

---

① 孙卫国：《万历朝鲜战争初期明经略宋应昌之东征及其对东征历史的书写》，《史学月刊》2016 年第 2 期。

② 《朝鲜李朝宣祖实录》卷 35，宣祖二十六年二月甲辰，第 638 页。

③ （明）宋应昌：《经略复国要编》卷 5《与刘袁二赞画书》十五日：十一日李提督差人口报，又有各将官续报，俱云初八日攻破平壤，砍杀倭奴甚众，不侫闻之深为社稷庆焉。夫诸将兵亲冒矢石，遽成奇功，事非细细题具，当在目下，劳门下速往平壤躬自勘验，或先登或力战或伤毙者，一一详视的确开示不侫，以俟录叙此一举也。激劝所在关系甚重，特托门下者盖他人不可滥预也。幸秉公心矢天日，日后无沙中偶语则幸矣。华文书局印行 1968 年版，第 385—386 页。

④ （清）钱谦益：《牧斋初学集》卷 25《东征二士录》，上海古籍出版社 1985 年版，第 806 页。

⑤ （明）方孔炤：《全边略记》卷 9《海略》，内蒙古大学出版社 2006 年版，第 343 页。

　　袁黄与李如松之间的矛盾，可看作宋应昌文官一派与武将之间的矛盾的集中体现，从前文袁黄和刘黄裳提前代表宋应昌来朝鲜的经历来看，宋应昌从平壤大捷到碧蹄馆战败，一直身在辽东，袁黄通过书信频繁与宋应昌沟通，并代替宋应昌与李如松和朝鲜方面沟通，实施宋应昌的意图。而在同为赞画的袁黄与刘黄裳二人之间，朝鲜史料对刘的评价是"黄裳夸诞"，相对而言更老实而勇于任事的袁黄成了宋应昌与李如松之间发生直接矛盾的一个缓冲，上要代表宋应昌与李如松交涉，下要为幕客冯仲缨的卖倭罪名负责，最终成为各种矛盾激化的一个弃卒而黯然离场，成为一种必然。

　　袁黄在朝鲜与李如松的互讼，抑或与宋应昌共同推广阳明心学，这些历史细节在朝鲜史料中着墨颇多，然而在万历二十一年（1593 年）的明朝的大历史中却只是零星一带而过，因为此时天朝君臣正忙于争立国本以及癸巳京察官员间的牵扯争斗，对于朝鲜战场，着眼的是战事结果，而非历史现场中的人物活动与纠葛这种"小历史"。因而，袁黄在朝鲜的失意并不影响他在东征功劳簿上的功绩，最终结束他仕途的远非朝鲜君臣愿意相信并附会的邪说惑众，而是明廷官员中的派系党争。万历二十一年癸巳京察，阁部相争，"赵南星、虞淳熙、杨于庭、袁黄，俱褫职"两败俱伤，不论"虞淳熙素擅才名，杨于庭西功未叙，袁黄方赞东师"[①]，统统以拾遗被罢官。王锡爵在与宋应昌的书信中言："杨袁二公冤抑可怜，会上方怒，骤叙之委为无益"[②]，承认了袁黄被动冤抑可怜，无奈六月黯然从朝鲜归国。[③] 通过中朝史料的勘对，不仅形成了更全面的袁黄形象，亦可对明鲜关系、阳明学在东亚的传播，以及明朝的军事和官员考核等制度建设激发新的反思。

原文载于《外国问题研究》2021 年第 2 期

---

　　① 《明神宗实录》卷 258，万历二十一年三月癸未，第 4799 页。

　　② （明）王锡爵：《王文肃公文集》卷 24《宋桐冈经略》，《四库禁毁书丛刊》，集部第 7 册，第 526 页。

　　③ ［朝］申钦：《象村稿》卷 39《天朝诏使将臣先后去来姓名记》自壬辰至庚子，影印标点《韩国文集丛刊》第 72 册，景仁文化出版社 1995 年版，第 270 页。

附　表

元帝在位时间	元皇帝	元年号	对应的高丽国君	高丽国君在位时间
1271—1294	元世祖　孛儿只斤·忽必烈	至元（8—31）	元宗忠敬顺孝大王　王禃	1269—1274
			忠烈王　王昛	1274—1298
1295—1307	元成宗　孛儿只斤·铁木耳	元贞（1—3）大德（1—11）	忠烈王　王昛	
			忠宣王　王璋	1298
			忠烈王　王昛	1298—1308
1308—1311	元武宗　孛儿只斤·海山	至大（1—4）	忠宣王　王璋	1308—1313
1312—1320	元仁宗　孛儿只斤·爱育黎拔力八达	皇庆（1—3）延祐（1—7）	忠宣王　王璋	
1321—1323	元英宗　孛儿只斤·硕德八剌	至治（1—3）	忠肃王　王焘	1313—1330
1324—1328	泰定帝　孛儿只斤·也孙铁木儿	泰定（1—4）		
1328	天顺帝　孛儿只斤·阿速吉八	天顺元年		
1328—1329	元文宗　孛儿只斤·图帖睦尔	天历（1—2）		
1329	元明宗　孛儿只斤·和世㻋	天历二年		
1329—1332	元文宗	天历（2—3）（至顺元年）至顺（1—3）	忠肃王　王焘	
			忠惠王　王祯	1330—1332
1332	元宁宗　孛儿只斤·懿璘质班	至顺三年	忠肃王　王焘复位	1332—1339

续表

元帝在位时间	元皇帝	元年号	对应的高丽国君	高丽国君在位时间
1333—1368	元惠宗　孛儿只斤·妥懽帖睦尔	至顺四年（元统元年）元统（1—3）（至元元年1335）至元（1—6）至正（1—28）	忠肃王　王焘 忠惠王　王祯复位 忠穆王　王昕 忠定王　王胝 恭愍王　王颛	 1340—1343 1344—1348 1349—1351 1351—1374

附表二　　　　中国明时期与韩国高丽、朝鲜时期年代对照表

明帝在位时间	明皇帝	明年号	对应的高丽、朝鲜国君	高丽朝鲜国君在位时间
1368—1398	明太祖　朱元璋	洪武（1—31）	恭愍王　王颛 王祦 王昌 恭让王　王瑶 太祖　李成桂	1351—1374 1374—1388 1388—1389 1389—1392 1392—1398
1399—1402	惠宗　朱允炆	建文（1—4）	定宗　李芳果 太宗　李芳远	1398—1400 1400—1418
1403—1424	明成祖　朱棣	永乐（1—22）	太宗　李芳远 世宗　李祹	1418—1450
1425—1425	明仁宗　朱高炽	洪熙元年	世宗　李祹	
1426—1435	明宣宗　朱瞻基	宣德（1—10）		
1436—1449	明英宗　朱祁镇	正统（1—14）		
1450—1457	明代宗　朱祁钰	景泰（1—8）	文宗　李珦 端宗　李弘暐 世祖　李瑈	
1457—1464	明英宗　朱祁镇	景泰八年正月，英宗复位改元天顺（1—8）	世祖　李瑈	
1465—1487	明宪宗　朱见深	成化（1—23）	世祖　李瑈 睿宗　李晄 成宗　李娎	
1488—1505	明孝宗　朱佑樘	弘治（1—18）	成宗　李娎 燕山君　李隆	
1506—1521	明武宗　朱厚照	正德（1—16）	中宗　李怿	1506—1544
1522—1566	明世宗　朱厚熜	嘉靖（1—45）	中宗　李怿 仁宗　李峼 明宗　李峘	

续表

明帝在位时间	明皇帝	明年号	对应的高丽、朝鲜国君	高丽朝鲜国君在位时间
1567—1572	明穆宗　朱载坖	隆庆（1—6）	宣祖　李昖	1567—1608
1573—1620	明神宗　朱翊钧	万历（1—48）	宣祖　李昖	
			光海君　李珲	
1620	明光宗　朱常洛	是年八月—十二月为泰昌元年	光海君　李珲	
1621—1627	明熹宗　朱由校	天启（1—7）	仁祖　李倧	1623—1649
1628—1644	明思宗朱由检	崇祯（1—17）		

根据《元史》《明史》《高丽史》《朝鲜王朝实录》制。

附表三

中国元明时期与越南对照简表

中国皇帝	在位时间	中国朝代及年号	对应的越南朝代年号	越南国君	在位时间
元世祖	1271—1294	（元）至元八年—至元三十一年	绍隆（1258—1272） 宝符（1272—1278） 绍宝（1279—1284） 重兴（1285—1293） 兴隆（1293—1314）	圣宗陈晃 仁宗陈昑 英宗陈烇	1258—1278 1279—1293 1293—1314
元成宗	1295—1307	元贞元年—元贞二年（1297）大德（1297—1307）	兴隆	英宗陈烇	
元武宗	1308—1311	至大元年—至大四年（1311）		英宗陈烇 明宗陈奣	1314—1329
元仁宗	1312—1320	皇庆元年—皇庆二年 延祐元年（1314）—延祐七年	大庆（1314—1323）	明宗陈奣	
元英宗	1321—1323	至治元年—至治三年	大庆	明宗陈奣	
泰定帝 孛儿只斤·也孙铁木儿	1324—1328	泰定元年—泰定四年（致和元年）	开泰（1324—1329）	明宗陈奣	
天顺帝 孛儿只斤·阿速吉八	1328	天顺元年	开泰	明宗陈奣	
元文宗	1328—1329	天历元年—天历二年	开泰元年（开祐元年）	明宗陈奣 宪宗陈旺	1329—1341

续表

中国皇帝	在位时间	中国朝代及年号	对应的越南朝代年号	越南国君	在位时间
元明宗	1329	天历二年	开祐（1329—1341）	宪宗陈旺	
元文宗	1329—1332	天历二年—天历三年（至顺元年）至顺元年—至顺三年			
元宁宗	1332	至顺三年	开祐		
元惠宗	1333—1368	至顺四年（元统元年）元统元年—元统三年（至元 1335年）至元元年—至元六年至正元年（1341）—至正二十八年	开祐绍丰（1341—1357）大冶（1358—1369）	宪宗陈旺裕宗陈暭	1341—1369
明太祖朱元璋	1368—1398	（明）洪武元年—洪武三十一年	大冶大定（1369—1370）绍庆（1370—1372）隆庆（1373—1377）昌符（1377—1388）光泰（1388—1398）	裕宗陈暭	1369—1370
				杨日礼	1370—1372
				艺宗陈暊	1374—1377
				睿宗陈曔废帝陈晛	1377—1388
				顺宗陈顒	1388—1398
惠宗朱允炆	1399—1402	建文元年—建文四年	建新（1398—1400）	少帝陈（上安下火）	1398—1400
				【胡】	
			圣元年（1400）	至元帝胡季犛	1400
			绍成（1401—1402）	绍成帝胡汉苍	1401—1407

续表

中国皇帝	在位时间	中国朝代及年号	对应的越南朝代年号	越南国君	在位时间
明成祖 朱棣	1403—1424	永乐元年—永乐二十二年	开大 (1403—1407)	绍成帝胡汉苍 【后陈朝】	
			兴庆 (1407—1409)	简定帝陈頠	1407—1409
			重光 (1409—1413)	重光帝陈季扩	1409—1413
			1414—1427 为属明时期。此时越南为交阯布政使司		
明仁宗 朱高炽	1425	洪熙元年			
明宣宗 朱瞻基	1426—1435	宣德元年—宣德十年	顺天 (1428—1433)	大祖黎利 【黎朝】	1428—1433
			绍平 (1434—1435)	太宗黎元龙	1434—1442
明英宗 朱祁镇	1436—1449	正统元年—正统十四年	绍平	太宗黎元龙	
			大宝 (1440—1442) 大和 (1443—1449)	仁宗黎邦基	1443—1459
明代宗 朱祁钰	1450—1457	景泰元年—景泰八年	大和延宁 (1454—1457)	黎仁宗黎邦基	
明英宗 朱祁镇	1457—1464	景泰八年正月，英宗复位改元 天顺 天顺元年—天顺八年	延宁 (1459—1460)	黎仁宗黎邦基 后黎朝前废帝黎宜民	1459—1460
			天兴 (1459—1460) 光顺 (1460—1464)	圣宗黎思诚	1460—1497
明宪宗 朱见深	1465—1487	成化元年—成化二十三年	光顺洪德 (1670—1487)	圣宗黎思诚	

续表

中国皇帝	在位时间	中国朝代及年号	对应的越南朝代年号	越南国君	在位时间
明孝宗 朱佑樘	1488—1505	弘治元年—弘治十八年	洪德 景统（1497—1504） 秦贞（1504）	圣宗黎思诚 宪宗黎镨 肃宗黎敬甫	1497—1504 1504.06—1504.12
明武宗 朱厚照	1506—1521	正德元年—正德十六年	端庆 端庆（1505—1509） 洪顺（1510—1516） 光绍（1516—1521）	威穆帝黎谊 威穆帝黎濬 襄翼帝黎漟 昭宗黎譓	1505—1509 1510—1516 1516—1522
明世宗 朱厚熜	1522—1566	嘉靖元年—嘉靖四十五年	光绍（1522—1526）统元（1527） 【莫】	昭宗黎譓 恭皇黎椿 【莫】	1522—1527 【后黎】
			1527年莫登庸篡位，建立莫朝，1533年黎宁复兴黎朝。出现越南历史上第一个南北分治局面，后黎为南朝，莫朝为北朝。明朝对于安南后黎与莫朝都给与承认，视后黎为正统的同时，实行"不拒莫，不弃莫"的政策。 【后黎】	【莫】	【后黎】

根据《元史》《明史》《大越史记全书》制

征引文献

一 中文基本古籍

（唐）杜佑：《通典》，中华书局 1988 年版。

（宋）邓名世：《古今姓氏书辨证》，江西人民出版社 2006 年版。

（宋）欧阳修、宋祈：《新唐书》，中华书局 1975 年版。

（宋）王溥：《唐会要》，上海古籍出版社 2006 年版。

（宋）郑樵：《通志》，中华书局 1987 年版。

（明）陈邦瞻：《元史纪事本末》，中华书局 2015 年版。

（明）陈诚：《竹山文集》，嘉庆己卯重刊本。

（明）陈子龙等编：《皇明经世文编》，中华书局 1985 年版。

（明）邓球：《皇明泳化类编》，《北京图书馆古籍珍本丛刊》第 50 册，北京图书馆出版社 2000 年版。

（明）何乔远辑：《名山藏》，江苏广陵古籍刻印社 1993 年版。

（明）胡玉冰：《嘉靖宁夏新志》，中国社会科学出版社 2015 年版。

（明）黄道周：《广名将传》，《丛书集成初编》第 3368 册，中华书局 1985 年版。

（明）焦竑：《国朝献征录》，上海书店 1986 年版。

（明）黎学聚辑：《国朝典汇》，台湾学生书局 1965 年版。

（明）李东阳等撰，申时行等重修：《大明会典》万历十五年刊本，新文丰出版公司 1976 年版。

（明）李辅：《全辽志》，辽海书社 1985 年版。

（明）李文凤：《越峤书》，《四库存目丛书》，齐鲁书社 1996 年版。

（明）李贤：《古穰杂录》，《丛书集成初编》第 3962 册，中华书局 1985 年版。

（明）李贤等：《大明一统志》，三秦出版社 1990 年版。

（明）李东阳：《李东阳集》，岳麓书社 2008 年版。

（明）李贽：《续藏书》，中华书局 1959 年版。

（明）刘侗、于奕正：《帝京景物略》，北京古籍出版社 1983 年版。

（明）刘若愚：《酌中志》，北京古籍出版社 1994 年版。

（明）龙文彬：《明会要》，中华书局 1956 年版。

（明）陆容：《菽园杂记》，中华书局 1997 年版。

（明）丘濬：《平定交南录》，《丛书集成初编》第 3993 册，中华书局 1985 年版。

（明）三圻、王思义辑：《三才图会》，上海古籍出版社 1985 年版。

（明）沈榜：《宛署杂记》，北京古籍出版社 1983 年版。

（明）沈德符：《万历野获编》，中华书局 2004 年版。

（明）宋濂：《元史》，中华书局 1976 年版。

（明）王世贞：《安南传》，《丛书集成初编》第 3256 册，中华书局 1985 年版。

（明）王世贞：《弇山堂别集》，中华书局 1985 年版。

（明）王世贞：《弇州史料前集》，《四库禁毁书丛刊》，史部第 49 册，北京出版社 1997 年版。

（明）王以宁：《粤东疏草》，《四库禁毁书丛刊》，北京出版社 1997 年版。

（明）吴郡文林：《国朝典故》，北京大学出版社 1993 年版。

（明）吴士奇：《绿滋馆稿》，四库全书存目丛书本。

（明）夏子阳：《使琉球录》，学生书局 1969 年版。

（明）严从简：《殊域周咨录》，余思黎点校，中华书局 1993 年版。

（明）叶盛：《水东日记》，中华书局 1997 年版。

（明）张镜心：《驭交记》，商务印书馆 1935 年版。

（明）郑大郁：《经国雄略》，《中国古籍海外珍本丛刊本》，广西师范大学出版社 2003 年版。

（明）朱国桢辑：《皇明大事记》，四库禁毁丛刊本。

（清）陈田：《明诗纪事》，上海古籍出版社 1993 年版。

（清）大汕：《海外纪事》，余思黎点校，中华书局 2000 年版。

（清）傅维麟：《明书》，《丛书集成初编》第 3929 册，中华书局 1985 年版。

（清）谷应泰：《明史纪事本末》，中华书局 1977 年标点本。

（清）潘柽章：《国史考异》，《丛书集成初编》第 3995 册，中华书局 1985 年版。

（清）谈迁：《国榷》，中华书局 1988 年版。

（清）万青黎、周家楣修：《光绪顺天府志》，北京古籍出版社 1987 年版。

（清）夏燮：《明通鉴》，中华书局 2009 年版。

（清）于敏中：《日下旧闻考》，北京古籍出版社 1983 年版。

（清）查继佐：《罪惟录》，浙江古籍出版社 1986 年版。

（清）张岱：《石匮书》，《续修四库全书·史部·别史类》，史部第 318 册，上海古籍出版社 2002 年版。

（清）张廷玉等：《明史》，中华书局 1974 年标点本。

（清）赵翼：《廿二史札记校证》，中华书局 2005 年版。

《明实录》，台湾"中研院"历史语言研究所校印本 1962 年版。

文渊阁《四库全书》，上海古籍出版社 1987 年版。

《续修四库全书》，上海古籍出版社 2002 年版。

二　墓志、碑刻

北京辽金城垣博物馆编：《北京元代史迹图志》，北京燕山出版社 2009 年版。

北京图书馆金石组编：《北京图书馆藏中国历代石刻拓本汇编》，中州古籍出版社 1989—1991 年版。

古籍影印室辑：《明代传记资料丛刊》，北京图书馆出版社 2008 年版。

国家图书馆善本金石组编：《历代石刻史料汇编》，北京图书馆出版社 2000 年版。

梁绍杰：《明代宦官碑传录》，香港大学中文系 1997 年版。

刘珝：《资善大夫南京礼部尚书赠太子太保谥文僖倪公谦墓志铭》，载朱大韶辑《皇明名臣墓铭》，《明代传记丛刊》影印旧抄本。

［越］潘文阁等总主编：《越南汉喃铭文汇编》，河内汉喃研究院、嘉义中正大学文学院联合出版，2002 年。关西大学图书馆藏。

王鑫、程利主编：《北京市文物研究所藏墓志拓片》，北京燕山出版社 2003 年版。

赵力光主编：《西安碑林博物馆新藏墓志汇编》，线装书局 2007 年版。

中国文物研究所、北京石刻艺术博物馆编：《新中国出土墓志北京卷》、《新中国出土墓志河北卷》，文物出版社 2003 年版。

三　域外史料

［朝］成浑：《牛溪先生文集》，《韩国历代文集丛书》第 120 册，景仁文化

社 2018 年版。

［越］范安甫：《高平纪略》，越南汉喃研究院藏本。

复旦大学文史研究院、越南汉喃研究院编：《越南汉文燕行文献集成》，复旦大学出版社 2010 年版。

韩国国史编纂委员会编：《朝鲜王朝实录》，韩国国史编纂委员会 1953—1961 年影印本。

（高丽）金富轼：《三国史记》，《朝鲜群书大系》正编第 1 册，朝鲜古书刊行会 1928 年版。

［朝］金宇颙：《东冈先生文集》，影印标点《韩国文集丛刊》第 50 册，景仁文化社 1995 年版。

［越］黎崱著，武尚清点校：《安南志略》，中华书局 2000 年版。

［朝］李肯翊：《燃藜室记述》，《朝鲜群书大系》续编第 11 册，朝鲜古书刊行会 1912 年版。

［朝］李廷龟：《月沙先生文集》，《韩国历代文集丛书》第 240 册，景仁文化社 2018 年版。

［韩］林中基：《燕行录全集》，（首尔）东国大学校出版部 2001 年版。

［朝］林宗七：《屯坞集》，影印标点《韩国文集丛刊》续第 117 册，景仁文化社 2011 年版。

［朝］柳成龙：《西厓先生文集》，影印标点《韩国文集丛刊》第 52 册，景仁文化社 1995 年版。

［朝］卢思慎等：《东国舆地胜览》，（首尔）东国文化社 1968 年版。

［越］潘叔直辑：《国史遗编》，香港中文大学新亚研究所 1965 年版。

阮朝国史馆纂修：《钦定越史通鉴纲目》，越南国家图书馆藏。

［越］阮廌：《抑斋遗集》，越南社会科学院藏手抄本。

［朝］申钦：《象村稿》，影印标点《韩国文集丛刊》第 72 册，景仁文化社 1995 年版。

孙进、郑克孟、陈益源主编：《越南汉文小说集成》，上海古籍出版社 2010 年版。

台湾大学出版中心：《历代宝案》，台湾大学出版中心 1972 年版。

［越］吴士连著，陈荆和编校：《大越史记全书》，东京大学东洋学文献センター刊印 1986 年版。

［朝］郑麟趾：《高丽史节要》，（首尔）东国文化社 1961 年版。

［朝］郑麟趾等著，孙晓主编：《高丽史》，人民出版社 2014 年版。

［朝］郑琢：《药圃先生文集》，《韩国历代文集丛书》第 795 册，景仁文

化社 2018 年版。

四　中外研究著作

［澳］安东尼·瑞德：《东南亚的贸易时代：1450—1680 年》，孙来臣、李塔娜、吴小安译，商务印书馆 2010 年版。

［日］白鸟芳郎：《东南亚山地民族志》，黄来钧译，喻翔生校，云南省历史研究所东南亚研究室 1980 年版。

白寿彝主编：《中国通史》第九卷《中古时代·明时期》，上海人民出版社 1999 年版。

［日］滨下武志：《近代中国的国际契机——朝贡贸易体系与近代亚洲经济圈》，中国社会科学出版社 1999 年版。

［美］蔡石山：《明代宦官》，黄中宪译，台湾联经出版公司 2011 年版。

陈文源：《明代中越邦交关系研究》，社会科学文献出版社 2019 年版。

陈修和：《越南古史及其民族文化之研究》，1943 年昆明市铅印本。

陈学霖：《明代人物与传说》，香港中文大学出版社 1997 年版。

陈学霖：《明代人物与史料》，香港中文大学出版社 2001 年版。

陈学霖、赵令扬编著：《明实录中之东南亚史料》（上、下册），学津出版社 1968 年版。

陈玉女：《明代二十四衙门宦官与北京佛教》，如闻出版社 2001 年版。

［越］陈重金：《越南通史》，戴可来译，商务印书馆 1992 年版。

崔昌源、邱瑞中、杜宏刚：《韩国文集中的蒙元史料》，广西师范大学出版社 2004 年版。

戴可来、于向东主编：《越南》，广西人民出版社 1998 年版。

方致远：《明代特务政治》，群众出版社 1983 年版。

［美］费正清：《中国的世界秩序：传统中国的对外关系》，中国社会科学出版社 2010 年版。

［日］夫马进：《朝鲜燕行使と朝鲜史通信使》，（名古屋）名古屋大学出版会 2015 年版。

［日］夫马进：《中国東アジア外交交流史の研究》，（京都）京都大学学术出版会 2007 年版。

复旦大学文史研究院编：《从周边看中国》，中华书局 2009 年版。

高柄翊：《東亞交涉史의研究》，（首尔）首尔大学出版部 1970 年版。

葛剑雄：《统一与分裂——中国历史的启示》，生活·读书·新知二联书店

1994 年版。

耿慧玲：《越南史论——金石资料之历史文化比较》，新文丰出版公司 2004
年版。

耿慧玲：《越南史论》，新文丰出版公司 2004 年版。

郭廷以主编：《中越文化论集》，中华文化事业出版委员会 1956 年版。

郭振铎、张笑梅主编：《越南通史》，中国人民大学出版社 2001 年版。

韩东育：《从脱儒到脱亚——日本近世经来"去中心化"之思想过程》，台
大出版中心 2009 年版。

何成轩：《儒学南传史》，北京大学出版社 2000 年版。

何芳川：《崛起的太平洋》，北京大学出版社 1991 年版。

何伟帜：《明初的宦官政治》，香港文星图书有限公司 2000 年版。

何孝荣：《明代北京佛教寺院修建研究》，南开大学出版社 2008 年版。

何孝荣：《明代南京寺院研究》，中国社会科学出版社 2000 年版。

黄国安、杨万秀：《中越关系史简编》，广西人民出版社 1986 年版。

黄枝连：《朝鲜的儒化情景构造：朝鲜王朝与满清王朝的关系形态论》，中
国人民大学出版社 1995 年版。

黄枝连：《东亚的礼仪世界：中国封建王朝与朝鲜半岛关系形态论》，中国
人民大学出版社 1994 年版。

黄枝连：《亚洲的华夏秩序：中国与亚洲国家关系形态论》，中国人民大学
出版社 1992 年版。

［德］卡尔·雅斯贝尔斯：《论历史的起源与目标》，李雪涛译，华东师范
大学出版社 2016 年版。

黎正甫：《郡县时代之安南》，商务印书馆 1935 年版。

李白茵：《越南华侨与华人》，广西师范大学出版社 1990 年版。

李健超：《汉唐两京及丝绸之路历史地理论集》，三秦出版社 2007 年版。

李云泉：《朝贡制度史论——中国古代对外关系体制研究》，新华出版社 2004
年版。

刘祥学：《明朝民族政策演变史》，民族出版社 2006 年版。

［韩］卢启镐：《高丽外交史》，紫荆、金荣国译，延边大学出版社 2002 年版。

［韩］闵贤九：《高丽政治史论》，（首尔）高丽大学出版部 2004 年版。

［越］明峥：《越南史略》（初稿），范宏科、吕谷译，生活·读书·新知
三联书店 1958 年版。

［新］尼古拉斯·塔林主编：《剑桥东南亚史》Ⅰ，贺圣达等译，云南人民
出版社 2003 年版。

牛军凯：《王室后裔与叛乱者——越南莫氏家庭与中国关系研究》，世界图书出版公司 2012 年版。

［越］潘辉黎等：《越南民族历史上的几次战略决战》，戴可来译，世界知识出版社 1980 年版。

［韩］朴元熇：《明初朝鲜关系史》，（首尔）一潮阁 2002 年版。

［韩］全海宗：《中韩关系史论集》，全善姬译，中国社会科学出版社 1997 年版。

［日］三田村泰：《宦官：侧近政治的构造》，吴昊阳译，江苏人民出版社 2021 年版。

［日］山本达郎：《ベトナム中国関係史——曲氏の抬頭から清仏戦争まで》，（东京）山川出版社 1975 年版。

［日］山本达郎：《安南史研究》Ⅰ，（东京）山川出版社 1950 年版。

［日］山根幸夫：《明代中国的历史的位相》，（东京）汲古书院 2007 年版。

［日］松本信广：《ベトナム民族小史》，（东京）岩波书店 1969 年版。

孙宏年：《清代中越关系（1644—1887）》，黑龙江教育出版社 2014 年版。

［日］桃木至朗：《中世大越国家的成立和变容》，大阪大学出版会 2011 年版。

［越］陶维英：《越南古代史》，刘统文等译，商务印书馆 1976 年版。

［越］陶维英：《越南历代疆域》，钟民岩译，商务印书馆 1977 年版。

［日］藤原利一郎：《东南亚史的研究》，（京都）法藏馆 1986 年版。

万明：《中国融入世界的步履——明与清前期海外政策比较研究》，社会科学文献出版社 2000 年版。

王春瑜、杜婉言：《明朝宦官》，紫禁城出版社 1989 年版。

［马来西亚］王赓武：《东南亚与华人——王赓武教授论文选集》，友谊出版公司 1986 年版。

［日］西嶋定生：《中国古代国家と東アジア世界》，東京大学出版会 1997 年版。

谢必震：《中国与琉球》，厦门大学出版社 1996 年版。

徐玉虎：《明代琉球王国对外关系之研究》，台湾学生书局 1982 年版。

［日］岩村成允：《安南通史》，（东京）冨山房合资会社 1941 年版。

杨正泰：《明代驿站考》，上海古籍出版社 2006 年版。

叶文雄、冲矛：《南洋各国论》，读书出版社 1944 年版。

越南社会科学委员会：《越南历史》，北京大学东语系越南语教研室译，人民出版社 1977 年版。

张东翼:《元代丽史资料集录》,(首尔)首尔大学出版部 1997 年版。

张秀民:《中越关系史论文集》,台湾文史哲出版社 1992 年版。

郑永常:《征战与弃守:明代中越关系研究》,台湾"国立"成功大学出版社 1998 年版。

中国社会科学院历史研究所编:《古代中越关系史资料选编》,中国社会科学出版社 1982 年版。

朱元影:《中国文化对日韩越的影响》,广西桂林师范大学出版社 2007 年版。

〔英〕Chapuis, Oscar, *A History of Vietnam from Hong Bang to TuDuc*, London: Greenwood, 1995.

〔美〕SarDesai, D. R., *Vietnam: The Struggle for National Identity*, olorado: Westview, 1992.

五 中外期刊论文

〔日〕八尾隆生:《黎朝碑文集》,收入《大阪外国语大学论集》1999 年第 21 号。

拜根兴:《入唐高丽移民墓志及其史料价值》,《陕西师范大学学报》2013 年第 2 期。

拜根兴:《唐朝与新罗往来研究二题》,《当代韩国》2011 年第 3 期。

〔韩〕曹永禄:《鲜初의朝鲜出身明使考——成宗朝의對明交涉과明使鄭同》,《(台湾)韩国学报》1992 年第 11 期。

陈玉龙:《略论中越历史关系的几个问题》,《印支研究》1983 年第 1 期。

戴可来:《略论古代中国和越南之间的宗藩关系》,《中国边疆史地研究》2004 年第 2 期。

杜常顺:《明代"西天僧"考略》,《世界宗教研究》2006 年第 1 期。

杜常顺:《明代宦官与藏传佛教》,《西北师大学报》(社会科学版)2006 年第 1 期。

杜常顺:《明代宦官中的非汉族成分》,《青海师范大学学报》2004 年第 6 期。

耿慧玲:《金石地理所反映的越南汉化势力》,(台湾)《朝阳学报》2003 年第 8 卷第 1 期。

韩东育:《德与前近代东亚世界的中国站位》,《史学理论研究》2016 年第 2 期。

韩东育：《东亚研究的问题点与新思考》，《社会科学战线》2011 年第 3 期。

韩东育：《关于前近代东亚体系中的伦理问题》，《历史研究》2010 年第
　　6 期。

何芳川：《"华夷秩序"论》，《北京大学学报》（哲学社会科学版）1998 年
　　第 6 期。

黄峥：《关于中越两国历史上的战争问题》，《学术论坛》1984 年第 4 期。

李大龙：《高丽与唐王朝互使述论》，《黑龙江民族丛刊》1995 年第 1 期。

［韩］李正信：《元朝干涉期宦官形迹考》，《韩国史学报》2014 年第 57 号。

廖小健：《论 1406 年明朝与安南战争的原因》，《印度支那》1988 年第 1 期。

刘志强：《有关越南历史文化的汉文史籍》，《学术论坛》2007 年第 12 期。

吕士朋：《明代制度文化对越南黎朝的影响》，《史学集刊》1994 年第 1 期

罗荣邦：《安南之役——明初对外政策的检讨》，台湾《清华学报》第 8 卷
　　第 1—2 期。

彭胜天：《中越关系之史的考察》，《南洋研究》1940 年第 9 卷第 2、3 期。

［日］片仓穰：《日本研究越南古代史的历史》，马宁译，《中国东南亚研究
　　会通讯》1981 年第 3 期。

［日］清水太郎：《15—18 世纪越南和朝鲜使节在北京的交往》，《东南亚
　　研究》2010 年第 48 卷第 3 号。

［日］清水太郎：《越南和朝鲜使节在中国的邂逅——以 16 世纪以前的事
　　例为中心》，《东北亚文化研究》18，2003 年 10 月 20 日。

［日］山本达郎：《黎朝の君主の名前：越南と中国との外交关系の一侧
　　面》，《社会科学》1987 年第 25 卷第 2 期。

［日］藤原利一郎：《从中国史料看东南亚历史——以元明时代东南亚华侨
　　为中心》，《东南亚研究》1963 年第 1 卷第 2 期。

［日］藤原利一郎：《黎末史的考察》，《东洋史研究》1967 年第 26 卷第
　　1 期。

［日］藤原利一郎：《明和马六甲关系的成立和发展》，《东南亚研究》1969
　　年第 6 卷第 4 号。

万明：《明代后期中朝关系的重要史实见证——李朝档案（朝鲜迎接天使
　　都监都厅仪轨）管窥》，《学术月刊》2005 年第 9 期。

王丽敏：《黎澄及其〈南翁梦录〉研究》，硕士学位论文，郑州大学，2012 年。

王桃：《明成祖出兵安南人数考述》，《华南师范大学学报》（社会科学版）
　　2004 年第 5 期。

义壮：《越南历史发展的若干特点》，《印度支那》1986 年第 4 期。

薛存心：《试论明朝在越南的统治》，《殷都学刊》2000 年第 2 期。

叶少飞：《黎崇〈越鉴通考总论〉的史论与史学》，《域外汉籍研究集刊》第 11 辑，中华书局 2015 年版。

［日］攸原启方：《（越南）フエの古墓資料調査》，周縁の文化交渉学シリーズ7『フエ地域の歴史と文化—周辺集落と外からの視点—』，2012 年。

张熙兴：《高丽后期 宦官制의定着过程과地位变动》，《史学研究》2006 年第 83 号。

张秀民：《安南书目提要》，《北京图书馆馆刊》1996 年第 1 期。

赵令扬：《记明代中国人在东南亚之势力》，《联合书院学报》1968 年第 6 期。

［韩］郑容和：《从周边视角来看朝贡关系——朝鲜王朝对朝贡体系的认识和利用》，《国际政治研究》2006 年第 1 期。

郑威：《试析明代宦官籍贯的分布与变化》，《中国历史地理论丛》2004 年第 19 卷第 4 辑。

周裕兴：《明代宦官与南京》，《江苏社会科学》1995 年第 3 期。

朱亚非：《明初中越关系与成祖征安南之役》，《烟台大学学报》1994 年第 1 期。

［美］Laichen Sun, Ming-southeast Asian overland interactions：1368—1644, *Doctor of philosophy in the University of Michigan*, 2000.

后 记

　　本书是我完成的国家社科基金一般项目"前近代东亚国家所贡宦官研究"（项目批准号：18BSS029）的最终结项成果。该课题结项时得到五位匿名评审专家的反馈意见，承蒙抬爱，评审意见多肯定与褒奖之言，国家社科规划办最终给予"良好"的评定结果。

　　课题是在我的博士后出站报告《明代在华安南宦官行迹研究》基础上形成。我的导师韩东育教授曾说过，明清史绝不仅是中国古代史亦或中国史，它的变化会引起东亚的区域联动，应放在世界史特别是区域史的背景或参照下来考察。这启发并激活了我的固有思路，将关注宦官群体本身，切入到更有延展性的东亚史话题，将之作为实践韩老师东亚区域理论的尝试，由此产生了该研究议题。而在完成课题的过程中，除形成选题相关的论文《明代安南宦官研究》（《中国史研究》）、《明代朝鲜宦官郑同考——一个东亚史的视角》（《历史教学》），我在翻阅朝鲜、越南汉籍文献的过程中，也发现了诸多宦官以外的有趣话题，并形成小文章发表在《光明日报》和《外国问题研究》，因而尤其要感谢以上期刊的诸位编辑老师的专业指点，承蒙不弃，帮我完善论文并且在形成书稿之前使之见刊。

　　书稿的完成得益于众多师友的关怀和帮助，韩老师创立的东亚史学科有完备的资料库建设，搭建起与东亚各国学者交流学习的平台，是课题得以完成的重要保障。博士阶段赵世瑜老师的训练让我认识到史料的多元性，养成我尽可能全面占有史料的基础上才来进行历史解释的慎重态度；在与师兄赵现海教授的交流中他总能帮沉浸在杂乱史料中的我迅速理出思路点石成金。另外，选题涉及对中日韩越资料的解读与比较，无疑会存在着诸如语言、资料收集等方面的困难，叶少飞教授、成思佳教授将在越南搜集的史料倾囊相授；赵士第博士将珍贵的清史档案与我分享；学妹夏欢在日读博期间屡次将我需要的日本资料第一时间扫描传递给我，同门师妹申佳霖帮我翻译查阅韩文资料和先行研究；学院里师弟董灏智院长可信又可靠全力支持我的出书计划；师弟王明兵教授对于我书稿中朝鲜宦官郑同的个案内容给予中肯又有建设性的意见；我的硕士生辛力、王晨晖、左润宇、刘秀、吕慧协助检校书稿、核对史料，有了诸位学友的襄助才能呈现此书。需要感谢和感恩的人和事还有很多，兹不一一列举，统致谢忱！

衷心感谢本书的编辑张湉老师对书稿的修改校正，为完善本书所付出的辛苦！也要特别感谢我上一部专著的编辑宋燕鹏兄的鼓励，帮我三次印刷上部专著并征集到美丽的封皮，希望可以一直和中国社会科学出版社合作。

最后，要感谢我的先生，始终如初地包容、迁就我，尤其是承担了清晨送孩子上学的家庭分工，让我能自然醒保持好的精神状态开心迎接每一天。同时祝福我的小男生梓齐小朋友，八岁生日快乐，和妈妈一起健康成长、进步！

2024 年 4 月春